创新系列

Principles of practical writing

应用文写作原理

柯正来□主　编
伍晓莉　黄靖嫦□副主编

電子工業出版社
Publishing House of Electronics Industry
北京 · BEIJING

内 容 简 介

本书是为高校的本科生撰写的第一本以写作原理冠名的应用文写作教材。全书以企业应用文为主体，几乎涵盖了所有常用应用文中的有代表性的文体，力求系统地反映应用文写作的全貌，又突出其实用性。书中的理论阐述，立足各类文体所处理事务特性的描述，从原理上回答了所收录文体的如何适用、如何写和为什么要那样写，形成了本书在应用文写作理论创新上的鲜明特色，且内容信息量大、知识覆盖面广。

因此，本书不仅可作为高校中文专业和文秘专业的应用文写作课程教材，又同时适用为高校经济管理类专业的经济应用文写作课程教材，也是理工类专业应用文选修课程教材的不错选择。（书后附有"各相关专业的教学内容及课时安排的参考意见计划表"。）

图书在版编目（CIP）数据

应用文写作原理 / 柯正来主编. —北京：电子工业出版社，2019.12
（华信经管创新系列）
ISBN 978-7-121-37977-2

I. ①应… II. ①柯… III. ①汉语－应用文－写作－高等学校－教材 IV. ①H152.3

中国版本图书馆 CIP 数据核字（2019）第 255737 号

责任编辑：石会敏
文字编辑：苏颖杰
印　　刷：涿州市京南印刷厂
装　　订：涿州市京南印刷厂
出版发行：电子工业出版社
　　　　　北京市海淀区万寿路 173 信箱　邮编：100036
开　　本：787×1 092　1/16　印张：19.25　字数：488 千字
版　　次：2019 年 12 月第 1 版
印　　次：2020 年 5 月第 2 次印刷
定　　价：49.00 元

凡所购买电子工业出版社图书有缺损问题，请向购买书店调换。若书店售缺，请与本社发行部联系，联系及邮购电话：（010）88254888，88258888。

质量投诉请发邮件至 zlts@phei.com.cn，盗版侵权举报请发邮件至 dbqq@phei.com.cn。

本书咨询联系方式：738848961@qq.com。

前　言

语言有两种表达方式：口头语言和文字语言。文字语言是比口头语言更加严格规范的表达方式，主要应用在文章中。伴随社会的发展和进步，人类的实践领域越来越广阔，实践事务越来越复杂，运用文章写作来处理复杂事务的明鉴性和缜密性及其促进人类实践有序化的功用日益凸显出来。在应用文的写作中，因人们处理事务的不同、事务处理的意图及处理方法的不同，是以产生出各类文章的不同特点，形成不同的文体，这是应用文及其文体产生与发展的渊源。

由于文章对文字语言规范有严格要求，所以要写好它有一定难度，而以文字语言的表达方式来处理实践事务已经成为社会各领域的基本工作方式之一，因此，应用文的写作能力已成为各专业工作者的基本能力之一。对于一位大学生，如果他的应用文写作课程是空白的，可以说他的学习计划是不完全的，除非他在步入社会后能补上这一课，否则其从事专业工作的能力素养是残缺的。这是现在各大学在人才培养方案的教学计划中纷纷开设应用文写作课程的根据。

对应用文写作理论的系统研究是在近几十年间，过去的研究方向重在应用文的语言特点和各种文体写作的框架模式上。本书是第一本以"原理"冠名的应用文写作教材，有着鲜明的创新特色，具体如下。

1. 理论创新

作者首创性地阐述了应用文写作原理理论，并运用该理论对各类应用文的适用场景和写作机制进行了系统的理论分析。这不仅丰富了应用文写作教材的理论色彩，更重要的是改变了该类课程过去局限于文章外在模式上"这样写"的教学，升级为从"知其所以然"上去认识"该如何写"和"为什么要这样写"，有利于加快学生写作能力的提升。

2. 体系创新

本书以类为章，每章中遵循应用文写作原理理论的基本方法，从该类应用文所处理事务特性的描述入手，引导学生去认识该类文体在事务处理中的适用方法，继而介绍其种类构成，分析这类文体具有共性的思维机制特点，先让学生对该类文体有一个宽视角的了解；再选取社会实践中该类文体中最常用、最富代表性的文种，对其适用方法、如何写、为什么要这样写的原理展开深入的解析，以此形成全书的框架体系。此种体系的优点是凸显了应用文作为人们处理实际事务的工具的本质属性，既严谨又知识面广、信息量大，有利于学生领悟应用文写作原理机制的奥妙。

3. 兼顾理论与社会实践应用的对接统一

本书以事务为依据归类应用文文体，再对各文体依据其应用特点细分文种。例如，计划书细分为经营计划书、生产计划书和工作计划书；审计报告按其写作特点细分为简式审计报告和详式审计报告，详式审计报告又依据其应用特点分为效益审计报告和财经法纪审计报告。这样细分的好处是有利于克服文种的笼统分类导致概念宽泛的弊端，从而实现与社会实践应用的对接统一，既便于学生理解，又便于学以致用。

书中关于如何写作的理论描述与实践应用也高度一致。每一文种的写作，既有详尽的理论阐述，又有对应的例文，文种的选取既突出以企业应用文为主体又兼顾了多专业的通用性。为了方便各相关专业在采用本书作为教材时能突出本专业的特点，将在书末附上“各相关专业的参考课时计划表”。

本书由柯正来任主编，伍晓莉、黄靖嫦任副主编。全书编写分工如下：伍晓莉编写第 2 章、第 16 章；黄靖嫦编写第 3 章；翟虎林编写第 4 章；张蕴华编写第 5 章；周元元编写第 9 章；高芳圆编写第 12 章；曾学英编写第 14 章；柯正来拟定编写大纲，具体负责第 1、6、7、8、10、11、13、15、17 章的编写，并对全书进行统一修改定稿。

在本书编写过程中，参阅了大量相关教材和专著，吸收其成果，引用某些例文，在此特作说明，并向原作者表示衷心的感谢！

由于编者水平有限，书中难免有不妥之处，恳请各位同仁批评指正。我们一定会认真听取意见，以不断提高该书的编写质量。（免费提供 PPT 课件，联系人：柯正来，电话：13532864316。）

编　者

2019 年 8 月

于广东科技学院

目　录

第1章 导 论

教学目标与要求：

1. 通过了解应用文的历史渊源及其未来发展新趋势，认识应用文的功用性特点；
2. 认识和掌握应用文的要素构成知识；
3. 重点理解和掌握应用文的写作原理理论。

1.1 应用文的产生、发展及未来发展趋势

中华民族有着五千年的文明历史。我们伟大的祖先不仅以他们的非凡智慧创造了汉语言和独具风格的方块文字，并且创造了语言与思维结合的完美形态——文章。文章发展到今天，虽以其具体功用的不同、风格的各异、体式的区别，已达数百种之多，但依据其功能，均可归纳为两大类：应用文类和文学类。追根溯源，最早的文章是应用文。

1.1.1 应用文的产生与发展

应用文的产生与发展，可大致分为以下三个基本阶段。

1. 初创阶段

在文字还未产生之前，我们的祖先在他们漫长的生存实践中就一直在寻求一种有效的记事方式，最早以结绳记事，到伏羲氏，“发明网罟，又做八卦，八卦可能是一种比结绳更为进步的记事方法”（翦伯赞《中国史纲要》），而后发明文字。若以西安半坡遗址出土的彩陶上重复出现的有规则的简单符号为最早的中国文字的话，那么它约产生于距今五六千年前。至夏朝建立，符号文字已为数不少，我们的祖先已经用它们来记事，或描述某一信息。这就是中国最早的文字语言，它为后来形态意义上的文章的产生奠定了基础。

2. 发展阶段

文字的系统完善和形态意义上的文章的产生与发展是在国家出现之后。

当人类社会进入阶级社会后，人类实践活动进入渐进规模的有组织的社会形态。统治者和统治集团为维护和巩固其社会秩序，在管理国家纷繁复杂的事务活动中，要借助文字语言形式准确无误地传递信息，表达意图、宗旨，协调各方面关系，实施意志支配和导向，他们日渐认识到文章在国家管理中重要的工具性作用。

自禹的儿子启创立第一个奴隶制国家夏，到殷商时代，“甲骨文共有单字约在三千以上，已经形成严密规律的文字系统”（翦伯赞《中国史纲要》）。文字的丰富完善和系统化为文章的产生提供了前提条件，“甲骨文卜辞及铜器铭文长的一般为四五十字，当时写在简牍上或许更长。周人说‘惟殷先人，有册有典’，应该是可信的”（翦伯赞《中国史纲要》）。可见，彼时我们的祖先已经能用文字语言完整地记叙事件，或描述信息，或表述思想，形态意义上的文章已经产生了。《周易·系辞下》中写道：“上古结绳而治，后世圣人易之以书契，百官以治，万民以察。”说明最早的文章主要是用于处理国家事务的应用文。

正是由于这种实践的需要和统治集团的重视，在国家意志的推动下，再加上文化工作者的不断努力，创造了大量的新文字，以致不断改革应用文的写作规范，推动了应用文的发展。据《尚书》记载，自虞舜至秦穆公时代的应用文有典、谟、训、诰、誓、命，分别用于陈述政绩、告贺、教诫、进谏、受命、誓众等事项。到秦灭六国统一天下，改前代的“命”为“制”、“令”为“诏”、“书”为“奏”或“议”，并以吏为师传授其技法。汉朝继承和发展了秦朝的应用文体制，其种类除了章、奏、表、议外，还有疏、状、露布、移、檄、牒等，并规定，考核官吏时，不熟悉吏治业务、书疏书写不端正的，要连同推荐人一起治罪。唐朝是我国封

建社会的鼎盛时期，经济繁荣，文化发达，反映在应用文上，表现为种类齐全。据《六典》记载，有下行文六种——制、敕、册、令、教、符；上行文六种——表、状、牋、启、辞、牒；平行文三种——关、移、刺。并且，行文规则十分严格，“应言上而不言上，不应言上而言上者；应行下而不行下，不应行下而行下者”都要按有关条例予以处罚。宋朝的应用文体制在汉唐的基础上又有发展，所创建的文体有诰命、御札、敕榜、故牒、公牒、呈状、申状、劄子等八种。文章风格较之前代，内容细致，结构完整，文辞精炼、通俗易懂。

在古代社会，由于科技的不发达和生产力水平低下，人们的实践领域受到很大的局限，人类的基本生产和生活方式是自给自足，应用文的突出功用在于处理国家事务。

3. 成熟阶段

伴随科技的进步，人们的实践领域不断扩大，事务内容和方式方法也更加多样化和复杂化。这些反映在应用文的写作活动中，就是促使应用文在所反映内容及其表达方式上能适应这种多样化和复杂化的要求，从而形成文种的细化和系统化。其中，首先是生产力的进步所带来的经济繁荣和发展对应用文的成熟所产生的巨大的推动力。

我国的应用文进入经济领域是在封建社会末期。至明朝中叶，社会分工进一步细化，从农业中分离出来的劳动力有相当一部分从事手工业，还有不少是雇工，社会生产进入商品生产时代。当时，已形成规模的行业是造纸业和冶炼业。例如，石塘镇的造纸业，“纸厂槽户不下三十余槽，各槽帮工不下一二千（应作十）人”（康熙《上饶县志》）；炼铁业，“煽者、看者、上矿者、取钩（矿）砂者、炼生者而各有其任，昼夜轮番，约四五十人”（嘉靖《徽州府志》）。可见其规模之大、岗位分工之细。这样的生产规模和岗位分工，就提出了管理规范化的要求，需要通过文字形式将规范化的内容明确出来，以便满足千百人互相交流，更好地落实到行为中去。这就产生了需求应用文的条件，契约、操作规章类的文体应运而生。而这时的工业仍是原始的以手工为主的作业方式。大工业之于中国，是在鸦片战争之后，始于清代洋务派的兴办军事工业，至李鸿章将军事工业转向民用工业，带动了我国民族工业的兴起。“1876 年李鸿章接受黎兆棠兴办‘机器织布局’的建议，派魏纶先生在上海会集商人拟订节略，并函南洋提议由南北洋各筹公款，订购机器，存局生息。1878 年冬，候补道彭汝综从上海拟出招商章程寄李鸿章。”（翦伯赞《中国史纲要》）可见，函、协议书和章程已成为当时处理经济活动事务的重要应用文。但基于当时条件下产生的经济类应用文，不仅种类残缺，且难以规范。

中华人民共和国成立后，在中国共产党的领导下，中国人民意气风发地投入社会主义建设，至 1976 年我国已从战争废墟中形成了初具规模的现代化工业。但基于计划经济的管理体制，经济运行在国家的统一控制中，经济活动的内容和方式相对单一，这个时期的应用文种类尚不齐全。到改革开放之后，我国由计划经济向市场经济转轨，伴随市场的繁荣，人们的社会关系越来越复杂，尤其是加入 WTO 后，中国经济融入世界市场，带来了社会事务的复杂化，从而为应用文的发展提供了广阔的空间，迎来了我国应用文璀璨的艳阳天。

伴随社会的进步和社会分工的精细以致社会关系更加复杂所带来的社会活动事务的复杂化，促成了文章体式的细化和系统化。社会分工的精细带来事务处理目的和处理方式方法的复杂化和多样化，反映在应用文的写作上就是产生出不同的文体。而在同一行业中，业务运作上的共性规律及特点或同类事务的共性特点，影响着处理同类事务的应用文在文体上既有不同特点，又有其共性特征，于是就有了应用文的类的概念。这样，既形成了应用文的种类，又在同类应用文中有着文章形态上的多种体式，再经过长期的应用文写作实践的推动，逐步发展形成了今天的应用文的完整种类体系。

我国现今的应用文，以行业或同类事务为依据划分，已形成的种类有公务文书、司法文书、军事文书、外交文书、礼仪文书、科技应用文、经济应用文等，且还在不断地产生新的种类，并在文种应用和写作上也已经十分规范。

1.1.2 应用文的未来发展趋势

传统的应用文是基于纸质载体和文字语言的表达规范形成和发展而来的。而今，伴随计算机技术的广泛应用和网络在城乡家庭及各工作领域的覆盖面越来越大，人们已经目睹了由此带来的对科技的进步、经济的发展乃至社会生活的巨大变化的作用力。这种作用力也正在推动着应用文的变革。这种变革带来的最根本的变化是文章载体由纸质载体向屏幕载体的转换，并由此带来从书写方式、表达方式到文章形态的变革。

1. 文章的网络化已成为一大趋势

进入 21 世纪，计算机技术使文章的写作、修改和保存管理更加便利，网络技术使文章的传阅交流更为快捷，很多单位或部门提出了“无纸化办公”的口号，网络文学正如日中天。文章的写作不再只能用笔和纸书写，而是更多地通过计算机键盘输入；文章的交流和人们的阅读也不再只依托纸质载体，而是转向以网络交流和以电子产品为载体。文章的网络化已成为一大趋势。

2. 文章形态更加丰富多彩和艺术化

传统的文章写作是以笔和纸为工具的，以单一的白纸黑字的形态出现。计算机技术带来了书写技术的进步和艺术设计的便捷，推进了文章形态的变革。这种变革首先是纸张内容的静态显示变为电子屏幕的可控性动态显示，控制者可根据需要来有序显示内容或调整页面；其次是在电子屏幕显示的页面中，能赋予风格各异的背景画面、动画插图、丰富的色彩变化和不同字体及不同字号配合使用的多种表现形式，加强了视觉艺术效果。

3. 文章内容表达的语言符号系统和表现形式趋向多元化

传统的文章在内容的表达上是基于文字语言的表达方式。在过去的应用文中，由于传统的图表绘制和排版时的不便，图表应用较少。计算机技术给图、表和各种符号的设计、制作带来了极大的便利。现在一些以统计分析为主的研究性文章中，以图形和表格为主导的、与文字表述相结合的表达方式已较为常见。各种图形符号的广泛应用已经构建起一种多元素的新型的符号语言体系，改变了过去文章写作中文字语言一枝独秀的局面。

图、表及各种符号表达的主要优势，是能将从琐碎的事务现象或复杂的数据资料中抽象出的一般性特征或规律，进行形象描述，图、表之间的逻辑联系可跳跃式转换，而不需要做特殊的过渡衔接处理，表达效果更加的形象、直观、综合、简洁。例如，本书第 6 章“市场研究类文书写作”中的“例文 1”、第 10 章“经济活动分析类文书写作”中的“例文 2”，均属于此类变革的代表作。

当然，这种表达方式对阅读者的认识思维能力也提出了更高的要求。传统的文字语言表达方式基于语义与逻辑性的高度统一，人们的阅读主要是对语义的理解。而在图、表及各种符号为主导的表达方式中，文字语言只起辅助作用，人们的阅读必须首先要能看懂图、表及各种符号，并从其内容含义及内容间的逻辑联系中展开思维认识活动，才能正确理解。

4. 应用文的时效性呈现快节奏和高效率的发展趋势

应用文作为实用性的文体，其时效性很强，往往一个通知、决定、报告没有及时到位，就可能会造成重大损失。而互联网时代的步伐是快节奏的，计算机的普及和网络的日益扩展，使人们之间乃至地区、国家之间的交流几乎不存在时间和空间差。计算机和网络的结合，不仅带来了应用文写作的便捷，而且冲击着传统的应用文传递方式，提高了文章的交流速度，使应用文使用的节奏更快、效果更好。

计算机技术给应用文带来了一系列变革。在互联网的推动下，应用文必将在服务社会政治、经济、文化、科技和人们生活中，以新的风貌发挥更加高效的作用。

1.2 应用文的要素构成特点

所谓应用文，是人们在学习、生活、工作中为处理实际事务而写作、具有实用性并形成惯用格式的一类文章。

文章是语言的特有形态。语言是人们交流思想的媒介和工具，是一种复杂的符号系统。语言分为口头语言和文字语言。人们日常生活交流的口头语言多为零散无序的语言片段，其交流内容主要是人们感性认识的所思所想；文字语言表现为形、音、义的符号形式，通过这些符号作用于人们的视觉来实现其功能，多用来表达经过完全思维过程而形成的系统理性的认识成果。语言之所以能成为人们交流思想的工具在于其规范性。语言的规范性主要体现在文字语言中，其中最主要是语法规范和逻辑规范。语法反映词序组合的规律；逻辑反映概念思维规律。语法和逻辑的结合构成了语言的运用法则。人们借助文字语言，遵循语法，来表达自己成熟的理性认识成果，便创造了思想与语言结合而形成的特有语言形态——文章。无论应用文的未来如何变化、语言符号形式如何发展，文章以文字语言为其基本表达方式这一根基都不会改变，文章不可能完全脱离文字语言而存在。文章是语言的特有形态，既要遵循语言的一般法则，又有其一定形态特征和构成章法。

文章是思想与语言结合的产物，这一本质属性赋予了文章内容的思想性，就有了文章的主题，而主题要有材料来支撑，这就形成了文章内容的二要素。文章材料要借助文字语言为载体来呈现，语言对材料的记述以实现对主题的表达要遵循一定的逻辑，于是产生出文章结构，这便有了文章在形式上的三要素：结构、表达和语言。因此，文章有主题、材料、结构、语言、表达等构成要素。文学类和应用文类文章因功用的不同，在其构成要素上有各自的特点。本书重点探讨应用文的构成要素特点。这对学习应用文写作有着重要的指导意义。

1.2.1 主题

应用文写作产生于人们处理各种事务的需要。应用文的主题是指作者在处理某事务时，通过文章内容的表达所要实现的意图、宗旨。本书中的应用文主要指工作应用文，这里的事务，也主要指工作事务。在现代社会里，人们处理事务有两个鲜明的特点：一是有着明确的目的性和效率要求；二是追求最有效的方式方法。而应用文则是人们在处理事务中连接目的与方式方法的基本途径。人们在社会活动中，有许多事务需要通过写作文章的方式去处理，文章中表现的要追求实现的目的、宗旨就是主题。

写作活动要做的第一件事是要明确文章的主题。主题，是文章的价值所在，是写作活动的灵魂。在写作活动中，应根据主题表达的需要主导材料的选择和运用，统筹文章的结构布局，导向语言的风格特色。

应用文主题的确立，不是来自某一写作活动，而是来自处理事务的需要。例如，下级要办某件事，必须经上级批准后才能办，于是要写一份请示；根据领导机关的要求对市场进行预测研究，要将预测的结果报告给领导机关，于是要写一份市场预测报告。这里，请求上级批准办理件事，以及向领导机关报告预测结果即是文章的主题。

1.2.2 材料

材料是日常积累或有目的搜集的为写作文章而用的各类资料。应用文的材料必须真有其人、实有其事，时间、地点要有根有据，要绝对真实。

1. 材料的功用性特征

在应用文的写作中，材料在其功用性上有以下两个重要特征。

（1）依据性特征

依据性特征，即材料是人们认识事物和决策事务的依据。

人们通过写作文章来处理某事务，对该事务如何处理取决于人们对所处理事务指向的对象事件的认识。所谓对事物的认识，是指人们对事物内在属性的透视或对事物运行规律的抽象概括。这种认识活动的程序是：第一，通过观察、调查、实验、统计等手段获取事物的现象材料；第二，将现象材料按各自所反映的事物属性分类；第三，概括各属性的性质、特点；第四，理清各属性间的逻辑联系，从而透视事物的本质属性或运行规律；第四，用文字概括出事物的属性特征或规律，完成对事物的理性认识。这种认识建立在对材料的占有和研究的基础上。对事物理性认识的完成，为如何处理该事务提供了理论依据。

（2）要素性特征

在写作活动中，材料是作者为实现文章意图、宗旨而实施文章表达的重要构成要素，因为：第一，文章的写作不能没有材料；第二，材料选择和运用的得当与否关系到文章的写作质量。

认识材料的这两个重要特征，对应用文写作有着重要的实践性意义。

2. 材料的选择和运用方法

在应用文写作中，材料的选择和运用有以下三种最常用的方法。

（1）典型材料法

应用文写作常常要求既概括出观点，又要用事实说话，不能空谈。概括出观点，是判断事物的属性；用事实说话，是用事物运行中体现其属性的现象材料进行证明。而事物运行的现象是错综复杂的，有的甚至是多种属性的混合现象。作者要善于从复杂现象中鉴别和挑选最富代表性的现象材料各归其位，让读者从每个材料的引用中非常明确地领悟和认识事物的相应属性。所谓典型材料，就是最富代表事物某属性的材料。从事物的诸多现象中选择最富代表性的现象材料来揭示事物的相应属性，以证明作者所概括观点的材料选择和运用方法，就是典型材料法。

（2）个性材料叠加法

文章表述中，有时需要几个材料连续使用才足以说明问题。例如，某学生每学期学习成绩均为年级第一，助人为乐的事迹在全校最为突出，还是学校的竞走冠军……这里，每个材料各自体现着“好学生”的某个属性。正确选择反映事物各个侧面或各层次属性的材料叠加在一起运用，能更好地集中揭示该事物的本质特征，就是个性材料的叠加法。

（3）点、面材料结合法

点、面材料是相对的称谓。反映整体事物中局部现象的材料称为反映事物点的材料；反映事物整体的材料称为反映事物面的材料。应用文作为人们处理事务和交流信息的工具，有时要求能全面、生动、准确，并由点带面地揭示所反映的事物。这种情况下，仅有点的材料，无法全面；仅有面的材料，则文章空泛、无深度，且不生动。只有将点、面材料结合运用，才能既生动又全面地反映出事物的整体面貌。运用该方法，一是要准确选择反映点的材料和反映面的材料，二是结合运用要得当。

1.2.3 结构

文章结构是指文章的内部组织构造，即文章的整体布局。文章写作的布局和材料的选择运用均要服从主题的需要。文章结构包括标题、开头、主体、结尾、段落、层次、过渡和照应；文章结构有横式和竖式两种。这些都是文章写作的共性知识。应用文的结构有其别具一格的特殊形式——条目组合。

所谓条目组合，是指文章结构形式按内容范畴分门别类，每个门类分别用标题概括内容或内容范畴，并以章节条款、大纲细目、序码连接，使文章内容多而不乱，实现条理清晰效果的一种构成模式。例如，章程、条例、法典等的写作最具典型性。这是应用文写作极富代表性的结构形式。

应用文的条目组合特点形成的根据如下。

一是源于其为人们处理工作、学习、生活事务服务的属性。人们阅读应用文，通常是在工作、学习或生活快节奏的紧张氛围中，具有严肃务实心态。应用文写作为了适应人们在这种特定氛围中处理事务的特定心态，力求文章表达要直接明白、杂而有序。应用文条目组合的结构形式将事物内容分门别类地细分表述，并以标题概括各部分内容或内容范畴，大纲细目、序码清楚，能满足人们在紧张节奏中易读易懂的要求。

二是源于应用文反映事务内容繁杂与应用文写作简洁有序的矛盾统一性要求。在应用文写作中，对工作内容及事物规律的揭示，主体对事务活动的分析、观点及处理意见，其内容往往错综复杂，而又要在有限篇幅中简要明确地表述清楚。内容复杂又要表述简要，必然带来文章表达时内容单位转换快。而应用文反映的事务内容又往往各自独立，因此内容繁多时，若采取一气呵成的结构方式，则文章的衔接处理不易把握。采取条目组合结构，避免了应用文写作在内容转换、表达上的麻烦，能以尽量短小的篇幅容纳更多的内容。而且以条目形式形成间隙，标志着内容间的区别，不仅有利于读者轻松阅读和快速明确地领会，还能减少文字简明带来的枯燥感。当然，当处理的事务内容单一时，应用文也无须分条理目，但就总体特征而言，条目组合是其重要的结构特点。

1.2.4 语言

语言是人类交流思想的媒介和工具，这是关于语言的一般表述。作为写作理论，研究文章语言则重在写作的语言风格。语言风格又以文章种类、功用的不同而相区别。应用文写作在语言上除要达到准确简练、通俗流畅等一般要求外，因其特殊的功用性还需具备以下特有的风格。

1. 庄重而不失活泼

应用文不是供人们欣赏的艺术作品，而是人们处理事务的工具，因此语言不可刻意雕琢，脂粉味太浓。辞藻的堆砌、文辞的华丽必然导致言词累赘、语义难辨，与应用文处理实际事务的严肃务实风格不一致。因此，应用文语言要求朴实庄重。要实现这一风格要求，除上述不可刻意追求文辞华美外，在措辞上，还要注意粗俗词不用，叹词、象声词和部分感情色彩过于浓烈的形容词、副词控制使用，方言土语和儿化词之类的口语少用，以强化应用文的庄重感。但庄重不是呆板，应用文语言要庄重而不失节奏感，词汇丰富而不浮华，以造就语言朴实的活泼美。

2. 明确而不失弹性

基于应用文读者阅读时的特定氛围和心态，应用文语言必须语义明确，不宜像文学语言那样追求含蓄和耐人寻味，更不能隐晦、多义和拖泥带水，而要一目了然，语义明白确定。所谓语言弹性，是指作者赋予文章的某些词组或语句，在特定的语言环境中，含义明确但外延界定较宽泛，使其在语义理解上形成一定伸缩性的语言特点。例如，公文语言在科学性的把握上，要求在反映情况、评价事物、表述决策时要语意贴切，避免绝对化。像“工作力度不够”“效果不佳”“产品质量低劣”“卓有成效”“做了一些工作”“一般来说”“基本上”等词语，让人读来感觉游刃有余、分寸适度。这种语义表达的不绝对化，还可减少语言表现的差错，加强公文的权威性和严肃性。这种不同于文学语言的含蓄和一语多义，既语义明白确定又极富理解伸缩性的语言风格，是应用文的又一重要语言特征。

3. 直述而不空谈

应用文写作在语言表述上要直接亮出观点、意图、要求、建议或告知事项，而不可曲折委婉。这种直述分为两种形式：一是先用一句话或一段话亮出观点、意图、要求，再展开论述，或补充说明，或陈述依据；二是按大纲细目逐层次分项表述。其目的都是为了便于读者阅读理解。不空谈，是说在直述观点、意图、要求、建议或告知事项时，要言之有物，内容具体，理由充分。

1.2.5 表达

所谓表达，是指人们传递思想情感或态度的表示方式或手段。由于传统的文章内容的表达是以文字语言为基本方式的，所以人们一般习惯意义上所说的文章表达即指文字语言的表现方式。

文章表达的方式是多种多样的，主要有叙述、描写、抒情、说明、议论。这五种表达方式各具特点，在写作中，有时单独使用，有时交叉使用，更多的是混合使用。在应用文的写作中，常用的表达方式主要有叙述、说明、议论三种。

1. 叙述

叙述，是述说事物或现象的发生发展过程的表达方式。叙述时，应有一个立足点，形成明确的观察方位，要么从自我出发，要么采取与叙述对象相对的观察角度，这就形成了语言表述的不同人称方式。第一人称，作者以当事人的身份出现，叙述“我”的所见所闻、所感所思，给人一种真实、亲切的感觉。第三人称，作者站在第三者立场上，用叙述他人的口吻把人物的经历或事件的发展变化表述出来，能够比较灵活地反映对象事物。

应用文的叙述，与一般文章相同，分为：顺叙——按照事件发生发展的先后顺序进行叙述的方法；倒叙——先叙述事件的结果，然后再从头道来的叙述方法；插叙——在顺序中插入一段与表现主题有关的另一件事的叙述方法；补叙——在叙述过程中对情况做必要补充和说明的叙述方法。

应用文的叙述要注意以下几点：一是要真实，必须忠实于客观实际，反映人物、事件的本来面目；二是简洁，对事情的陈述使主题表现明白即可，避免冗长累赘；三是完整，叙述的事件不管是全面的还是片段的，要头绪清楚。

2. 说明

说明，是具体或概括地对事理、事物的性质、状态、结构、关系、功用、缘由，或对人物的经历、特点、成就等进行解说或介绍的表达方式。

常用的说明方式有以下几种。

1）定义、诠释说明。定义说明是用概括精确的语言表述某事物的本质属性，使它区分于别的事物。下定义往往较为困难，有时只说明对象的某些特点，这叫诠释或解释，使用则较为自由灵活。

2）概貌说明，是对说明对象在进行大致的概括介绍。这种说明注重事物的总体性，要能给人一个完整的印象。

3）程序说明，是对说明对象的变化过程、工艺流程或工作进度的前后关系的解说。这种说明要注意程序之间的衔接和贯通。

4）局部说明，是对完整事物的切分解说。这种说明需要切分合理，要注意在解说中既突出各部分的独立特性，又把握好各部分间的相互关联性及作为整体的构成部分的统一性。

5）举例说明，是一种通过举例来解说事物的方法。这种说明应注意所举实例与解说对象的相似点。

6）比较说明，是把两种（或多种）事物，或同一事物的不同发展阶段进行比较，借以说明对象的性质、特点和变化的方法。这种说明要注意两者的可比性。

7）数据与图表说明，这是利用有关数据或图片表格的直观效果来解说的说明方式。这种说明要注意数据的准确、图表的明了。

3. 议论

议论是作者运用材料及逻辑推理阐述道理，表明自己的见解、主张，或驳斥别人观点的一种表达方式。

（1）议论的三要素

议论有三要素，即论点、论据、论证。所谓论点，是指作者对所论问题提出的看法、主张。它可分为中心论点和分论点。中心论点是文章的核心论点，可在文章开头提出，也可在篇末归纳，常以一个判断语句出现在文章中的明显位置上。分论点是从中心论点展开的，为表达中心论点服务的小论点，常在文章每部分的开头出现。论据是证明论点的理论及事实依据。论证，则是运用论据证明论点的过程与方法。证明过程一般包括论点提出的原因与论点的基本解说、推论、归纳推论结果等环节。

（2）议论的方法

1）立论，即从正面阐述自己的观点。常用方法有：归纳法，即以事实为依据，从许多“个别”现象抽象出“一般”结论；演绎法，则以“一般”结论为依据，去推知“个别”事物的属性；引典法，以名人、经典著作中的言论或公理、常理为论据，来证明作者论点的正确；比较法，把不同情况或事物摆出来加以比较，在比较中明辨是非，阐明事理；类比法，是以相比事物之间具有的共同点或相似点通过讲故事、举实例的方式，来实现由此知彼的推论方法。

2）驳论，就是反驳他人的论点。反驳他人的论点有一个如何切入的问题，这要看对方论点的错误主要在哪里。一般来说，论点的错误不外乎以下三个方面：论点概括的错误、论据与论点不统一、证明逻辑混乱。因此，驳论应采取相对应的切入口，或直接驳其论点的错误；或通过驳其论据的不实从而驳其论点；或通过揭露其证明方法违反逻辑而驳其论点的不能成立。

驳论的方法主要有两种。其一，直接反驳，即直接揭露对方论点、论据或证明过程中的错误。其二，间接反驳，又分为归谬法、反证法。归谬法，对错误观点做“顺水推舟”式的引申，以充分显示其荒谬从而证明其错误；反证法，先充分证明某论点的对立论点正确，而且相关论点只有一个是正确的，从而推理出该论点必然错误。

1.3 应用文写作原理

文章，无论其书写方式及形态如何变革，其作为符号语言与写作主体创造性思维活动的成果这一本质属性是无法改变的。那么，应用文写作主体应如何通过其创造性思维活动写作文章呢？这里需要回答的是应用文写作的原理问题。

应用文写作的原理是指主导应用文写作活动的根据及其机理。我们通过对应用文写作实践活动规律及其成果——文章体式和特征形成的研究，可抽象概括出应用文写作的以下三大原理。

1.3.1 应用文写作的动力根据原理

应用文的写作缘于人们的社会实践活动。在人类的认识能力还很低下的时期，主导行为的意念常是一些单纯的感知意识，所产生的是直觉的眼前需求诱导下的念头和行为。当时的人类思维和行为方式都极明了，且在今天看起来是很简单的。伴随科技的进步和人类活动能力的不断提高，尤其随着生产力的进步和人类社会分工的细化，人类生存方式的社会化程度越来越高，其实践活动涉及的内容与范围也日趋广泛和深入，以致人类的文明程度越高，人类的思维乃至意识活动就越复杂，同时对人们行为方式的要求也越高。

今天，人们每天的学习、生活和工作有许多事情要做。人们每做一件事情，除要有明确的目的外，还需要解决好如何做的问题，即选择正确有效的途径、方法，才能保证能把事情做好。目的的确定和途径、方法的选择均来自主体对事情涉及的对象事物及事物规律的认识。其中，尤其是组织行为，从人们对行为涉及的对象事物及事物规律的认识，到行为决策、策略方案的制定、行动计划的编制和组织实施，都需要借助文章的写作去完成。这就是说，社会的进步赋予人们社会行为动机的理性化和行为方式的规范化要求更高，要实现这种行为的理性和规范，就使人们以及社会组织在处理一系列重大事务时，不能不借助文章写作的方式。因为，文章既是人们理性思维的成果，又是人们交流思想和传递信息的工具，只有借助文章写作办理事务，才能保证行为的理性化，并促进人们的行为规范符合日益进步的现代文明社会的要求。

而且，恰是人们在社会实践中面临一件件事情需要通过以写作文章的方式去办理，起动并主导了应用文写作主体的写作活动。应用文是人们处理事务的工具，人们社会实践的需要才是应用文写作主体行为的动力根据。

1.3.2 应用文写作的思维机制原理

应用文写作的思维机制原理揭示出应用文主题的确立，以及写什么、怎么写是由人们处理事务的具体的意图、宗旨确定的。

文章主题，实际上是指写作主体对文章核心内容的认识理解。写作文章，要先确立主题，而应用文写作主体对文章主题的确立，产生于处理某一事务要实现的意图、宗旨，因此，明确所处理事务的意图、宗旨成为应用文写作主体思维活动的第一任务。应用文写作缘于人们对事务办理需要通过写作文章的方式去进行，而今天人们的行为动机均有着明确的目的，且对行为目的的如何实现有着周密的计划，这反映在应用文的写作活动中即是主体通过文章写作办理某一事务的意图、宗旨。而人们所办理的事务因时因势的内容是不断变化的，即使对于同类事务，在不同时期的不同条件下，人们形成的对事务处理的要求和目的也会不一样，这产生出事务处理中的意图、宗旨上的差异。故应用文主题的确立所依据的意图、宗旨应是因时因势所形成的“这一个”——对“这一事务”在这一时势中的处理要解决什么问题、达到什么目的、实现什么样的效果的具体理解。这是“具体的意图、宗旨”的含义。文章写什么、怎么写，正是由这样的具体意图、宗旨所决定的。

意图、宗旨源于人们的意识活动。由于不同人的经验积累和认识能力不一样，对所处理事务的认识理解不一样，所以其产生的事务办理的要求和目的也会不一样。这就产生出对写作主体关于如何理解“具体的意图、宗旨”的特殊要求。这里应注意的是，在应用文的写作中，除个人生活和学习事务的处理、作者与写作主体相同外，其他写作活动的作者与写作主体是两个概念：文章的作者一般为某机关（这里的机关可以是某级政府机关，或企业、事业单位，也可以是某部门）；写作主体则为执笔人。主体受命写作具有被动性——主体受命之前难以自主产生写作的意识动机。这就是说，应用文的写作主体不能代表作者，不能决定文章写作处理事务的意图、宗旨，但是，他受命后要理清文章写作的思路，又必须明确通过该写作文章处理这一事务要达到什么目的、解决什么问题、实现什么样的效果。这种“明确”需要通过两种途径来实现：一是通过对材料的占有和分析，完成对事物的正确认识（见前文关于文章要素的论述）；二是从机关的代表者——领导集团那里接受领导者的意志。

领导者在事务处理的意志形成中有三个特点：一是领导者肩负的责任感，使他能自觉地站在机关利益立场上去思考问题，形成领导者特有的思想境界高度；二是领导者所处的位置使他能有效地全面汇集各方面的信息，以致对问题的分析研判更全面、深刻、准确；三是，领导者长期从事领导工作的经验、知识和综合素质，决定了他们的成熟程度，从而保证了处理问题方法的高正确率和高效率。这三个特点决定了领导者处理事务的价值取向。这是一般写作主体所不能及和不能替代的。

因此，写作主体不宜以自己的意志去代替领导者的意志，而必须接受领导者的意志，并依赖自身的素质和正确的思想、立场、方法，结合对所处理对象事物的正确认识，明确本机关处理这一事务的意图宗旨，从而确立文章的主题，主导文章的写作。

1.3.3 应用文的文体和风格的形成原理

思维机制原理回答了应用文写作产生不同的文章体式，以及同一文章体式写作在材料、内容、表达上的千差万别，是由社会实践中不同事务的特性、事务处理所涉及的对象事物纷繁多样的复杂性，以及写作主体在认识上、语言能力上和语言风格上的差异所导向的。

这里，我们首先要将社会实践中的事务与事务处理中涉及的对象事物从概念上区别开来。所谓事务，是指人们要办理的事情，是一个相对抽象的概念；而人们办理的每件事情均要涉及具体的时间、地点、对象人、对象物，以及事件、事由、事理等，这些统称事物。

一般来说，文章体式的形成是由所办理事务的特性所决定的。譬如，为总结对经济活动中的问题研究的意见要写作经济活动分析报告，写作这类文章的共性特点，在于其目的是要向领导层报告在对本单位（或本地区、本行业）经济活动的研究中发现的问题及其原因分析和提出的改进措施。文章写作要从该目的的实现出发来选择材料和布局文章结构实施表达，于是该类文章便形成具有共性的形态特征。在长期的实践中，人们写作该类文章若由不自觉到自觉地认同和遵循一种基本的特征模式，那么，这种文章体式的概念也就形成了。

然而，同一体式的文章也千差万别，那是为什么呢？因为即使相同的事务也涉及万事万物，每一事物又顺时顺势而变化，人们处理事务既要依据对象事物的固有属性，又要因时因势遵循其运行规律来选择正确的途径、方法。由于不同写作主体的素质、经验、认识能力不一样，导致他们对事物规律的认识和对事务处理的途径、方法的选择不一样，所以不同主体、不同时期、处理不同对象事物而写作的文章在表达的内容上千差万别；再加上不同主体的语言能力和语言风格的差异，这就使我们的文章世界，不仅不同文体的文章，而且同一文体的文章也五彩缤纷。

上述原理理论较系统地回答了应用文写作主体活动的成果——应用文的文章体式和特征的形成根据，揭示了应用文写作活动的运行机制，为我们认识和理解各类应用文为什么要遵循各自的体式特征去写作提供了理论根据。

思考与练习

一、填空题

1. 计算机和网络技术推动着应用文写作的变革。这种变革带来的最根本的变化是文章载体由_______的转换。并由此带来从_______的变革。

2. 应用文主题的确立，不是来自某一写作活动，而是来自处理_______的需要。

3. 应用文写作中，材料的选择和运用主要有如下几种方法：_______、_______、_______。

4. 应用文语言的特有风格特征是：_______，_______，_______。

5. 应用文的常用表达方法主要有_______、_______、_______三种。

6. 应用文常用的说明方式有_______、_______、_______、_______、_______、_______、_______。

7.立论的常用方法有_______、_______、_______、_______、_______、_______，驳论的主要方法有_______、_______。

二、名词解释

语言　　应用文　　应用文主题　　典型材料法

点、面材料结合法　　个性材料叠加运用法　　说明

归谬法　　反证法　　议论

三、简答题

1. 我国应用文的发展主要经历了哪几个阶段?
2. 应用文的未来发展趋势有何特点？
3. 应用文材料的功用具有哪几个特征?
4. 怎样确立应用文的主题?
5. 怎样反驳他人的论点?
6. 应用文写作原理理论包括哪些内容？

四、写作分析题

1. 写作一张请假条，说明其中应包含哪些要点内容，并运用应用文写作原理理论分析这些要点内容在请假条写作中的意义。

2. 写作一张借条，说明其中应包含哪些要点内容，并运用应用文写作原理理论分析这些要点内容在借条写作中的意义。

第 2 章　公关礼仪文书写作

教学目标与要求：

1. 通过理解什么是公关礼仪、什么是礼仪文书及礼仪文书的文体特点，认识公关礼仪的事务特点和礼仪文书写作的思维机制特点；

2. 认识邀请函、欢迎词与答谢词、开幕词与闭幕词、倡议书等常用礼仪文书的适用方法；

3. 重点理解和掌握上述常用礼仪文书写作的结构内容思路及其结构原理。

2.1　概述

2.1.1　关于公关礼仪和礼仪文书

人们的社会存在决定了人都是处在一定的人际氛围环境中的，每个人的生活、学习和工作都受到特定人际氛围关系的影响。即使是组织与组织，其本质也还是人与人之间的关系。因此，构建良好人际关系具有重要意义。而人际关系的好或差基于人们意识中的相互评价。这种评价缘于两个方面的因素作用：其一，利益因素，即在利益关系协调处理上是否公平和公正；其二，人格因素，即在日常交往中的人格是否受到了尊重。人们在迎来送往时的一声“热烈欢迎”或一个挥手致意，都能让对方感受到被尊重的快慰。这些能有效表达友好和敬意的方式，在长期的交往实践中受到认同并逐步发展成为大家都这么做的规则模式，就是礼仪。礼仪按照其表达方式的属性又可分为两类：一类是通过人的言行方式来表达的；另一类是借助书面方式来表达或是以书面形式去配合行为方式表达的，这就是礼仪文书。

组织行为中的礼仪主要用于处理公众关系，所以又叫公关礼仪。公关礼仪文书则是国家机关、企事业单位、社会团体在商务活动和其他交往活动中，根据不同的情况，遵循相应的习俗所撰写成的礼仪文本，如邀请出席招待会、开业典礼、座谈会、宴会、交易会、学术研讨会的柬帖，迎来送往、喜庆场合的欢迎词、答谢词、欢送词、祝酒词等。

2.1.2　礼仪文书的种类

在适应公关礼仪特点的事务实践中，礼仪文书又因事因时因势而产生不同的写作要求，由此逐步约定俗成地形成了礼仪文书的不同种类。

礼仪文书的种类十分复杂，可以从多角度进行分类。按载体形式分，有柬帖卡片类和书函类；按主体类别分，有民间个体（包括家庭）应酬类和组织应酬类；按事务特点分，有庆典类（包括婚嫁、寿诞和有历史意义的纪念日）、祭丧类、会议类、邀约类、问候拜访类等。

本章只讨论组织机构应酬活动中的几种常用礼仪文书的写作。

2.1.3　礼仪文书的文体特点

礼仪文书虽然种类很多，但因其受到公关礼仪事务固有属性的制约，形成了一些共有特点。

1. 体式约定俗成

一般说来，礼仪文书虽不如公文那样有严格的规范化要求，但在漫长的写作实践中，各种礼仪文种都形成了自身的体式特点。例如，书信的开头要有问候，结尾要有祝愿语；名片一般先写服务机构及头衔，再写上姓名（中间），然后写自己的地址、电话号码、邮政编码等。每种基本体式都是社会的约定俗成，在写作时既不能太随便，也不应墨守成规；既要熟识各种规范体式，又要能跟上时代步伐，适时地推陈出新。

2. 书写形式有浓郁的文化色彩

礼仪文书既讲究礼仪内容，同时也要能体现它的文化内涵。书写时，措辞要符合对象、场景、时令、情谊及习俗；书写款式要大方、自然、得体；用纸用料、笔墨颜色要有讲究，应既美观又符合效用要求，要能从中体现有关交际中的礼节、礼貌要求等。例如，写信函以黑色笔墨为宜，不要用其他颜色，否则会显得不严肃，若以红色笔写信，就意味着是绝交信。礼仪文书在制作时，一般都比较讲究质地与硬度，并配以一定的装饰，以反映其文化内涵。

3. 表达情感真挚恳切，情溢文中

礼仪文书大多要体现人们相互之间的情谊，“无情不是好文章”，动之以情才能使交往变得真诚。因此，礼仪文书的字里行间处处洋溢着作者的真挚情感。常常一篇好的礼仪函电或致辞，欢快时喜形于色，悲恸时催人泪下，庄重时令人肃然。情溢文中是礼仪文书的基本风格。

2.1.4 礼仪文书写作的思维机制特点

其一，礼仪的目的是通过对人格的尊重实现友好交往。写作礼仪文书时，语言表达的形式、内容和语言风格均要服从于这一目的。

其二，在人们的交往中，存在主客方的角色身份问题，又有不同程序和不同环节内容的区别。对于所写作的文稿，用于主方还是客方、用于哪一程序或哪一环节、干什么用的，写作主体首先要在思想上理清头绪，并以此为依据去认识所要表达的内容，实现正确的语言表达。

其三，礼仪的作用对象是人，有时也是组织，但最根本的还是人。礼仪是一种文化，而每个人的民族属性、成长环境、文化素养、宗教信仰，乃至在所代表组织中的身份地位不一样，其文化心理不一样，人格意识格调也不一样。礼仪文书写作的内容表达和语言风格要注意把握好作用对象文化心理的个性特征。

2.2 邀请函写作

2.2.1 文体适用特点

邀请有正式与非正式之分。非正式的邀请，通常是口头形式的，显得随便一些；正式的邀请，既郑重其事，又要设法使被邀请者备忘，故多采用书面的形式，即邀请函。

邀请函又称邀请信、邀请书，是活动主办方（单位、团体或个人）邀请有关人员出席隆重的会议、典礼等重大活动时发出的礼仪性书面函件。

凡精心安排组织的大型活动，如宴会、舞会、纪念会、庆祝会、发布会、开业仪式等，都会使用邀请函邀请嘉宾，才会被人视为隆重。

2.2.2 正文写作的结构内容要点

1. 称谓

称谓是对邀请对象的称呼，要顶格写受邀单位名称或个人姓名，后加冒号。是个人的，通常在姓名前要加上“尊敬的”之类的定语；在姓名后要加职务、职称或学衔，也可以用“先生”“女士”等一般性称呼。

2. 主体部分的写作内容要点

1）邀请方举办活动的内容、形式、缘由、目的。

2）所主办活动的时间、地点、日程。

3）相关要求与注意事项。

4）郑重邀请的意愿表示。

3. 落款

写明礼仪活动主办单位的全称（或个人的全名）和成文日期。是组织机构的还应加盖公章，以示庄重。

2.2.3　写作结构原理分析

邀请函正文主体内容一般由以下四部分组成。

1）邀请函首先要让被邀请方了解到将要参加的是什么样的活动，其途径是让对方从邀请方举办活动的内容、形式、缘由、目的中认识活动的性质意义，以决定行程。

2）因为诚心邀请对方参加活动，那就要让被邀请方清楚什么时间去、到哪里去参加活动、活动的日程安排是怎样的，所以接下来就要让被邀请方清楚活动的相关情况，即时间、地点、日程。

3）被邀请者知晓活动日程、时间、地点后，也许会思索：该如何参加活动、需要带什么或不宜带什么、着装要求等问题，所以要写明相关要求与注意事项，让被邀请者提前有相应的准备，以保证活动顺利进行。比如，有的邀请函会写出人的具体位置安排“第×排×座”或“第×桌”，这样人到达后会很容易找到位置；有的注明是室外，这样方便人在服饰等方面提前做出安排。如果邀请函需作为入场凭证，就应该在邀请函中注明，提醒被邀请对象妥善保管。一些细节提示能给人以温馨的感觉，同时也体现出邀请方的诚意。

4）邀请函是代表活动举办方发出诚挚邀请的函件，因此要在此正文结尾部分表达郑重邀请的意愿，一般使用惯用语“敬请（恭请）光临”“恭候您的光临”等，以示对被邀请人到来的殷切期待。也有的结语采用分行书写形式，如“此致敬礼”，“此致”单独一行，前空两格，“敬礼”另起一行顶格书写。要注意，格式的不规范会使人怀疑邀请者的态度是否真诚。

例文 1

网聚财富主角×××公司年终客户答谢会邀请函

尊敬的×××先生／女士：

过往的一年，我们用心搭建平台。您是我们关注和支持的财富主角。

新年即将来临，我们倾情实现公司客户大家庭的快乐相聚。为了感谢您一年来对公司的大力支持，我们特于××××年×月×日×时在×××大酒店一楼××殿举办 2016 年度×××公司客户答谢会，届时将有精彩的节目和丰厚的奖品等待着您，期待您的光临！

让我们同叙友谊，共话未来，迎接来年更多的财富、更多的快乐！

×××公司

2016 年 12 月 12 日

（资料来源：企业供稿.）

2.3 欢迎词与答谢词写作

2.3.1 欢迎词写作

1. 文体适用特点

欢迎词用于迎接宾客的仪式上或宴会开始前，是主人对宾客的到来表示热烈欢迎的讲话稿。其意义是渲染和营造一种盛情、隆重的气氛，提高对宾客接待的规格。

2. 正文写作的基本结构思路

（1）称谓

对欢迎对象要采用尊敬的称谓。对个人称谓的一般格式为“尊敬的+职位（或职称，或×××先生、×××女士）+阁下”；对群体客人，则用概称，如“尊敬的各位来宾”“先生们”“女士们”“朋友们”等。

（2）主体部分的写作内容要点

1）致辞人的身份、代表谁、对谁表示欢迎。

2）所主办活动的内容、目的及意义。

3）主办方与来宾的历史渊源与友情，或未来合作的意义及前景。

4）来宾在此次活动中的地位及其将发挥的积极作用。

5）欢迎的意愿表示。

（3）尾部

期盼与祝愿。

3. 写作结构原理分析

欢迎词正文主体一般由以下五部分组成。

1）欢迎词的开头部分，当然首先要对来宾表示欢迎，这就涉及要明确谁对谁的问题，所以要写清楚致辞人的身份、代表谁、对谁表示欢迎。

2）顺其逻辑思路——举办如此隆重的活动，主办方的目的何为？意义何在？所以，就有了活动的内容、目的及意义。

3）为何是这些来宾，而不是其他来宾被邀请呢？其缘故不外乎或是朋友或是未来的合作伙伴，所以接下来就要对朋友回顾历史渊源及友情，或向未来的伙伴陈述合作意义与合作前景，以回答“你们为什么是座上宾”。

4）告知“你们来了要干什么”，内容或为交流友情，或为参观学习，或为共商大计，或为商讨合作等，以说明请“你们”来此的意义和作用。

5）再次表示欢迎，以及尾部的期盼与祝愿，属于加强语和礼仪上的套路。

例文 2

第四届国际水产遗传学会议主席的欢迎词

女士们，先生们：

我非常愉快地代表大会组织委员会向应邀前来参加会议的全体与会者表示诚挚的欢迎。

本次大会将探讨水生生物、营养学、生理学、畜牧学中的各种遗传问题以及水生经济动物的疾病问题。会议的议题还将包括正在培养或有潜在培养价值的淡水鱼类、海水鱼类、两栖类、龟类、软体动物以及甲壳动物等。

我们还邀请诸位游览观赏武汉和中国其他地方的名胜风光。

我们深信本次第四届国际水产遗传学会议会取得圆满成功，并将是该领域最大的一次国际聚会。

请接受我们最热烈的欢迎！

（资料来源：http://cpfd.cnki.com.cn/Article/CPFDTOTAL-ZGYL201710001001.htm，2017 中国长三角遗传学大会会议手册.）

2.3.2　答谢词写作

1. 文体适用特点

答谢词一般用于组织负责人的出访或参观学习活动的高规格接待中，是在欢迎或欢送会上东道主致辞后所做的回谢讲话稿，或是在临别时举行的回谢宴会上所致感谢的讲话稿。

从上述定义中可以看出，答谢词的具体用法有两种：其一，用在交往活动开始时主人致欢迎词后用于表示感谢的致辞；其二是在交往活动将结束时，客人对主人盛情接待与支持表示感谢的宴会上的致辞，有辞别的含义。

2. 正文写作的基本结构思路

（1）称谓

称谓用尊称，写法同欢迎词。

（2）主体部分的写作内容要点

1）感谢的意愿表达。

2）对东道主的盛情接待或提供工作支持的回顾。

3）关于访问或参观学习的成果评价。

4）双方情谊的意义及期望。

5）祝福语。

（3）尾部

再次表示感谢。

3. 写作结构原理分析

本节论及的答谢词写作，其正文主体部分的写作是整个写作的关键和核心。

1）既然是答谢，所以首先就要进行感谢的意愿表达，即用热情洋溢的语言对主人或举办方、接待方的盛情表示谢意。此外，还需交代致辞者是代表谁表示答谢的。

2）接下来要回答为什么要感谢，即对东道主的盛情接待或提供工作支持的回顾。只有写明感谢的具体缘由，谢意才更真实、真切而诚挚，体现出答谢者的真实情感。

3）有了前因必有后果，有了东道主的盛情或工作支持，答谢方的访问或参观学习必会有所收获，所以就要写成果评价。访问或参观学习，其目的或是增进友谊，或是寻求共识，或是学习经验，其目标都指向东道主。这里的表达重在对东道主的赞美。写作中要切实展现诚意，动之以情，准确表达思想和情感，这样才能实现答谢词的意义。

4）在颂扬了东道主的成绩和贡献、阐述了访问成功的意义和对东道主的美好印象之后，如此良好的双方关系当然要继续发展，所以接下来要写对双方关系进一步发展的诚挚的期望。

5）答谢词是礼仪文书，因而结束时，为充分表达谢意和体现致辞者的礼仪素养，要写祝福语。

例文 3

答　谢　词

尊敬的正副理事长、名誉理事长、各位顾问，尊敬的×××先生、×××先生、各位女士、各位先生：

在今晚这个荣幸的时刻，首先，请让我代表上华镇赴泰工商考察团及龙田乡同行×××、×××二位，向旅泰的上华镇侨胞们致以最诚挚的谢意，衷心感谢亲人们为吾等举行如此盛大的饯行宴会。

敝团此次赴泰，历时已有十余天，回顾半个月来，蒙众乡亲热情款待，周详安排，使吾等一行的各项活动得以顺利进行。最令吾等难以忘怀的是，亲人们对我们一片乡情梓意，使吾等在所到之处，天天沉浸在心情激动、兴奋万分之中。值此嘉朋满座之际，请允许我再次向各位旅泰父老、各位乡亲致以由衷的谢忱！

各位乡亲，敝团本次来泰，旨在联络乡谊，考察交流发展工商之有效经验。由于大家的真诚指点，此行时间不长，但已圆满。短短十余天中，吾等同人，耳闻目睹，眼界大开，尤其是乡亲们为发展泰国之社会经济所做的种种努力，表现的勤奋精神和聪明智慧，更留给吾等以深刻印象。诚如一位乡亲兴办的实业公司大门上的对联所言："集财力以裕国计，兴实业而利民生"。此乃众乡亲之心声也！今晚聚会之后，日内吾等一行将启程返国，回乡后吾等一定结合国内实际，认真吸取和学习乡亲们的宝贵经验，同时也将亲人们对家乡的关切之情和提出的各项正确意见，如实加以转达，相信一定会对家乡的进一步发展产生良好的作用。

各位女士，各位先生：在今晚这个饯行盛会上，敝团全体成员，内心深处对乡亲们的依依之情，真是难以口舌、笔墨所能形容。但自古人生有聚必有分，唯祈亲人们今后在泰，更加进一步密切联系，增进内外彼此之团结，加强相互帮助，互相提携，殷殷此心，敬请宏鉴。

最后，谨祝各位万事胜意，为亲人们家家康乐、宏业千秋，为乡亲们健康平安，干杯，谢谢！

附：

×××先生在欢送宴会上的致辞

尊敬的澄海区上华镇观光考察团诸位成员，旅泰上华镇各邻乡首长、诸位嘉宾、诸位乡亲：

今晚是澄海上华镇工商考察团莅泰访问任务完成，胜利回国的欢送饯宴大会，鄙人能够忝陪末席，实感荣幸。

忆自贵团降临以来，倏忽已是半个月了。在这十余天中，备受各乡单位或个人的热烈欢迎与邀请，畅游泰国各地名胜，及各大规模之工商业中心，对于泰国之经济、建设、交通、教育、管理等各项事业观感所及，当能逐一了解。贵团诸位，为我上华镇领导人，咸皆年青，毅力充沛，相信对于本镇推行政务与经济建设，定当悉力以赴，成绩斐然。此次莅泰访问，虽时间短促，但心得必多，当能把考察所得之泰国社会状况，择其善者而施行于本镇，使人民生活，日臻富裕，地方建设，益增繁荣，此为同人等之愿望也。

兹者行旌有期，骊歌遽唱，胜惜别依依。现在谨以薄酒一杯，敬祝贵团诸位成员，载誉荣归，一路平安。并祝在座诸君，身心愉快，事业进步，请干杯，谢谢诸位。

（资料来源：https://www.1mishu.com/Article/yjzc/qdzc/200912/380346.html.）

2.4　开幕词与闭幕词写作

2.4.1　开幕词写作

1. 文体适用特点

开幕词是在会议或重大活动行将拉开序幕时，由主办方的主要领导人隆重宣布正式开始的致辞文稿。开幕词一般还含有对来宾表示欢迎的表达内容。

2. 写作的结构内容模式

（1）称呼

称呼要根据参加对象的情况而定，一般是身份从高到低，性别先女后男，并尽可能覆盖全体参加对象。称呼应顶格书写，后面加冒号。称呼对象较多时，可分类别称呼并分行书写。例如：

尊敬的全国政协×××副主席：

尊敬的省政办×××副主任：

各位领导，各位嘉宾，女士们、先生们、朋友们：

（2）主体部分的写作内容要点

1）宣布会议（活动）正式开幕。

2）介绍与会（活动参与）者，并表示欢迎。

3）阐明会议（活动）的背景、主题、意义。

4）对会议（活动）的期盼。

（3）尾部

预祝会议（活动）圆满成功。

3. 正文主体部分的写作结构原理分析

1）召开重要会议或开展重要活动，按照惯例一般都要由主持方的主要领导人致开幕词，标志着会议或活动的正式开始，所以开幕词首先要宣布会议（活动）正式开幕。

2）那么有谁参与会议（活动）呢？这是遵循人们一般性思维规律紧接着要回答的问题，所以要对与会者或活动参与者的身份等进行简要介绍，并对会议（活动）的参与者表示欢迎。

3）会议（活动）如此隆重是为什么呢？这需要通过阐明会议（活动）的背景、主题、和意义来回答。若是会议，这其中还包括对会议议程内容的概括说明。

4）作为会议（活动）的主持方，既是组织者，又负有保证会议（活动）预期目标实现的责任。作为责任人的心理，始终盼望着圆满的结局，但这样的成功需要各方力量的支持。这里写作“对会议（活动）的期盼”，既表达了对成功的期盼，又表达了寄予各方力量支持的希望。

2.4.2 闭幕词写作

1. 文体适用特点

凡大型会议或活动，与开幕式对应都有闭幕式，故与开幕词相对应也就有闭幕词，以此标志着整个会议或活动的结束。闭幕词是在大型会议或活动将结束时，由主办方的主要负责人隆重宣布闭幕的致辞文稿。闭幕词还含有对来宾表示欢送和祝愿的表达内容。

2. 写作的结构内容模式

（1）称谓

称谓与开幕词的称谓写法类似。

（2）主体部分的写作内容要点

1）关于会议（活动）情况的简要回顾。

2）会议（活动）的主要成果。

3）会议（活动）的意义评价及影响。

4）关于贯彻（发扬）会议（活动）精神的要求和号召。

（3）结束语

一般以郑重宣布会议（活动）胜利闭幕为结束语。

3. 正文主体部分的写作结构原理分析

1）闭幕词的主要意义是隆重宣告会议（活动）的圆满结束，有着总结性的特点。那么，会议（活动）是怎样由开幕到结束的？所以要对会议（活动）做简要回顾。

2）如此隆重的会议（活动）结束了，成效如何？故要陈述会议（活动）的成果，以对此做出回答。

3）不是所有的会议（活动）都采用隆重的规格。既然如此隆重，必然有着特殊或重大的意义。会议（活动）的意义评价及影响正是对此做出的回应。

4）重大会议一般都有着决议性的内容，重大活动一般都会产生有重要影响意义的精神内涵。这就提出了关于后续工作中如何贯彻落实和发扬光大会议（活动）精神的问题，因此就要写明相关的要求和号召。

例文 4

××学院首届科技与产业大会开幕词

（××××年××月××日）

各位老师、同学们：

××学院首届科技与产业大会今天正式开幕了，这是我院科技产业工作的一件大事。这次会议得到全院广大教职员工的高度重视和积极参与，更得到了省教育厅等上级部门的大力支持与关心。在此，我谨代表学院党委、行政向莅临大会的各位领导、各位来宾表示热烈的欢迎和衷心的感谢！

高等院校是科学技术的重要方面军，充分利用高校的人才、信息等资源优势，积极进行高新技术的研究开发、推动科技进步、发展先进生产力是我们义不容辞的责任。××学院组建两年来，按照院党委“稳定、融合、改革、创新”的工作方针，广大师生员工团结一致、奋力拼搏，在较短的时期内顺利完成了“五统一”的各项工作，学院各项事业走上了稳定、健康、快速发展的良性轨道。其间，学院科技产业工作也取得了显著的成绩，科技与产业已经成为我院办学的鲜明特色和亮点。今天，我们在这里隆重召开学院首届科技与产业大会，就是要及时总结一段时期以来我院科技与产业工作的经验，广泛听取意见，分析当前形势与任务，落实全省教育工作会议有关高校科技与产业工作的精神与要求，明确今后一段时期的奋斗目标。同时，通过这次大会，我们要进一步解放思想、更新观念，加强政策导向，提高全体教职员工对高校科技与产业工作在办学中的地位与重要性的认识，在校园内大力营造积极钻研业务、努力攀登科学高峰的学术氛围，形成尊重人才的良好风尚；充分调动广大教师、科技与产业工作者的积极性和创造性，促进产学研结合与科技成果转化，进而推动学院科技与产业工作再上新台阶。

各位老师、同学们，今年是贯彻落实学院发展规划、实现跨越式发展的关键之年，本次科技与产业大会的召开，对于开创我院科技与产业工作的新局面，进而推动和促进学院各项事业发展，具有十分重要的意义。我们相信，在省教育厅等上级领导部门的关心和支持下，经过广大教职员工的共同努力，我院科技与产业工作一定能够百尺竿头，更进一步，再创新的辉煌！让我们团结一致，奋发向前，为把我院建设成为现代化、开放型、特色鲜明的学院而努力奋斗！

最后，预祝大会取得圆满成功！

（资料来源：https://wenku.baidu.com/view/ea6157f24693daef5ef73dc9.html.）

例文 5

中国共产党×××乡第八次代表大会第二次会议闭幕词

（××××年元月 16 日）

各位代表、同志们：

中国共产党×××乡第八次代表大会第二次会议在团结、紧张、严肃的气氛中召开，历时半天，即将闭幕了。

这次大会分别通过了乡党委书记×××同志作的《中共×××乡第八届委员会工作报告》和××同志作的《中共×××乡第八届纪律检查委员会工作报告》的两个决议，乡党委成员分别向大会做了三年以来的工作述职，已经圆满完成了预定的各项议程。

乡党委书记×××同志代表乡第八届党委会所做的报告，全面总结了乡第八届党委三年来所做的工作，同时，进一步动员和号召全乡人民在乡党委的领导下把握大局，再接再厉，同心同德，苦干实干，为把我乡建设成为富裕、文明、和谐的鱼美茶乡而努力奋斗。这对于我乡今后的各项工作有着很重要的指导意义，各级党组织一定要积极响应号召，认真贯彻执行。

我深信，在新的一年，乡党委和乡纪委一班人将不辜负各位代表和人民的信任与期望，高举中国特色社会主义伟大旗帜，认真贯彻落实科学发展观，进一步解放思想，围绕建设“生态茶叶乡、特色水产乡、新农村建设示范乡”的工作思路，为建设富裕、文明、和谐的×××提供坚强的组织保障。

大会闭幕后，各位代表要在各自的岗位上结合学习党的十八届三中、四中全会精神，确定近期和长远奋斗目标，迅速动员群众抓重点、抓措施、抓行动、抓落实，为实现“三乡”建设做出自己应有的贡献。

同志们，全乡各级党组织和广大党员肩负着推进经济社会各项事业全面发展的光荣使命，前途任重而道远。在新一届乡党委的领导下，广大党员一定要紧跟党走，艰苦奋斗，无私奉献，为把我乡建设成为富裕、文明、和谐的鱼美茶乡做出新的更大贡献。

现在，我宣布中共×××乡第八次代表大会第二次会议胜利闭幕！

（资料来源：杨忠慧. 秘书写作[M]. 北京：机械工业出版社，2010.）

2.5 倡议书写作

2.5.1 文体适用特点

社会的进步需要正能量。而正能量的内涵十分丰富，一般表现为一定的行为内容方式，且常常首先表现在社会进步分子的实践中，经由先知先觉者倡导而转化为一种社会化的行为。这种最先向社会呼吁推动某种正能量意义行为的社会化的书面建议，就是倡议书。

所谓倡议，即首先提出建议，含首先发起的意思。倡议活动的范围可以是全社会，也可以是某地区、行业、群体或单位内部，要以活动内容性质的适合性来确定。倡议活动的发起者往往不是权力机关，一般是群众团体或是单位、个人，单位内部的倡议活动也可以由部门发起；倡议对象是非隶属关系的机构、团体、其他社会组织或个人。故此，倡议活动发起人提出的内容及方式只能作为建议。

2.5.2 正文写作的结构内容要点

1. 称呼

倡议书的称呼可依据倡议的对象而选用，如“广大青少年朋友们”“广大妇女同胞们”等。有的倡议书也不使用称呼。

2. 主体部分的写作内容要点

1）倡议的背景及目的。

2）倡议的具体内容，即要做什么、怎样去做。

3）倡议者的呼吁、希望。

3. 尾部

激励语。倡议书一般不在结尾写表示敬意或祝愿的话。

2.5.3　写作结构原理分析

倡议书正文主体内容包括以下方面。

1）倡议书的发出贵在引起广泛的响应，只有交代清楚倡议活动是在什么样的背景、依据下发起的，是为了什么，人们才会理解和信服，才会自觉响应。所以，倡议书就要交代清楚倡议的背景及目的。

2）受众清楚了行动的背景、目的而要响应时，具体该如何行动？于是接下来就要陈述倡议的内容，即要做些什么、具体要求是什么等，让倡议对象清楚地明确应该如何参与倡议活动。

3）倡议书的写作要能激起共鸣，更应具鼓动性和号召力。呼吁和希望正是要追求这种鼓动性和号召性的效果。

例文 6

争创青年文明号倡议书

青年朋友们:

为进一步弘扬五四精神，树立先进榜样，推动全市卫生系统青年文明号及岗位能手创建活动深入开展，4 月 30 日，××市卫生系统纪念五四运动 98 周年暨市疾控中心市级青年文明号创建动员大会召开。

××市卫生局副局长×××为市疾控中心青年文明号号长授旗。团市委副书记×××发表讲话，分享了对青年文明号创建活动的认识，并对团干部和广大青年提出了建议。青年代表在发言中表示，将结合工作实际，积极投身创建活动，推进特色化服务，打造品牌型窗口，提升群众健康素养。

××市卫生局团委为争创青年文明号活动提出“四做到”的倡议:

一、增强服务意识，开展温馨服务，做到服务好。号召卫生系统广大团员青年努力做到医疗服务受理零推诿、医疗服务事项零积压，把病人的合理服务诉求落到实处，为病人就医提供便利。

二、练就过硬本领，开展规范服务，做到质量好。号召卫生系统广大团员青年以青年文明号服务标准化建设要求自己，完善窗口建设标准和服务规范。

三、锤炼优秀品质，开展诚信服务，做到医德好。号召卫生系统广大团员青年弘扬高尚医德，加强职业道德建设，增强为人民健康服务的责任使命。

四、以群众满意为导向，服务公益事业，做到群众满意。号召卫生系统广大团员青年深入开展志愿服务在医院的活动，构建和谐医患关系，开展帮扶济困一助一服务，继续开展送医、送药、送健康等公益活动。

广大的团员青年们，让我们行动起来吧!

共青团××市委员会
2017 年 4 月 25 日

（资料来源：某机关公文.）

思考与练习

一、名词解释

礼仪文书　　邀请函　　欢迎词　　答谢词
开幕词　　闭幕词　　倡议书

二、简答题

1. 开幕词和闭幕词的主体部分通常写哪些内容?

2. 欢迎词和答谢词正文主体部分写作的原理根据是什么?

3. 请运用应用文写作的原理理论对例文《争创青年文明号倡议书》进行文章写作结构原理分析。

三、写作练习题

1. ××市将举办××艺术节，在艺术节举办期间，××文物商店组织主办了一场文物艺术品展销会，邀请全国文物艺术品经营单位和广大文物收藏爱好者参加这次展销会。这次展销会将展示各类文物、艺术品，并进行文物与艺术品的交易洽谈和拍卖。展销会的地址是××古玩城。展销会的主办方××××文物总店已经就会议日程、参会的费用、住宿等事务进行了安排。请以该文物总店的名义撰写一份邀请函，要求内容完备、邀请之意明确、篇幅适中。

2. ××房地产公司按照政府有关部门的工作部署加强了安全生产工作。安全生产监督管理局派出了一个督察组到该公司检查实际落实情况。该公司分别召开了欢迎会与欢送会，均由公司经理致辞。请根据以上材料，为该公司经理撰写欢迎词和欢送词。致辞要能体现该公司对该项工作的重视，表达出对督察组的欢迎和感谢，格式、措辞应符合相关写作要求。

3. ××集团公司是一家国有大型企业，在建立现代企业制度等工作方面取得了较好的经验，管理水平和经济效益均有明显优势。××公司慕名派出一个考察团来进行学习，××集团公司召开了一个经验交流会向客人介绍相关情况，参加会议的有集团公司董事长、总经理以及部分职工。××总经理介绍完相关情况后，××公司考察团领导，致辞向东道主表示谢意。根据以上材料，请以考察团领导的名义写一篇答谢词，真诚地感谢对方热情的款待和经验介绍，要求格式、措辞符合答谢词的写作要求。

4. 撰写学校秋季运动会开幕词、闭幕词。

5. 看美剧、刷微信、看球赛、打游戏，“60 分万岁”，这是许多同学每日生活的缩影；“忙”“累”“迷茫”已经成为许多同学心理状态的写照。但我们不禁想说：这不是青春应有的色彩，这不是我们该经历的人生！请针对目前部分年轻人的精神生活状况，以“充实学习生活，明

确人生方向”为题，写一篇倡议书。

四、实训题（即兴致辞）

操作流程：

1）老师设计两个题目：新生开学典礼上的欢迎词和毕业典礼上的答谢词。

2）在两节课的时间内，班级同学分成两组，现场抽取题目，做 3 分钟的即兴致辞。

3）结束后，由其他同学进行点评，教师总结。

4）评选出最佳欢迎词、答谢词和最佳致辞者。

第3章 行政公文写作

教学目标与要求：

1. 通过理解什么是行政管理、什么是公文，认识公文处理事务的特点和公文写作的思维机制特点；

2. 认识通知、报告、请示、通报、纪要的用法；

3. 重点理解和掌握上述常用公文写作的结构内容思路及结构原理。

3.1 概述

3.1.1 行政管理与公文

1. 行政管理与公文的关系

行政管理本是指国家机关行使国家权力管理国家事务的职能。在通信工具和交通尚不发达的历史时代，国家机关之间的信息交流主要借助文书，这类文书就是我们今天所说的公文。今天，虽然通信工具和交通发达，但是公文使用书面文字的表达方式，以其凭据性、不可更改性、便于历史存档查阅和严肃庄重性的特点，仍然是国家事务管理的重要工具。企事业单位的行政管理则是指管理部门运用强制力来管理内部事务的活动。企事业单位的内部管理和接受国家管理的事务活动中也要使用公文，并且遵循国家行政机关公文的统一规范。

2. 公文的含义

公文是“公务文书”的简称。它有狭义和广义之分，狭义的公文专指党政机关在实施领导和行政管理过程中所形成的具有法定效力和规范体式的文书，即中共中央办公厅、国务院办公厅发布的《党政机关公文处理工作条例》(中办发〔2014〕14 号文件）中规定的 15 种法定公文。广义的公文则泛指党政机关、社会团体、企事业单位用于处理公务的各种资料。

本章论述的公文是指狭义的公文。

3. 公文的特点与作用

国家权力是统治者力量的象征，具有强制力，体现在公文写作中就形成了公文文体及其表达和语言的固有风格。在我国，党政机关主要以公文的形式传达贯彻党和国家的方针政策、请示和答复问题、报告和交流情况，从而有效实现对国家的管理。从某种意义上说，公文是国家法律法规的延续和补充。

公文源发于国家行政机关，同时适用于企事业单位、社会团体处理公共事务。

3.1.2 公文种类

公文的行文方与受文方的关系对公文写作有着主导性意义，决定着公文写作的意图、宗旨、内容选择、语言表达风格乃至文章体式，从而形成不同的公文种类。

《党政机关公文处理工作条例》中规定了现行国家党政机关公文种类，主要有 15 种，按行文关系可划分为以下三类。

第一类，上行文，包括请示、报告。

第二类，下行文，包括决议、决定、命令（令)、公报、意见、公告、通告、通知、通报、批复。

第三类，平行文，包括议案、函。

纪要，则视具体情况而定，用于传达会议精神及决议事项的纪要属下行文；用于部门间交流信息的纪要属平行文。

3.1.3 公文的格式

党政机关公文具有权威性和庄严性，因此对公文格式有严格的规范性要求。

1. 公文格式各要素的划分

公文格式各要素划分为版头、主体、版记三部分。公文首页红色分隔线以上的部分称为版头；公文首页红色分隔线（不含）以下、公文末页首条分隔线（不含）以上的部分称为主体；公文末页首条分隔线以下、末条分隔线以上的部分称为版记。

页码位于版心外。

2. 版头

1）份号，公文印制份数的顺序号。涉密公文应当标注份号。一般用 6 位 3 号阿拉伯数字，顶格编排在版心左上角第一行。

2）密级和保密期限，公文的秘密等级和保密的期限。涉密公文应根据涉密程度分别标注“绝密”“机密”“秘密”和保密期限。一般用 3 号黑体字，顶格编排在版心左上角第二行；保密期限中的数字使用阿拉伯数字。

3）紧急程度，公文送达和办理的时限要求。根据紧急程度，紧急公文应当分别标注“特急”“加急”，电报应当分别标注“特提”“特急”“加急”“平急”，一般用 3 号黑体字，顶格编排在版心左上角；如需同时标注份号、密级和保密期限、紧急程度，按照份号、密级和保密期限、紧急程度的顺序自上而下分行排列。

4）发文机关标志，由发文机关全称或者规范化简称加“文件”二字组成。联合行文时，发文机关标志可以并用联合发文机关名称，也可以单独用主办机关名称。发文机关标志居中排布，使用小标宋体字，颜色为红色，以醒目、美观、庄重为原则。

5）发文字号，由发文机关代字、年份、发文顺序号组成。联合行文时，使用主办机关的发文字号。

发文字号编排在发文机关标志下空二行位置，居中排布。年份、发文顺序号使用阿拉伯数字；年份应标全称，用六角括号“〔 〕”括入；发文顺序号不加“第”字，不编虚位，在阿拉伯数字后加“号”字。

上行文的发文字号居左空一字编排，与最后一个签发人姓名处在同一行。

6）签发人，上行文应当标注签发人姓名。由“签发人”三字加全角冒号和签发人姓名组成，居右空一字，编排在发文机关标志下空二行位置。

7）分隔线，发文字号之下 4 mm 处居中印一条与版心等宽的红色分隔线。

3. 主体

1）标题，由发文机关名称、事由和文种组成。一般用 2 号小标宋体字，编排于红色分隔线下空二行位置，分一行或多行居中排布。

2）主送机关，公文的主要受理机关，应使用机关全称、规范化简称或者同类型机关统称。

主送机关编排于标题下空一行位置，居左顶格，回行时仍顶格，最后一个机关名称后标全角冒号。

3）正文，公文的主体，用来表述公文的内容。公文首页必须显示正文，一般用 3 号仿宋体字，编排于主送机关名称下一行。文中结构层次序数依次可以用“一、”“（一）”“1.”“（1）”标注；一般第一层用黑体字、第二层用楷体字、第三层和第四层用仿宋体字。

4）附件说明，如有附件，则在正文下空一行左空二字编排“附件”二字，后标全角冒号和附件名称；如有多个附件，则使用阿拉伯数字标注附件顺序号（如“附件：1. ××××××”），附件名称后不加标点符号。附件名称较长需回行时，应当与上一行附件名称的首字对齐。

5）发文机关署名，署发文机关全称或者规范化简称。

6）成文日期，署会议通过或者发文机关负责人签发的日期。联合行文时，署最后签发机关负责人签发的日期。成文日期一般右空四字编排，用阿拉伯数字将年、月、日标全，年份应标全称，月、日不编虚位（如 1 不编为 01）。

7）印章，印章用红色，位置端正，不得出现空白印章。

单一机关行文时，一般在成文日期之上，居中下压发文机关署名和成文日期，使发文机关署名和成文日期居印章中心偏下位置，印章顶端应当上距正文（或附件说明）一行之内。

联合行文时，一般将各发文机关署名按照发文机关顺序整齐排列在相应位置，并将印章一一对应，端正、居中，下压发文机关署名；最后一个印章端，正、居中，下压发文机关署名和成文日期；多个印章排列整齐、互不相交或相切；每排印章两端不得超出版心，首排印章顶端应当上距正文（或附件说明）一行之内。

8）附注，公文印发传达范围等需要说明的事项。如有附注，居左空两字加圆括号编排在成文日期下一行。

9）附件，公文正文的说明、补充或者参考资料。

附件应当另面编排，并在版记之前，与公文正文一起装订；“附件”二字及附件顺序号用 3 号黑体字顶格编排在版心左上角第一行；附件标题居中编排在版心第三行；附件顺序号和附件标题应当与附件说明的表述一致；附件格式要求同正文。

4. 版记

1）分隔线，版记中的分隔线与版心等宽；首条分隔线和末条分隔线用粗线，中间的分隔线用细线；首条分隔线位于版记中第一个要素之上，末条分隔线与公文最后一面的版心下边缘重合。

2）抄送机关，除主送机关外需要执行或者知晓公文内容的其他机关，应当使用机关全称、规范化简称或者同类型机关统称。用 4 号仿宋体字，在印发机关和印发日期之上一行、左右各空一字编排。

3）印发机关和印发日期，一般用 4 号仿宋体字，编排在末条分隔线之上，印发机关左空一字，印发日期右空一字，用阿拉伯数字将年、月、日标全，后加“印发”二字。

版记中如有其他要素，则应当将其与印发机关和印发日期用一条细分隔线隔开。

5. 页码

页码一般用 4 号半角宋体阿拉伯数字，编排在公文版心下边缘之下，数字左右各放一条一字线，单页码居右空一字，双页码居左空一字。公文的附件与正文一起装订时，页码应当连续编排。

3.1.4 公文写作的思维机制特点

其一，公文作为行政管理的工具，所体现的是机关与机关间事务往来的组织意志。写作主体在起动写作活动时，必须首先从机关的代表者——领导层那里接受和领悟组织意志，而不能以自己的思想去代替组织意志。

其二，行政事务的办理，不管是国家机关行政事务，还是企事业单位的行政事务，都是在国家政策统一指导下的，因此公文写作内容的政策性很强。在写作活动中，写作主体在接受和领悟组织意志的同时，还要将该公文内容所处理事务涉及的相关政策精神吃透，以保证公文写作所表述内容与国家政策的精神统一。

其三，要注意把握好行文关系中本级机关所处的特定角色身份，从而把握住所处角色身份应采取的态度及正确的方法，准确表述公文内容。

3.2 通知写作

3.2.1 文体适用特点及类别

1. 文体适用特点

无论国家机关，还是企事业单位或其他组织，在布置工作、下达指示、传达有关事项或任免干部时都需要借助“通知”来行文。所以，大至国家要事，小至日常琐事，在行政公文的应用中，通知是使用频率最高的文种之一。

2. 类别

根据适用特点，通知可分为以下六大类。

1）发布性通知，用于政府机关发布行政法规，或企事业单位发布内部规章制度。这是上级机关宣布某项法规或规章制度正式生效的告知方式。

2）指示性通知，用于向下级机关布置工作，或提出某项工作的指示性意见。

3）转发性通知，用于向下级机关转发上级机关或不相隶属机关的公文。

4）批转性通知，用于批准并同时向下属机关转发相关业务部门呈报的政策性文件或业务管理工作方面的书面意见。

5）任免性通知，用于向下级机关发布任免和聘任干部信息。

6）事务性通知，用于向下级机关或下属告知事项，或发布有关信息。

本节内容只介绍指示性通知和批转性通知的写作。

3.2.2 指示性通知正文写作的基本结构思路及结构原理分析

1. 基本结构思路

1）（所布置工作）任务提出的背景、任务内容及意义，或（指示）什么工作（事件、情况）、指示的目的。

2）完成任务的要求，或指示的具体内容。这是指示性通知写作的重点，要将所发布的指示精神或对所安排工作应该怎么做的要求有条理地表述清楚。

3）其他要求。此项内容可独立成结构单位，也可融于在内容 2）的条文中来写（如例文《关于做好收文管理工作的通知》中的“七”“八”条），如无必要，则可以省略不写。

4）结束语。一般以“特此通知”来做全文的收束。

2. 结构原理分析

指示性通知，用于以郑重其事的方式向下级机关布置工作，或提出指示性意见。为什么要这样做呢？所以首先要写作内容 1），以让收文机关明白该通知中文件精神的缘由、目的及意义，为准确理解后续内容 2）中的文件精神做铺垫。

顺其逻辑思路，紧接着就要让下级领会上级对完成任务的要求是什么，或指示的具体内容是什么，所以要写作内容 2），以便于下级机关明确如何按照上级的意图去执行任务或贯彻指示精神。

内容 3）是保证所布置工作任务完成或贯彻所指示精神的执行要求，故放在内容 2）的任务或指示的内容陈述之后。

内容 4）是结束全文的惯用格式语。

3.2.3　批转性通知正文写作的基本结构思路及结构原理分析

1. 基本结构思路

1）批转什么文件？

2）所批转文件的出台背景。

3）批转该文件的目的、意义。这是批转性通知的写作重点。

4）关于贯彻执行所批转文件精神的指示、要求。

上述内容的写作在文章的结构形式上可以一气呵成，但要符合上述逻辑思路。

2. 结构原理分析

批转文件的内容、精神与上级领导机关的意图是一致的，是以批转的形式使所批转文件上升为上级领导机关的文件，所以首先要指明是什么文件，故要写作内容 1）。

公文是处理行政事务的工具，而清楚了解文件出台的背景是理解文件所处理事务目的、意义的重要依据，故要写作内容 2），为对内容 3）的理解做铺垫。

要求下级机关贯彻执行所批转文件，重在解决好思想认识问题，所以说明批转文件的目的、意义是批转性通知的写作重点，故这里要重点写好内容 3）。

批转性通知的行文目的是要下级机关贯彻执行所批转文件，所以在阐明批转文件的目的、意义后还要对文件的如何贯彻执行提出要求，故要写作内容 4）。

例文 1

关于做好收文管理工作的通知

各部门、各企业：

随着市场经济步伐的不断加快，企业与党政机关和社会各界的交往日益频繁，各类文件和信息资料的交流也不断增加。及时、规范、恰当地处理好这些文件和资料，对于及时了解政策、掌握行情、收集信息、完成上级交办的各项事务、促进企业规范管理，都有着非常重要的意义。为切实做好此类文件、资料的管理工作，现做出如下通知：

一、建立收文登记制度，集团公司收到的党政文件，除无保存价值的信函、信息、宣传资料等之外，一律由综合办公室分门别类地进行登记、转办、保管、存档。

二、综合办公室应指定专人负责收文工作，建立收文登记簿和收文档案。收文时要对收文日期、收文号、来文机关、文件名、件数等逐一进行登记。

三、集团领导和各部门、各企业直接收到上级发来的公文，或参加会议带回的文件或其他物品（包括奖牌、奖杯、锦旗、证书等），应在最短时间内（一般在当天或次日上班后）交综合办公室，综合办公室应办理登记和交接手续。

四、集团公司建立相应的收文处理流程，对需要传阅、传达或转办的文件进行规范处理。基本流程是：文件登记—办公室主任阅批—行政副总裁批示—承办部门执行—结果反馈—文件归档。

五、为了加快文件传递速度，避免延误工作，急件或部门必需的文件，承办部门可先将有关文件复印使用，再将原件交综合办公室。

六、参加会议或培训的人员，除应及时移交文件和材料外，必要时还应将文件以外的重要事项整理成简要的文字材料，以书面形式提交综合办公室。外出培训的人员一般应在培训结束后提交一份培训提纲给综合办公室，经有关领导审阅，认为有必要的可通过 OA 发送给全体（或部分）人员学习，做到资源共享、信息互通。

七、为切实做好此项工作，综合办公室应加强对收文工作的监督检查，对不及时移交或遗失、擅自处理文件的应提出警告；对因积压、遗失文件而造成不良后果的，要追究当事人的失职责任。

八、各企业的收文工作，可参照此通知执行。

特此通知。

××集团有限公司综合办公室（印章）

××××年××月××日

（资料来源：http://fanwen.jianlimoban.net/106534.）

 例文 2

×××办公厅转发××局等部门关于严厉打击传销和变相传销等非法经营活动意见的通知

各省、自治区、直辖市人民政府，国务院各部委、各直属机构：

工商局、公安部、人民银行《关于严厉打击传销和变相传销等非法经营活动的意见》已经国务院同意，现转发给你们，请认真贯彻执行。

最近一个时期，一度被禁止的传销活动又以各种名目在全国各地重新抬头，其表现形式多种多样，具有更大的隐蔽性、欺骗性和危害性，严重损害了人民群众的合法权益，扰乱了正常的经济秩序，并引发了一些社会问题，成为社会治安的巨大隐患。地方各级人民政府一定要本着对人民高度负责的精神，切实加强领导，组织工商行政管理、公安、银行等有关部门采取强有力的措施，严厉打击传销和变相传销等非法经营活动，切实保护公民的合法权益，维护正常经济秩序和社会稳定。同时，要加大宣传力度，公开揭露传销和变相传销的欺骗性和严重危害性，及时将查处的典型案件予以曝光，教育广大人民群众提高认识，自觉抵制此类非法经营活动。

×××办公厅（印章）

××××年八月十三日

（资料来源：http://m.law-lib.com/law/law_view.asp?id=72427.）

3.3　报告写作

3.3.1　文体适用特点

国家的行政管理，从中央到地方，再到各企事业单位，是一个庞大而复杂的组织系统。这个庞大组织系统的正常运转要靠信息上传下达的畅通，其中信息的上传主要通过下级的汇报。这种汇报的内容，不光是工作，还包括一些重大事件或其他上级需要知晓的情况。用于下级向上级汇报工作和相关情况的公文，就叫报告。

3.3.2　报告的种类

根据《党政机关公文处理工作案例》中的规定，报告适用于向上级汇报工作、反映情况、答复上级机关的询问。遵循该适用方法，报告可分为以下三种。

1. 汇报工作的报告

汇报工作的报告中汇报的重点是对今后工作的意见，目的是让上级了解下级的主要工作思路，以利于指导工作。这里需要注意的是，要将汇报工作的报告与其他报告类公文，如经济活动分析报告、审计报告、总结报告、工作报告等区分开来。经济活动分析报告和审计报告属于业务类的专题报告，写作上的内容特点重在汇报任务完成情况；总结报告则重在对过去工作的回顾、评价，以提高认识和积累经验；工作报告属于会议文件的范畴，因其在写作方法上也是突出对过去工作的回顾、评价和提高认识，所以从文体上应归入总结报告类，而与行政公文相区分。

2. 反映情况的报告

反映情况的报告一般用于下级机关向上级机关汇报本单位或本地区发生的重大事件，也可以是偶发性的特殊情况，如重大的灾害、事故、案情等，适用于反映某方面的专门情况，或传递某项专题信息。

3. 答复询问的报告

答复询问的报告用于下级机关答复上级机关的查询。

本节只介绍汇报工作的报告和反映情况的报告的写作。

3.3.3 汇报工作的报告写作的基本结构思路及结构原理分析

1. 基本结构思路

汇报工作的报告写作应围绕事件、已经做了哪些工作、今后如何做的工作意见等展开写作思路。

（1）引言

1）事件的背景及基本情况。

2）上级的指示，或本机关在该事件的处理中要做的工作。

（2）主体

1）前期的工作情况。

2）对所发生事件如何处理或对领导机关的指示意见如何落实的工作意见。这是该类报告写作的内容重点，要将工作思路展开，条理清晰地陈述。

（3）尾部

一般用“特此报告”等惯用语来收束全文。

2. 结构原理分析

（1）引言

国家党政机关乃至企事业单位的部门设置，都有着业务上的分工，其日常工作一般包括两个方面的内容：一是常规性的工作；二是针对性的事务处理。其中常规性的工作一般都有相应的制度来规范；而针对性的事务，由于是非常态性的，处理的方式方法变数大，又往往事关国计民生，故要向上级汇报工作意见，以便于上级了解下情和指导工作。汇报工作的报告中要汇报的工作意见指向的就是这类非常态性的事件。故文章开头首先要陈述事件的背景及基本情况，并说明由该事件的发生引发本机关要做什么工作；若领导机关已经有指示性意见的，要在这里复述领导的指示性意见，以提示后续的工作意见提出的依据性关系。

（2）主体

主体部分是要陈述工作意见，其逻辑思路的依据是前述的事件或领导机关的指示。这里要区分两种情况：其一，是针对正在处理过程中的事件提出的后续工作的意见；其二，是针对刚发生事件所提出的如何处理的工作意见。若是前者，所提出的工作意见依据就不单是事件本身，还要根据前期工作的基础，所以主体部分先要介绍前期的工作情况；若是后者，就直接依据事件情况和领导的指示（若领导机关已做出指示的）提出如何处理的工作意见即可。为了便于领导能较为清楚准确地了解下级的工作思路，所以要求工作意见部分要展开来较为系统地逐条陈述清楚。

（3）尾部

尾部的写法是一种约定俗成的惯用格式。

例文 3

关于全省抗旱工作情况的报告

2004 年以来，由于降雨偏少，我省出现了 50 年来的罕见旱情。在省委、省政府的正确领导下，在省直有关部门的支持下，全省人民奋起抗灾，千方百计把灾害损失减少到最低程度，抗旱工作取得了显著成效。

一．全省抗旱工作的情况报告

（一）旱情严重，形势严峻。……

（二）团结一致，科学抗旱，成效显著。……

二．主要做法

（一）加强水源统一管理，合理调配用水。……

（二）坚持以人为本，确保人民群众饮水。各地重视抓好群众饮水解困工作，把确保城乡人民生活用水放在第一位。对解决饮用水困难问题做到早决策、早规划、早行动，将长远计划与应急措施相结合，重点兴建了一批饮水工程项目。例如，××市政府专门召开常务会议，研究解决全市供水的方案；××市为解决××地区农业生产用水和群众生活用水问题，在长江水库旁的××村兴建了调水泵站，直接将优质长江水送往该地区，同时政府投资 7000 多万元扩建浦鱼洋水厂，将咸潮的影响降到最低程度。

（三）采取各种形式，努力增加水源。……

（四）加大资金、设备投入，保证抗旱之需。……

（五）抓住有利时机，适时开展人工增雨作业。……

三．下阶段的防旱抗旱工作建议

……

针对以上存在的问题和薄弱环节，为进一步贯彻落实全国及我省抗旱和冬春农田水利电视电话会议精神，积极推进江河治理、水资源统一管理和节水型社会建设，提高我省的防旱抗旱能力，下一步重点做好以下几方面工作：

（一）转变观念，进一步提高对防旱抗旱工作的认识，做好预防冬春连旱的准备。……

（二）广辟水源，量化用水，科学利用水资源。我省抗旱的根本措施是要广辟水源，节约用水。……

（三）强化水资源的保护和管理，防止水资源污染，提高水资源利用率。……

（四）以解决抗旱水源为重点，大力开展冬春农田水利基本建设，提高防旱抗旱能力。……

（五）积极推行水管单位体制改革，确保工程可持续利用，为防旱抗旱工作提供保障。……

专此报告。

××省水利厅（印章）

××××年××月××日

（资料来源：https://wenku.baidu.com/view/1a2f8df21fd9ad51f01dc281e53a580216fc50fc.html.）

3.3.4　反映情况的报告写作的基本结构思路及结构原理分析

1. 基本结构思路

反映情况的报告应围绕事件、危害或负面影响、处理意见来展开写作思路。

（1）引言

主要写明时间、地点、发生了什么事。

（2）主体

1）事件发生、发展的过程与结果。

2）已采取的应急措施。

3）事件原因分析。

4）事件的性质及责任认定。

（3）尾部

处理意见与整改意见。

2. 结构原理分析

（1）引言

引言写作采用一般记叙文的开头方法，先概要交代发生了什么事。这是因为人们接收信息的一般思维习惯，是首先了解是什么事，再了解其过程与结果，否则会产生唐突感。这样写，同时也是为主体部分陈述事件过程和结果等内容做铺垫。

（2）主体

内容1）承接引言对事件做补充陈述，以向上级汇报清楚事情的详细情况。

反映情况的报告多反映的是危及国家、集体或人民群众生命及财产安全或影响社会安定的重要事件。在这类事件发生时，所在地方政府及其他组织有责任去控制事态的发展，否则就是失职。内容2）即是对此做出的说明。

让上级了解这类事件的信息，意义是对眼前事态的妥善处理和对未来的防范，所以紧接着要向上级汇报事件原因的分析，即内容3），同时也为内容4）中对事件的性质及责任认定提供依据。

在事件的性质及责任认定中，首先要区分是人为事件还是非人为事件，在人为事件中又要区分是恶意所为还是过失所致，以便判定及追究责任。内容4）即是对此的分析。

（3）尾部

主体部分是对所发生事件的全面汇报，尾部则承接前述提出处理意见。处理意见中包括对责任人的处理（若是人为的事件）和加强管理的措施。

3.4 请示写作

3.4.1 文体适用特点

在行政管理工作中，为了维护号令的统一，保证党和国家方针政策的有力实施，基本的组织原则是下级服从上级。为贯彻这一原则所借助的途径就是实行请示制度。

请示制度的内容包括两个方面：其一，在下级机关设立的和伴随岗位设置所授予的职权范围内的事项一般由下级机关决策，但对某些权力上移的要办理事项，或非下级机关职权范围内能决定的事项必须请求上级批准；其二，对下级机关在贯彻上级方针政策的过程中发生与实际不符，或相互矛盾，或群众中反映出的新情况而政策未做明确规定等情况时，因事关上级政策，下级机关不得擅自解释和主张，必须请求上级指示。

请示，就是请示制度实施中办理请示事务的公文。《国家党政机关公文处理工作条例》中规定，请示适用于向上级机关请求指示、批准。由此，请示分为两种：请求指示的请示；请求批准的请示。

3.4.2　请求指示的请示写作的结构内容要点及结构原理分析

1. 结构内容要点

1）遇到什么新情况？

2）与上级政策有何矛盾或不便处理的问题？

3）有哪些不同认识或意见？

4）请求指示什么？

5）请求指示的意愿。

2. 结构原理分析

内容 1）、2）、3）回答了为什么要请示。

这种请求指示的请示一般用于反映上级方针政策的贯彻实施中所发生的新情况。而上级方针政策的制定一般是依据工作中常规的普遍性现象和一般规律的。而发生需请示的事项一般属于非常规的特例，故称新情况。出现新情况，才会发生与上级政策不相符的现象。所以，首先要写明发生了什么新情况，以为后文做铺垫，故要写内容 1）。

内容 2）是对所发生的新情况与上级方针政策的矛盾处进行分析，以使问题明朗化，为后文的内容 4）提供依据。

内容 3）是反映本级机关对新情况的看法。因为请示机关掌握着第一手材料，对情况最了解，其意见往往中肯而具有参考价值。该内容的写作主要为了给上级机关提供参考性意见。在实际应用中，若无此必要，则可不写。

内容 4）进一步明确需上级机关如何指示，这里是进行理论上的思路条理化描述。在写作实践中，常常是由上述内容 1）、2）、3）的陈述，顺其逻辑思路，使上级如何指示的问题自然明了。

内容 5）属于格式内容，其原理根据同 3.3 节。

3.4.3　请求批准的请示写作的结构内容要点及结构原理分析

1. 结构内容要点

1）拟干什么。

2）意义或理由。

3）拟怎么干（方案）。

4）已有的条件。

5）请求批准的意愿。

2. 结构原理分析

写作请求批准的请示的意图宗旨就是要实现让上级机关批准干这件事，由此规定着文章写作的基本思路。

内容 1）是告之“要干什么”，即明确请求批准的事项。

内容 2）是为什么要干这件事的意义，因为只有你想干的事情对社会的进步或对经济的发展有积极性的意义，是好事，上级才能同意你去干。

内容 3）是如何干的基本方案，这是为了让上级机关对你能否干好这件事的基本思路有所了解，因为只有让上级机关相信你能干好这件事才会批准你干。

内容 4）是已具备的条件。只有你要干的是好事，且已胸有成竹，又具备了相应条件，才能确保干好这件事，上级才会批准你的行动。这就是写作上述内容的逻辑思路。

内容 5）是表达请求上级批准的意愿。

3.4.4 写作注意事项

1) 请示写作要一事一请示，不可将需上级机关分别表示态度的事项放在一份公文中来写。

2) 一份请示宜只主送一个上级机关，不要多头请示，以免互相推诿。

3) 不越级请示，为特殊情况或紧急事项而必须越级请示时，要同时抄送越过的直接上级机关。除个别领导交办的事项外，请示一般不直接交送领导个人。

4) 不抄送下级，请示是上行公文，行文时不得同时抄送下级机关，以免造成工作混乱，更不能要求下级机关执行上级机关未批复的事项。

例文 4

关于××风景名胜区列为国家重点风景名胜区的请示

国务院：

××风景名胜区位于××省××市××、××两县境内，面积为 186 平方千米，分丹霞山、韶石山、大石山三个景区。距××市区最近处 10 千米，最远处 50 千米，柏油公路直达主峰景区，观光旅游的交通十分方便。

据地质考证，6500 万年前丹霞山所在地是一个大湖泊，由于造山运动，形成红岩峭壁和嶙峋洞穴，构成奇异自然风景。在全世界同类地形中，以丹霞山最为典型，“丹霞地貌”已成为国际地质学名词。现丹霞山景区已开发接待游人的范围为 12 平方千米，主要景点有 87 处，山、瀑、江、湖兼备，绿化良好，兼之摩崖石刻、寺庵、亭台楼阁点缀其间，自然人文景观丰富。靠丹霞山南侧的韶石山景区，傍地浈水，是历史上舜帝南巡奏乐之处，内有“三十六石”的奇景。丹霞山两侧的大石山景区，有类似丹霞山的奇山异峰，有丹寨幽洞、岩柱等自然景观。

在××风景名胜区附近，有“金鸡岭”“九龙十八滩”“古佛岩”“南华寺”“马坝人遗址”等风景及名胜古迹，总面积约为 4 万平方千米。目前，××地区以××风景名胜区为中心形成了我省一条重要的旅游线路。根据国务院《风景名胜区管理条例》，我们对××风景名胜区进行了资源调查、评价，编制了总体规划。现申请把××风景名胜区列为国家重点风景名胜区，请审批。

××省人民政府（印章）

××××年×月×日

（资料来源：https://wenku.baidu.com/view/c3726b24192e45361066f559.html.）

例文5

关于暂缓调高旅游专项资金在交通建设附加费中分配比例的请示

市人民政府：

今年4月7日，××市委、市政府《关于加快发展旅游业的决定》（×政字〔××××〕8号）中同意建立旅游建设发展专项资金，其部分资金来源于交通建设附加费的分配，并将此分配比例从原来的5%调高到10%。对此，我委认为该措施无疑有利于筹集资金，促进旅游业发展。但当初决定征收交通建设附加费的目的，主要是筹集地铁建设资金，现要提高旅游建设发展专项资金在交通建设附加费中的分配比例，必然减少地铁建设资金的来源。地铁建设的年度投资高达30亿元，筹资任务十分艰巨，而今年的资金缺口更大，需开拓更多的资金来源。因此，任何减少筹集地铁建设资金的做法都会导致工期拖长和投资增大，不利于地铁建设。

鉴此，我委建议在地铁建设期内，暂缓调高旅游建设发展专项资金在交通建设附加费中的分配比例，保持5%的分配比例不变。

专此请示，请批复。

××市计委（印章）
××××年×月×日

（资料来源：https://www.wydbw.com/info/20/16771.html.）

3.5 通报写作

3.5.1 文体适用特点

无论是国家机关，还是企事业单位或其他组织的管理，都需要借助教育手段，其目的是让被管理者能由此明白该怎么做和不该怎么做，从而使他们的意志和行为统一到组织意志的要求上。通报就是体现这种教育手段的公文。通报适用于“表彰先进，批评错误，传达重要精神或者情况”。

3.5.2 通报的种类

通报，根据适用范围可分为以下三种。

1）情况通报，多用于在单位或系统内部传达重要情况。一般是对工作或生产中出现的新情况、新问题及其解决办法用通报的形式提醒大家注意。

2）表彰通报，用于表扬工作或社会中涌现出来的先进人物和先进集体，宣传他们的模范事迹，树立典型，推进工作。

3）批评通报，对工作或社会生活中发生的错误行为用通报的形式进行批评，使犯错误者本人及团体中的其他人从中吸取教训，以避免犯类似的错误。

3.5.3 正文写作的基本结构思路

1. 通报的事实

事实是通报的根据，可将被通报事件的时间、地点、单位、当事人、经过及结果交代清楚。

2. 分析评价

简要分析评价通报的事实，揭示问题的实质，点明其意义所在，指出从中应吸取哪些经验和教训，表明发文单位肯定或否定的态度。

3. 决定事项

宣布对有关人员或团体进行表彰或处理的决定。

4. 希望要求

号召人们学习先进事迹或要求大家从错误事实中吸取教训，引以为戒。

3.5.4 写作结构原理分析

1）通报的事实，无论先进事迹、错误事实，还是通报的情况，都可称为事实。通报中首先要将通报的事实写清楚，以为后文做铺垫。

2）写作通报的意图宗旨是要实现教育的作用。要产生教育的效果首先要提高受教育者的认识，故通报中陈述了所发生的事实后，还要上升到一定思想高度来评价，即对表彰通报中的先进事迹，要评价出它对经济发展、群众利益或社会进步的积极意义；对批评通报中的错误行为，要分析它的危害性；对发生的事件，要指出其意义或值得关注的动向。人的认识提高了，才能有教育效果。所以要写“分析评价”。

3）教育的效果常常需要通过激励来强化。表扬奖励是正激励，批评处罚是负激励。这些都是组织行为，是通过组织决定来实施的。“决定事项”就是宣布组织决定，以实施激励，来强化教育效果。

4）最后提出希望要求，作为全文的结束语。

例文 6

质检总局办公厅关于质检直属系统政府网站 2017 年第二季度抽查情况的通报

质检办函〔2017〕887 号

各直属检验检疫局，认监委、标准委，总局各司局，中纤局：

为进一步加强全国质检直属系统政府网站信息内容建设，更好地发挥政府网站政务公开和服务群众主平台作用，按照《国务院办公厅秘书局关于做好政府网站季度抽查工作的通知》（国办秘函〔2016〕48 号）和《国务院办公厅秘书局关于 2017 年第一季度全国政府网站抽查情况的通报》（国办秘函〔2017〕14 号）等要求，总局办公厅会同总局信息中心于 2017 年 6 月 1 日—10 日组织对质检直属系统政府网站开展了 2017 年第二季度抽查工作。现将抽查情况通报如下。

一、抽查基本情况

（一）抽查范围

抽查期间，质检直属系统在全国政府网站信息报送系统中备案的网站共计379个，其中，正常运行的网站361个，已申请关停整改的网站7个，申请例外的网站2个，已永久关停的网站9个，与2017年第一季度基本持平。本季度抽查主要针对在全国政府网站信息报送系统中正常运行和已申请关停整改的网站，共计368个网站。

（二）抽查结果

本次季度抽查按照20%的抽查比例，共随机抽查了74个政府网站（包括总局、认监委、标准委、9个直属检验检疫局和62个分支检验检疫机构政府网站），并按照《全国政府网站普查评分表》进行评分。抽查结果显示，总体抽查合格率为97%，大部分政府网站内容水平显著提升，但仍有部分政府网站存在问题。其中，×××检验检疫局、××检验检疫局2个单位网站被判定为不合格。

二、抽查发现问题

（一）信息更新不及时问题依然存在

部分政府网站仍然存在空白栏目问题，占被抽查政府网站数量的8%，空白栏目问题主要存在于网上调查、业务咨询、计划总结、专题栏目等信息公开时效不强的栏目。存在新闻、动态等栏目更新不及时问题的网站较多，34%的政府网站未能及时更新动态、要闻类信息，24%的政府网站未能及时更新通知公告、政策文件类信息；另外，5%的政府网站存在人事信息、财政信息等更新不及时的问题，较上一季度减少2%。

（二）征集调查、在线访谈活动数量偏少

部分政府网站开展征集调查活动的数量未达到“须举办3期以上”的底线要求，占被抽查政府网站数量的17%，较上一季度下降4%。在线访谈栏目非必设栏目，但在已开设在线访谈栏目的政府网站中，开展在线访谈活动次数低于“如开设在线访谈栏目，须举办3期以上”基本要求的政府网站占抽查政府网站数量的7%。

（三）链接错误问题仍需改善

少数政府网站依然存在链接错误或不可用等问题，占被抽查政府网站数量4%，较上一季度下降3%，链接错误问题主要存在于新闻、在线咨询等栏目中。

三、下一步工作要求

（一）切实开展网站整改

各问题单位要对照总局第二季度抽查发现问题，举一反三，切实做好网站整改工作。各相关直属检验检疫局要牵头负责所辖分支检验检疫机构的整改工作。各问题单位要于7月21日前向总局办公厅报送整改报告。如出现严重问题不能及时整改到位或需申请关停网站整改的，要及时向总局办公厅和信息中心报备。目前，在全国政府网站信息报送系统备案的正常运行的质检直属系统政府网站添加监督举报平台入口率达到了94%，尚未添加纠错平台入口的单位要于7月21日前添加完成。各单位要定期对网站办事服务的信息准确性、功能实用性进行核验，服务事项取消下放或办理条件发生变化的，要及时调整更新相关信息。

（二）加强网站集约化建设

各单位要加强政府网站集约化建设，稳步推进网站栏目的共建和协同联动，精简基层单位网站重复设置的栏目和倒挂上级门户网站的栏目，减少网站存在的栏目信息更新不及时、征集调查活动少、链接错误等问题，加强网站信息资源的整合力度，提高网站信息和服务水平。对无力维护、问题多发的基层单位政府网站，应及时迁移至上级单位政府网站统一运营，并在全国政府网站信息报送系统及时更新网站数据信息。

（三）落实网站保障机制

《国务院办公厅关于印发政府网站发展指引的通知》（国办发〔2017〕47 号）（以下简称《网站指引》）已于 2017 年 6 月 8 日发布，各单位要组织学习，并对照《网站指引》中 8 个方面要求组织对本单位政府网站相关工作进行自查。对自查发现的问题要制定改进方案，逐步落实，尤其是要进一步明确网站的主办部门、承办部门及其职责分工。要完善网站信息发布审批和保密审查的程序和制度，落实日常保密管理措施，做好相关审批审查手续的存档备查。要加强网站内容建设，完善常态化信息发布机制，避免应付检查突击发布。要落实好政府网站绩效考核评估和督查常态化工作机制，保障政府网站长效运行。

根据《网站指引》要求，自 2017 年第三季度起，总局对质检直属系统政府网站抽查比例将提升到 30%以上。总局将按要求定期将网站季度抽查结果及各单位整改情况报送国务院办公厅政府信息与政务公开办公室，其将对各单位政府网站进行监督抽查，并对总局开展过季度抽查的政府网站进行复查。上述检查情况及各单位整改情况已纳入 2017 年质检直属系统政府网站绩效考核。

质检总局办公厅（印章）

2017 年 7 月 3 日

（资料来源：http://www.gov.cn/xinwen/2017-07/05/content_5208110.htm.）

例文 7

关于表彰 2016 年度全市安全生产工作先进单位和优秀工作者的通报

各乡、镇人民政府，××经济开发区，市政府各部门：

2016 年，各地、各部门认真贯彻落实中央、省关于安全生产的系列重要指示精神，深入贯彻落实科学发展观，树立“以人为本、安全发展”理念，强化安全生产“党政同责、一岗双责、齐抓共管、失职追责”责任落实，切实加强“两化”隐患排查治理体系建设，深入开展重点行业领域安全生产大检查、“打非治违”和安全专项整治行动，不断创新安全监管模式，圆满完成了年度安全生产目标任务，继续保持了全市安全生产持续稳定好转的良好态势，为全市经济社会发展发挥了重要作用。

根据各乡镇、××经济开发区和 55 个市安委会成员单位 2016 年度安全生产责任目标考核结果，市政府决定对××镇等 10 家“××市安全生产先进单位”和×××等 30 名“××市安全生产优秀工作者”予以表彰。

市政府希望，受到表彰的单位和个人戒骄戒躁，再接再厉，再创佳绩。市政府号召，各地、各部门要以先进为榜样，进一步强化安全生产“红线意识”，狠抓各项工作落实，努力创造良好的安全生产环境，为我市冲刺“两先”、打造“三城”做出更大的贡献。

附件：

××市 2016 年度安全生产先进单位和优秀工作者名单

××市人民政府（印章）

2017 年 2 月 24 日

（资料来源：http://www.shiyan.gov.cn/sysgovinfo/szf/xxgkml/zcfg/zfwj/szf/2017/201704/t20170419_1052236.shtml.）

3.6 纪要写作

3.6.1 文体适用特点

国家机关、企事业单位乃至社会团体的组织行为，无论是事务处理，还是议事，或是工作决策，都要借助会议形式。参加会议的主要是管理层，而会议精神的贯彻需要有组织全体成员的行动，所以需要将会议精神传达给下级。纪要就是用来记载、传达会议情况和议定事项的公文。

3.6.2 纪要的种类

纪要也称会议纪要。

根据会议性质不同，纪要可以分为办公会议纪要和专项会议纪要。办公会议纪要，用来记载传达各级党政机关、企事业单位的领导机关以办公例会的形式，对本单位或本部门的工作进行研究、讨论，做出决定所形成的会议精神；专项会议纪要，是为研究专项问题而召开的会议所形成的会议纪要。该类会议中的与会者除领导层外，还可能有业务工作者。

根据写作的内容特点，会议纪要又可分为专题型纪要和综合型纪要。专题型纪要集中反映与会者就会议中心议题的讨论情况；综合型纪要则反映会议的多项议题及会议的综合情况，多用于传达研讨会或联席会等的会议精神。

3.6.3 正文写作的基本结构思路

1. 导言

导言即概述会议的基本情况，包括会议召开的时间、地点、会议主持人、与会人员及主要议题。

2. 主体

主体是会议纪要的核心内容部分，要重点突出地写出会议讨论的主要问题及结果、会议形成决议的事项、会议形成的对今后工作的指导思想、工作建议及要求等。

3. 结尾

有的会议纪要在结尾部分提出希望，或要求有关单位认真贯彻会议精神，或号召努力完成会议提出的各项任务；有的则不写结尾，会议的主要内容分述完了，全文也就自然结束。

3.6.4 写作结构原理分析

1. 导言

以会议命名的公文只有会议纪要，所以应特别地突出会议，以介绍会议基本情况来开头，以提示后文内容源于该会议。

2. 主体

主体的写作分为以下两种情况。

1）办公会议纪要和专题型纪要，主体部分重在将会议决定的事项按内容单位逐一陈述清楚。因为该类纪要写作的意图宗旨是为会后对会议议决事项的贯彻落实提供依据，所以写作要将主要功夫花在对决定事项的陈述上。

2）综合型纪要，主体部分则要综合会议各个方面的情况，包括各议题的讨论过程、有代表性的观点、创新型见解、提议、呼吁、倡议、议定事项、今后工作的意见等。因为这类纪要写作的意图、宗旨是记载会议情况，所以写作重点在于将会议的综合情况较全面地陈述清楚。

3. 尾部

尾部也有以下两种写法。

1）办公会议纪要和专题型纪要，因为涉及对会议精神的贯彻落实，所以尾部一般采取提出要求或号召的写法。

2）综合型纪要的尾部则多采用提出希望或倡议的写法。

3.6.5 写作注意事项

1）要正确地集中会议的意见。非主流观点、非典型性的意见一般不写入纪要，但对少数人意见中的合理部分也要注意吸收。

2）要注意分析和综合，重点将会议所研究的问题和议决事项逐条归纳，做到条理清楚、简明扼要。

3）会议纪要常用“会议”作为主语，多采用“会议认为”“会议确定”“会议指出”“会议强调”“会议听取了”“会议讨论了”等语言形式。

例文 8

部分城市综合防灾座谈会会议纪要

为了研究城市综合防灾对策，总结全国建设系统抗击台风等自然灾害的经验，××部质量安全司于××××年11月9日在上海市召开了“城市综合防灾座谈会”，来自广西、广东、福建、浙江、安徽等省（自治区）建设厅和上海、南京、青岛、大连等市建委的有关代表出席了会议。会议交流了各地建设系统抗击台风的经验，讨论了综合防灾的工作重点，研究了城市综合防灾的对策措施。××部质量安全司副司长×××同志做了会议总结。现将座谈会有关情况纪要如下。

一、会议认为，随着我国经济的快速发展和全球气候的变暖，台风等自然灾害对城市经济和社会发展的危害性越来越大，造成损失的形式也趋于多样。特别是，今年以来，“麦莎”“云娜”“海棠”和“龙王”等台风的中心风力强度均超过了12级，是近10年来所罕见的，给我国部分地区造成了巨大损失。台风所造成的破坏不仅直接表现在砸伤（死）人畜、摧毁房屋、淹没农田等传统损失上，而且台风带来的豪雨水淹城市、倒灌地下空间，破坏地下停车场，毁坏变配电设施和供水设施等次生灾害所造成的重大损失也是前所未见的。据××省统计，仅“龙王”台风就给××省造成了370万人口受灾，水毁车辆数千辆，死亡百人，直接经济损失32亿元。与会同志认为，在当前建设和谐社会的时期，××部召开综合防灾座谈会，研究、总结和推广各地成功的经验，切合当前的工作实际，发挥了建设部门在经济建设和综合防灾中的重要作用，通过交流可以更好地指导各地的工作，避免灾害损失，从而保证人民生命和财产安全，意义重大。

二、会议高度评价了上海市、浙江省等地抗御台风的经验和做法，认为各地在近年来的实践和探索中总结出来的防台经验值得肯定和推广。上海市的基本经验是：高度重视迎台风、精心准备保重点、认真抢险抓后续。建设部门和各单位能够围绕预案早做筹谋；能够迅速建立应急通信体系，确保指挥系统运转正常和政令畅通；能够优势互补，齐心合力，发扬团队作用形成合力；能够群策群力，倚靠科技，科学地决策，并按照预案做好一系列减少损失的“规定动作”。浙江省克服侥幸心理，提出了“宁可十防九空，不怕兴师动众，为保障人民生命安全舍得劳民伤财”的确保安全的要求，总结出“防、避、抢”的三字防台风经验。具体做法是：突出重点，统筹考虑和全面部署建设系统的防台工作；各级领导按照预案靠前指挥，深入一线，指导督查地方的应对准备；指挥中枢加强值班，随时掌握台风动态并处理问题；及时恢复，抢抓灾后重建工作。这些经验和做法经受了实践的考验，证明是科学和行之有效的。

三、会议要求各地要认真总结经验，加强组织领导，加快综合防灾的机构和组织体系建设，整合建设系统的资源，进一步落实协调和承担有关综合防灾任务的具体部门；各地要加强研究，拓展工作思路，探索新形势下综合防灾管理模式；各地要加快综合防灾的法律法规制度建设，进一步完善和细化各类防灾预案，提高依法和高效处置能力；各地要重视和加强综合防灾能力的建设，特别是要重视科技进步在提升综合防灾能力和手段方面的作用，切实提高防御能力；各地要做好专业救灾队伍的建设，保证关键时刻能够“拉得出、打得响”，发挥专业救灾的优势；各地还要加强综合防灾教育，做好科普宣传活动，使建设系统的每个从业人员都能够了解和掌握相关防灾知识，努力减少建设系统的安全事故，降低死亡人数。

（资料来源：http://www.chinalawedu.com/falvfagui/fg22598/24533.shtml.）

例文9

关于加强厂外设施管理的会议纪要

（××××年××月××日）

为了进一步加强对厂区外公司所有设施的维护与管理，××××年5月28日由张副书记召集，杨总经理、高副总经理及基建技改处、生技处、企管处、公司办、能源计量处、生化车间、供水车间、电气车间等有关单位在公司二楼会议室就厂区外公司所有设施及下水排放的管理问题进行了充分讨论与研究，明确职责并制定了如下管理办法。

1. 供水车间负责管理和维护上水管道及587、588输电线路。在日常管理过程中如发现沿途村民、单位施工私接管线等有损公司设施或因公司设施对沿途村民和单位造成损害，应立即采取有效措施防止问题扩大化，并要及时将具体情况及解决预案上报主管领导及农工处。

2. 能源计量处负责对周边农村的民用吃水主管线（由我公司敷设）及用电进行管理，在日常管理中发现问题或产生纠纷时，要及时上报公司主管领导及农工处。

3. 生技处负责公司厂区以外下水管线及明渠污水排放的巡检与管理，以确保下水管线的畅通及污水安全排放。巡检人员要认真负责，凡涉及污水排放的纠纷和隐患，要及时上报公司主管领导及农工处。

4. 基建技改处负责公司总图管理，在总图规定范围之内不得私建违章建筑，发现问题要主动制止，及时汇报公司主管领导。

5. 基建技改处负责厂区以外的管线施工和监督协调公司雇用村民对厂外排污渠的管理，实施必要的考核，以促进其认真负责地开展工作。涉及相关问题时要主动解决及时汇报。

6. 电气车间负责587、588之外的输电线路的相关纠纷与勘查、汇报等事宜。

7. 农工处全面负责对周边农村关系的协调工作，对有关职能单位上报的情况和问题，要及时派专人与相关单位一同察看问题现场，做好详细记录，分析原因并提出初步解决预案报主管领导。

8. 由于责任单位失职致使厂区外公司设施受到侵害或公司利益遭受损失时，农工处对责任单位视情节轻重处以100～500元的罚款。

9. 农工处的考核额度经主管领导审批后报企管处，由企管处在奖金发放时兑现。

（资料来源：https://www.unjs.com/fanwenwang/ziliao/221193.html.）

思考与练习

一、名词解释

公文	抄送机关	密级	通知
报告	请示	通报	会议纪要

二、填空题

1. 根据公文的行文方向，公文可分为____________、____________、__________三类。

2. 发文字号由_______、________、_______三个部分组成。

3. 公文标题一般由_______、________、_______三部分组成。

4. 通知是适用于批转______________、转发______________、传达要求______________的事项，任免人员的行政公文。

5. 通报按内容性质分，可以分为___________、___________、____________三种。

6. 请示写作要______________，不可将需上级分别表示态度的事项放在一份公文中来写；一份请示只宜______________，不要多头请示，以免互相推诿。

三、简答题

1. 什么是行政公文？《国家行政机关公文处理办法》中规定的行政公文有哪些？

2. 简述通知的种类和适用范围。
3. 试对汇报工作的报告写作的基本结构思路进行结构原理分析。
4. 请示的写作有哪些注意事项？
5. 简述通报的适用特点和种类。
6. 会议纪要的主体部分通常写哪些内容？

四、分析题

1. 以下是一份什么公文？它包括了哪些格式内容？

关于××××××××××××××××

鄂发〔2017〕151 号

各地、市、县商业局：

现将《省商业厅 2018 年商贸创新工作意见》转发给你们，.......................。

附：《省商业厅 2018 年商贸创新工作意见》

××省人民政府

2017 年 12 月 20 日

2. 评析下面的公文有何错误，并修改。

××学院关于要求修建宿舍的报告

省教育厅：

由于近日我市连降暴雨，山洪暴发，造成我校多处房屋严重倒塌、损坏，影响了正常的教学工作。为了尽快修复被毁坏的房舍，恢复正常工作，特请拨维修款 20 万元。

此外，我校今年新招聘教师 20 名，亟待解决宿舍问题，计划新盖宿舍 10 间，故另请拨基建资金若干万元，以解决新进教师的住宿问题。

特此报告，请批复。

××学院（公章）

××××年×月×日

3. 请分析例文 3 写作的基本结构思路及结构原理。

五、写作练习题

1. 根据下面的材料，拟写一份会议通知。

全国市场营销协会决定于 20××年×月 10 日至 16 日在广西壮族自治区南宁市召开一年一度的营销协会年会，于×月 28 日发出会议通知。会议的内容是研究和探讨当前营销学的有关学术问题和热点问题，全国市场营销协会的会员均可参加。会期为 7 天，×月 10 日报到，报到和开会地点是广西南宁军区空军招待所。要求：与会者于会前半个月递交相关学术论文一篇；会务费自理。

2. 根据以下材料，代××市商业局向省商业厅拟一份报告。

1）20××年 2 月 20 日上午 9 点 20 分，××市百货大楼发生重大火灾事故。

2）事故后果：未造成人员伤亡，但烧毁三层楼房一幢及大部分商品，直接经济损失 792 万余元。

3）施救情况：事故发生后，市消防队出动 15 辆消防车，经 4 小时扑救，大火才被扑灭。

4）善后处理：市商业局副局长带领有关人员赶到现场调查处理；市人民政府召开紧急会议；市委、市政府对有关人员视情节轻重，做了相应处理。

5）事故原因：直接原因是电焊工×××违章作业，在一楼铁窗架作业时将电火花溅到易燃货品上引起火灾。

6）间接原因：××百货公司管理层及员工安全意识模糊，公司安全制度不落实，许多安全隐患长期得不到解决。

3. 根据下面的材料，拟写一份通报。

某大学艺术学院 2019 级学生李某，入学以后学习态度很不端正，经常旷课上网，并经常在校内外打架斗殴。今年 5 月 9 日，他在学校食堂因为插队买饭，和 2018 级计算机系学生张某发生冲突，并大打出手，致使张某鼻梁骨折、颅内出血。学校决定给予李某开除学籍处分。

第 4 章　计划书写作

教学目标与要求：

1. 通过理解什么是计划和工业企业的常用工作计划，认识计划的事务特点和计划书写作的思维机制特点；

2. 区分工业企业的三种常用工作计划的用法；

3. 重点理解和掌握经营计划书、生产计划书和工作计划书写作的基本结构思路及其结构原理。

4.1 概述

4.1.1 关于计划

一般意义上的计划，是指人们对拟要做的事或将要举办的活动事先所做出的安排。本书所探讨的计划是指工作计划。所谓工作，其本义是劳动（包括脑力的和体力的能创造价值的行为活动）。但社会意义上的工作计划中的工作，是指遵循在组织目标指导下的按一定行为规则要求需要相互配合的群体劳动。这里的工作计划的概念首先是管理的一种基本职能。而在计划职能的履行中又派生出计划的另外两个概念：一是事先对将要做的工作制订计划的活动；二是写作意义上的计划，即完成计划的编制工作要借助的文字表述形式——计划书。在企业的经营管理活动中，后两种计划是企业管理活动中计划职能实现的途径。虽然计划的内容包括人、财、物，但财与物要由人来支配和运作。工作计划的意义，就在于通过协调群体中各方面的关系，使分散的各自独立的意志及行为统一在组织目标的要求中，以有效提高人、财、物的运行效率，从而保证组织任务目标的实现。工作计划，实际上是组织的决策形式，通过计划制订的方式，将领导层的意志转化为下属行为的任务内容和目标，并为之设计行动方案，作为各行动部门执行的依据，且以体现领导层意志的最庄重的方式予以确定的一种特定形式。所以，作为文体概念上的工作计划，主要是指国家党政机关、社会团体、企事业单位等组织，对未来一定时期内要进行的工作，预先拟定的关于其任务内容、完成期限、实现目标，及其实施步骤和措施的一种事务文书。

这类计划一旦经领导层批准，即成为指导未来行动、具有纲领性和约束力的文件。

4.1.2 计划的作用

计划的基本作用主要有以下两个。

其一，具有协调指导作用。科学的、切实可行的计划，能做到事先统筹全局，合理地安排和使用人力、物力和财力，减少盲目性。

其二，具有督促和提供评价依据的作用。在任务的实施过程中，需要根据计划，检查和督促工作进度，以保证任务目标的实现；任务完成后，要依据计划评定工作优劣，总结经验教训，以利今后工作。

4.1.3 计划的类别及工业企业的常用工作计划

1. 一般意义上的计划种类

计划的常见名称和种类划分十分复杂，可由不同的分类依据划分出不同的种类。

按性质分，有综合性计划和专题计划；按内容范畴分，有工作计划、学习计划、科研计划、分配计划、教学计划等；按组织特点分，有国家计划、部门计划、单位计划、科室计划、班组计划、个人计划等；按时间特点分，有远期规划、年度计划、季度计划、月计划等；按综合性特点分，有规划、纲要、设想、打算、安排、要点、方案、计划（狭义）等。

2. 工业企业的常用工作计划

企业是以盈利为目的的经济组织，工业企业实现其盈利的运作包括三个环节的内容：一是产品的加工生产；二是产品进入市场的流通；三是管理。这三个环节的工作存在岗位性质、任务内容乃至任务目标的差异性。因而，工业企业计划的编制，无法在同一计划书中以某任务内容乃至依据该任务内容落实到具体的任务目标来统一整个企业职工群体的行为方向。故此，党政机关、社会团体和事业单位常以一份工作计划书即完成对该机关工作任务的部署；可工业企业却需要同时用一组计划书才能有效实现计划的指导性和协调性功能。这样的一组计划书主要有经营计划书、生产计划书、工作计划书。

本章重点介绍这三种计划书的写作。

4.1.4　企业计划书写作的思维机制特点

其一，企业的运作以销售为轴心，生产、经营、管理均围绕市场做文章。市场是企业计划制订的根据。

其二，企业计划的制订立足于企业资源的配置利用，其思考的重点在财力、设备运作和人力的安排上，计划书的编制主体要认识计划的作用是通过协调企业多方面的力量，以其统一运作的有效性来保证企业经营目标的实现。

其三，计划书的写作，在于告知下属该做些什么、应怎样做，因此计划书表述的思路，重在要把任务目标、任务分配、行动步骤和措施方法写清楚。

4.2　经营计划书写作

4.2.1　文体适用特点

企业的全部行为活动的目的是实现经济利益。在市场经济条件下，企业行为以市场为依据，其经济利益是通过具体的经营目标的制定来主导落实的。企业的运作虽然在高管层的组织指挥下，但高管层需要高举实现经营目标的旗帜，才能主导各方面的力量。经营目标以及如何实现经营目标的行为方案的制定，是通过经营计划的编制来实现的。

经营计划是企业依据市场预测分析，提出经营目标和方针，制定企业的经营策略和运行方案，以实现企业经济效益为目标的计划。它侧重于面向产品流通的市场运作，同时又是对企业经营管理各个方面的统筹部署，是企业追求以最少的成本去获取最大的利润、主导其盈利目标实现的最核心的营运计划。

在工业企业中，生产计划和工作计划的制订均是以经营计划为依据的。

4.2.2　正文写作的基本结构思路

1. 导言

首先要阐明计划书制订所依据的背景与前提条件，然后说明计划书生效的程序依据和制订计划的目的。

2. 主体

主体部分重在提出经营目标和阐明如何实现该目标的行动方案，包括如下要点内容。

1）市场分析预测。

2）计划的任务内容与拟实现的效益目标。

3）经营策略。

4）经营策略实施的步骤与保证措施。

5）计划目标的指标分解与任务分配。

6）计划实施过程中的重点环节、需注意事项、可能出现的问题与解决办法。

7）计划实施中的绩效考核方法与激励。

3. 尾部

其他事项与要求。

4.2.3 写作结构原理分析

1. 导言

经营计划书写作的意图和宗旨是设定企业今后一定时期的经营目标和实现该目标的行动方案，以部署企业的经营运作。而企业设定经营目标和行动方案要有科学依据，这种依据主要是两个：一是影响企业生存与发展的外部形势；二是企业自身的现有条件。导言中的背景与前提就是对这两个依据的分别陈述。而企业制订计划是一件严肃慎重的事情，需要经过广泛听取意见和严格的审定程序，导言中所写的计划生效的程序依据就是对此做出的说明。至于“制订计划的目的”，是人们都明白，可是作为该文章的构成内容又不可不写的套式。

以上内容，是为主体部分的任务目标和行动方案的提出所做的铺垫。

2. 主体

内容 1）、2）是设定任务目标。计划是组织对将要做的事情事先做出的安排。而安排人们去做一件事情，首先要让人们明确是去干什么和实现什么样的效果，即任务目标。而企业任务目标的设定原则是以销定产，经营计划的任务目标设定是依据市场的需求预测的。这就是内容 1）、2）写作的理论根据。

明确了任务目标后，紧接着就要解决如何做的行动方案问题。由于企业经营计划的实施要面对激烈的市场竞争，要讲求策略性，所以计划书在陈述行动方案时，首先要告知计划实施的基本策略思路和策略方法，故此，有了内容 3）、4）。

而计划目标的实现要靠组织成员的共同努力，需要将任务内容分解到每个岗位，落实到每个人，让每个员工在各自岗位上都明白要干什么和怎么干，这就是对计划任务的指标分解与任务的分配，写作内容 5）的意义即为此。

在计划的制订中要预见某些环节的困难并制定解决办法。若这些困难的有效克服事关全局，就需要重点交代，以引起关注，于是要写内容 6）。

内容 3）、4）、5）、6）是对行动方案的系统描述。

内容 7）则是为保证上述行动方案的实施而制定的激励措施。

3. 尾部

对于主体部分中不便插入的内容，而又需进行交代或说明的，可安排在尾部补充。

这样写，就能实现以该计划书去部署企业今后一定时期内的经营运作的意图、宗旨。

例文 1

××公司年度经营计划书

第一部分　公司概况

××公司为国内著名水泥制造商之一，已有 60 年的生产历史，历年水泥产量中最高为××万吨，最低为××万吨，公司员工总数为××××名。

第二部分　年度经营计划形成步骤

1. 准备阶段

2018 年 10 月中旬，以该年的生产实际与预测为基础，对 2019 年做出展望，由各部门经理向总经理提出报告。

2. 立案阶段

2018 年 10 月中旬，由各部门经理召集部门内员工协助制定部门“年度工作计划”，并由总经理助理做总体整理。

3. 审议及调整阶段

2018 年 11 月下旬由总经理召开会议，主管级以上人员参加。

4. 决定及公布阶段

经过一个月的充分研究后，于 2018 年 12 月 30 日召集全公司管理人员会议并公布计划，参加人员为各部门经理，并由经理将计划内容告知员工。

第三部分　年度经营计划内容

1. 2019 年度展望

（1）市场销售经营方面：水泥销售市场广，但是公共建设属于买方市场，政府议价能力高，边际利润可能会有影响，但总收益可能增加。

（2）公司财务状况方面：资金充足，财务健全，能充分发挥灵活运转功能。

（3）国内生产设备方面：由于机械设备逐渐陈旧，2019 年度的机械操作故障及磨损率可能比以前较高。

（4）人力资源投入：由于 2019 年度公司推行多项工作的管理革新，强化组织功能收效颇大，员工工作积极性会较高，人员能积极配合生产需求，但部分现场主管虽具备实地作业的能力，管理水平仍需通过在职训练方式予以加强。

（5）生产所需原料供应：因西部矿源已接近枯竭，东部采矿区的积极开发应加紧进行。

（6）其他影响生产活动的外在因素：环保问题、夏季的限电问题等都会导致生产成本上升。

2. 2019 年度经营方针及目标

（1）积极推行目标化管理，提高总体生产效率，以年产水泥 50 万吨为目标。

（2）降低生产成本 3%，提高产品质量，增强市场竞争能力。

（3）秉承“诚信负责”的厂训，打造“创造生产”“以厂为家”的企业文化。

（以下为各部门工作计划）

3. 采运部工作计划……

4. 制造部门工作计划……

5. 质量管理化验部门工作计划……

6. 总务部门工作计划……

7. 工务部门工作计划……

8. 人事制度革新计划……

9. 员工培训工作计划……

第四部分　计划的施行与检查

本公司为加强计划可行性，将于每月执行前再次对计划加以检查及修正，每月 25 日例行会议将检查当月计划并修正下月预算。此外，规定各部门召集领班人员于每周六开检查会，拟定下周工作方向，定出原料预定需求，由此推进细分日程计划。各种生产报表的填写，务求详细，以供管理者决策参考。

第五部分　激励措施及计划成果奖励

（1）设“生产奖金”，以每日的标准任务量为准，超过 1 吨奖励 1000 元，奖金累积总额于次月初平均分给线上工人。

（2）每日产量、累积生产奖金与预定生产量的差距等资料公布于工厂大门进口处布告栏，明示员工。

（3）在工厂大门进口处竖立“发挥团队精神”的石碑，以及“向百万吨水泥挑战”的标语，以激励员工。

（4）配合 7 月份“工作评价”制度的施行，按 10%比例调整员工待遇，具体视工作实绩而定。

（5）为提高员工工作热情，分批组织员工国内外旅游活动。

2018 年 12 月 29 日

（资料来源：企业供稿.）

4.3　生产计划书写作

4.3.1　文体适用特点

在工业企业中，工人的生产劳动是直接创造使用价值（有形产品）的劳动，它是与其他劳动相区别，代表着现代人类社会的基本劳动方式，有着现代社会的生产活动特点的人类劳动。在管理上，它是围绕产品的加工过程，遵循着产品加工生产的工艺特点的管理体系。企业利益的实现，首先是要通过工人的劳动生产出产品，再进入市场交换实现货币增值，形成有序的再生产，才能得以保证。而企业的生产活动，需要依据市场制订严密的计划去安排资金、设备运转和劳动力，以实现利润的最大化。工业企业的生产计划书，就是以上述管理体系为依据，在经营计划的基础上编制的，以实现产量和产值指标为主要任务目标的产品加工活动安排的文本形式。它是工业企业指导生产活动的纲领性文件。

工业企业的生产计划书主要有两种：一是年度计划书，二是月计划书。前者形成完整的文章形态，且计划要素齐全；后者重在时间进度的安排上，多采用表格的形式。本节只介绍年度生产计划书的写作。

4.3.2 年度生产计划书正文写作的基本结构思路

1. 前言

概述制订计划的背景、依据、基本任务和目的。

2. 主体

1）任务目标，提出计划期内各项主要指标的总体目标，包括品种、产量、质量、产值、劳动生产率、成本等。

2）任务分解和生产进度安排。

3）完成任务的保证措施，首先提出为实现总体目标而制定的基本原则，然后陈述完成各项指标的措施，一般从产品品种、质量、产量、原料供应和生产管理、完成时间等方面来阐明应对可能出现的问题的具体方法。

3. 尾部

提出对完成各项具体任务的要求和注意事项。

4.3.3 写作结构原理分析

1. 导言

生产计划书导言的写作遵循经营计划书导言写作的理论思路。

2. 主体

1）生产计划书部署的是生产活动，其基本内容是工作量和进度。故生产计划书中对任务目标设定的核心指标是产量，由产量衍生的指标是产值。工业生产的成果是产品，决定产品命运乃至企业命运的是产品质量，关系企业经济利益实现的是成本与利润。产量、产值、成本、利润、质量等构成生产计划书中任务目标设定的主要指标。这些指标的确定，明确了任务的方向。所以在计划书主体中，首先要确定任务目标（有的作者把该项内容放在导言中，也是可以的）。

2）关于任务分解的原理同经营计划书。生产进度安排是生产计划书所特有的。任务分解是相对于岗位的任务内容分配的，而任务量还需要按时间分解，这种时间分解体现的就是进度。只有任务分解与进度安排结合，才能把任务目标落实到岗位，落实到人，并且有步骤地去实现，以此回答计划书行动方案中“如何做”的问题。

3）生产计划任务目标的实现与两方面因素有关：其一，与工艺技术相关；其二，与原材料的供应和生产管理相关。那么，要保证任务的完成，就要遵循生产活动中对上述因素的特定要求，并要克服上述因素在生产活动过程中的某些不利作用所产生的困难，预见这些困难并事先制定的解决途径、方法就是措施。所以，在做出任务分解和生产进度安排后，就要对预见的困难进行分析并提出对应措施，以保证任务的完成。

3. 尾部

计划书的最后对关系全局的重要事宜或需要关注的问题进行突出强调。

例文 2

生产计划安排表（一）

月份：

生产单位	生产项目	生产数量	预计日程		安排人力	预计产值	原料成本	物料成本	人工成本	制造费用	制造成本	毛利
			起	止								

总经理　　　　　　厂长　　　　　　审核　　　　　　拟定

生产计划安排表（二）

月份：

部　门	生　产　项　目	生产数量	起止日期		安排人力
			自	至	

注：这是基层生产单位常见的月度生产计划安排表。它非常清晰地说明了各生产项目的具体安排，便于执行。

（资料来源：企业供稿.）

4.4　工作计划书写作

4.4.1　文体适用特点

在工业企业中，人们称之为“工作”的一般是指管理部门的业务活动，以与生产劳动性质的工作相区分。工业企业价值的创造源于工人的生产劳动，因此，经营计划书中所制定的经营目标主要借助生产计划来落在实处。但计划又需要通过管理来实施，企业的管理工作也需要通过制订计划来统一组织协调，以提高管理工作的有效率。这就是工业企业工作计划书的由来及其适用意义。这里的工作计划书是以企业的经营计划书和生产计划书为依据，对企业各部门的管理工作制定任务目标并统筹安排，以保证各部门更好地服务于企业的建设与发展，以部署企业职能部门的管理任务为基本内容的企业计划书。

工业企业的工作计划书可分为两种：一种作为经营计划书和生产计划书的补充，来部署企业职能部门的常规管理性工作的计划；另一种是作为贯彻党和国家相关方针政策，或落实上级相关部署的专题工作的计划。前一种工作计划书的鲜明特点就是依据经营计划书和生产计划书的贯彻实施来部署企业职能部门的各项业务工作。而后一种工作计划书，虽然要贯彻上级部署（党和国家的方针政策也属于上级部署），但不能将上级部署与企业的经营计划和生产计划相对立。这是因为，发展经济是社会各项工作的中心，也是党和国家制定相关方针政策（或上级部署一系列工作）的基本出发点。因此，工业企业工作计划书的编制，要实现与经营计划书和生产计划书的统一，要以保证和促进经营计划书和生产计划书中任务目标的实现为前提。

4.4.2 正文写作的基本结构思路

1. 导言

导言是计划书的开头部分，重在说明制订计划的依据，交代任务提出的背景与前提，陈述任务目标及为什么要制订该计划的目的。这部分文字要简明扼要。

2. 主体

立体即计划书的核心内容部分，主要阐述“做什么”（任务）、“做到什么程度”（目标）和“怎样做”（措施、方法、步骤）三部分内容。

1）任务和目标，一般先写总任务目标，再写具体任务和指标，明确写出要达到的指标和数量上、质量上的要求，即“做什么”和“做到什么程度”。

2）步骤、期限和时间安排，是实现任务和目标的内容和时间的分解。科学的时间安排可以使执行者既产生紧迫感，又能有条不紊地开展工作，如期完成预定任务。为使条理清楚，通常采用分条列项的方法来写。步骤要有序，时间安排要具体，到什么时间要完成哪些任务，都要一一说明。

3）措施和方法，包括思想工作，人员调配，工作机构，方式手段，人力、物力、财力安排，后勤保证等，即“怎么做”。措施要具体，方法要可行。

3. 尾部

尾部主要用于补充说明注意事项，或提出希望和号召等。这部分要写得简短有力，切忌过长。有些计划，在主体部分写完后，即自然结束全文，不写结尾部分。

4.4.3 写作结构原理分析

可参照经营计划书和生产计划书的原理分析。

例文 3

红星钢铁厂健全岗位责任制工作计划书

为了贯彻市经委 4 月会议精神，学习首钢健全岗位责任制的先进经验，改进本厂的企业管理，根据厂职工代表大会决议和厂的部署，厂长办公室经过 3 月份的初步调查研究，制订如下健全岗位责任制工作计划。

一、在 5、6、7 三个月内，全厂以健全岗位责任制为中心工作，改进企业管理，更有效地调动广大职工的积极性，迅速扭转本厂落后状况，用老设备干出新水平，保证完成或超额完成本年度各项指标。

二、各生产部门把各项指标分配到各个生产岗位，建立明确的岗位责任制，制定明确的考核标准。对每个岗位的工人，明确规定工作的数量、质量和完成的时限等。

三、各科室制定干部办事细则，要求每个干部分管的指标都必须完成，基础工作必须健全，专业资料必须齐全；要求逐项定出办事程序、协作关系、完成时限和程度。细则要有明确的定额、数量、质量和时间的要求，要能够据此进行考核。

四、各生产部门和职能部门制定考核办法和制度，与奖惩制度挂钩。工人实行班统计、日公布、周分析、月总结的制度，用百分制按月计算。干部按人设立考核手册，按日登记，按周由领导签认记分。计奖实行百分制，按分领奖。

五、实施步骤和负责人。

（一）5 月上、中旬，厂办各级领导干部学习班（×××、×××负责）。

（二）5 月中、下旬,在三车间和技术科试点（×××、×××、×××负责）。

（三）6 月至 7 月中旬,各部门全面铺开（各部门负责人）。

（四）7 月下旬,检查、验收（厂部组织各部门互相检查）。

六、党、团、工会分别制订工作计划，密切配合这一中心工作。

七、计划执行情况每月月末由厂长办公室检查一次。

红星钢铁厂

××××年×月××日

（资料来源：企业供稿.）

思考与练习

一、填空题

1. 计划一旦经领导层批准，即成为_______未来行动，具有____和____的文件。

2. 工业企业实现其盈利的运作包括三个环节的内容：一是_____；二是______；三是______。

3. 计划的编制，在企业的经营管理活动中，是______实现的途径。

4. 经营计划书要突出_________的制定。

5. 生产计划书是工业企业指导_________的纲领性文件。

6. 企业的工作计划是面向经营计划和生产计划的实施部署____________的各项业务工作。

二、名词解释

计划　　经营计划　　生产计划　　工作计划

三、简答题

1. 经营计划书正文包含哪些内容要点？

2. 试比较生产计划书与经营计划书的写作区别。

3. 企业的工作计划与经营计划和生产计划是什么关系？

四．分析题

1. 请分析经营计划书的导言为什么要那样写。
2. 试分析工作计划书写作中的步骤、措施与任务目标之间的逻辑联系。

五、修改下列标题

1. ××县国民经济和社会发展五年计划。
2. 2005 年至 2010 年工农业余教育事业规划草案。
3. ××公司关于第一季度销售计划。
4. ××大学 2010 年招生工作规划。

六、写作练习题

××厂为了调动职工的积极性，保证完成或超额完成全年生产任务，决定在全厂推行岗位责任制：要求开好三个会（动员会、经验交流会、总结表彰会），搞好试点工作，组织职工讨论，充分发扬民主，各方面配合，从 7 月上旬开始，利用一个半月至两个月完成这项任务。请根据以上情况，为××厂拟写一份工作计划书。

第5章　总结报告写作

教学目标与要求：

1. 通过理解什么是总结，什么是总结报告，认识总结的事务特点和总结报告写作的思维机制特点；

2. 认识工作报告、年度总结报告和经验性总结报告各自的用法；

3. 重点理解和掌握上述三种总结报告写作的基本结构思路及其结构原理。

5.1 概述

5.1.1 关于总结和总结报告

1. 关于总结

人们在实施一项行动前，要事先明确任务，提出目标，制订计划；行动实施完成后，再去回顾评价，以提升自我。人们这种在行动实施后的回顾评价以提升自我的认识活动，就是总结。个体的总结，有利于提高个体的自身素质，加快进步，成就事业。人类的社会性决定着个体行为多处于特定的社会组织中，而提高社会组织的理性程度，对于社会进步的意义更大。因此，国家和各个社会组织都十分重视总结。虽然在人们的日常认识活动中，总结广泛存在于个体的学习、思考和其他行为中，而真正体现其社会价值的是工作总结，而且最主要的是组织行为的工作总结，其意义是通过对过去工作的回顾评价，肯定成绩、积累经验、发现问题、明确方向，以提高认识，指导今后的实践。正是这种意义上的总结，推动着人类社会的进步。

2. 报告与总结报告

在社会实践中，用于下级向上级做汇报性陈述且冠以“报告”的文体很多，而单以“报告”命名的文体仅有现代公文中的“报告”。

本章所探讨的总结是写作意义上的一种文体。这种文体主要应用在组织行为中，是作为人们在管理活动中对已履行的工作或对正在实施的工作计划中已实施的阶段性过程，通过回顾评价的认识方式，表达其评价结论的一种文章体式。这种文体意义上的总结，虽然反映了人们总结的认识活动，但与认识活动意义上的总结是有区别的。因为它一般应用在组织行为中，是下级组织应上级组织的要求，专用来陈述对过去工作回顾评价的认识结论的一种表达形式，所以，通常也叫总结报告。

总结报告是与公文中的“报告”以及其他冠以“报告”的文体相区别的一种独立文体。它与其他冠以“报告”的文体的区别在于，总结报告陈述汇报的内容旨在通过对过去工作的回顾，提高认识、积累经验。其他类报告则不同，如调查报告旨在陈述调查获取的信息，预测报告重在研判今后的变化趋势，经济活动分析报告则重在分析问题、制定措施。总结报告与公文中的汇报工作的报告的区别在于，它也汇报工作，但其陈述汇报的是对过去工作的认识；而公文中的汇报工作的报告陈述汇报的是今后工作的思路。

5.1.2 总结报告的分类

文体特点的形成，一般与该文体所处理事务的特点和事务处理的目的意义的实现相关。总结活动的认识特点形成了总结报告这种文体。该种文体在实践应用中又因其目的意义的不同可再行细分，根据总结对象，可分为个人总结、单位总结、部门总结的总结报告；根据工作时限，可分为月总结、季度总结、年度总结和工作阶段性总结的总结报告；根据实用功能，可分为工作报告、汇报性总结报告和经验性总结报告。

本章主要讨论汇报性总结报告、经验性总结报告和工作报告的写作。

5.1.3 总结报告写作的思维机制特点

其一，总结的目的是从过去的回顾中获取指导今后实践的有益的启示，写作主体要依此去提炼和概括。

其二，工作总结中要突出成绩，重在从成绩中概括出好的做法和体会，以为今后的工作积累经验，这是总结报告写作应突出的重点。

其三，各个时期或不同阶段的形势特点不同，工作任务的具体内容和影响工作实际效果的因素不一样，工作的方针方法也会有区别，写作主体要认识和把握这些特点，写出各个时期或各不同阶段工作各自的特色。

5.2 工作报告写作

5.2.1 文体适用特点

在各类组织中，各级相应组织的主要负责人要定期代表本届领导集体以一定的会议形式向代表们陈述和汇报工作。这类述职性的报告在长期的实践写作中，逐步约定俗成地形成了一种惯用的风格体式，并有了一个确定的名称——工作报告。

工作报告，是各级相应组织的主要负责人代表本届领导集体定期在其组织的代表会议上陈述和汇报工作的一种报告性文体。由于工作报告采用的是对过去工作的回顾认识的表达方式，故我们将该文体归为“总结报告”一类。

5.2.2 正文写作的基本结构思路

1. 引言

工作报告一般在开头称呼的后面有一段简短的引言，其主要内容是说明代表谁来做报告和报告的主题内容。

2. 工作回顾

工作回顾一般突出主要成绩，重在把工作的主要情况、主要做法和效果陈述清楚，即回答这些成绩是怎样做出来的。内容要力求概括又翔实，最好能以数据和材料说话。这是正文的核心部分。

3. 经验与体会

这部分或将做法中的先进方法概括成经验突出写，或将有重要启示性的认识以体会的方式逐一表述明白，也可将经验与体会融合起来写。

4. 问题

一般用提示语过渡，如“一年来，我们虽然取得了很大成绩，但还存在不少问题”，引出对问题的陈述。陈述问题要分条标项，突出重点，简明扼要。

5. 今后的工作思路

依据前述的经验和体会，针对存在的问题，提出今后工作的初步设想。

5.2.3　写作结构原理分析

1. 引言

代表大会是同级组织的最高权力机构，因此组织负责人向代表大会汇报工作是极其严肃的事情，引言表明了严肃郑重的态度。

2. 工作回顾

工作回顾既是汇报工作的需要，又是该文体特点的要求，为下一步写经验与体会做铺垫。

3. 经验与体会

经验与体会是基于工作回顾所获取的认识的升华，从总结中获取指导今后实践的有益的启示。这是工作报告的重点内容，也是工作总结的意义的体现。

4. 问题

为了使我们的认识全面而不陷入片面，既要肯定成绩，又要认识问题；既要有正面的经验与体会，又要接受反面的教训。

5. 今后的工作思路

向权力机构的述职有两种情况：一是在任期中，二是在任期届满时。无论是哪种情况，述职人都代表机关的领导集体，述职时既要有对过去工作的汇报，也要有关于今后工作的思路，以形成报告的完整内容体系。

有的报告中此部分的标题为“今后的任务”或“今后的打算”，这也是可以的，因为这是组织负责人向同级最高权力机构提出的关于今后工作的建议，也是有待审议的内容。

例文 1

坚定不移沿着“八八战略”指引的路子走下去
高水平谱写实现“两个一百年”奋斗目标的××（省）篇章

——在中国共产党××省第十四次代表大会上的报告

（2017 年 6 月 12 日）

同志们：

现在，我代表中国共产党××省第十三届委员会向大会做报告。

这次大会的主题是：紧密团结在以习近平同志为核心的党中央周围，坚定不移沿着“八八战略”指引的路子走下去，秉持××精神，干在实处、走在前列、勇立潮头，高水平谱写实现“两个一百年”奋斗目标的××（省）篇章。

一、过去五年的工作

省第十三次党代会以来，我们认真贯彻落实党的十八大和十八届三中、四中、五中、六中全会精神，深入学习贯彻习近平总书记系列重要讲话精神和治国理政新理念新思想新战略，坚持以“八八战略”为总纲，围绕干好“一三五”、实现“四翻番”，全力打好转型升级系列组合拳，统筹抓好法治××、文化强省、平安××、美丽××和党的建设，下大气力补齐“六块短板”，扎实推进“两富”“两美”××建设，省第十三次党代会确定的各项任务全面完成，各方面工作取得重大成就。

经济转型升级步伐加快。……

改革开放全面深化。……

城乡区域发展更加协调。……

法治建设平安建设有序推进。……

文化建设成果丰硕。……

民生福祉全面增进。……

全面从严治党成效显著。……

回顾五年的奋斗历程，我们深刻体会到：

——必须坚持把讲政治放在首位，同以习近平同志为核心的党中央保持高度一致。……

——必须坚持以“八八战略”为总纲，做到一张蓝图绘到底。……

——必须坚持以人民为中心的发展思想，把人民对美好生活的向往作为我们的奋斗目标。……

——必须坚持弘扬红船精神、××精神，唱响创新和实干的最强音。……

——必须坚持党要管党、从严治党，保持心齐气顺风正劲足的良好氛围。……

我们也清醒地认识到，前进的道路上还存在许多困难和挑战，突出的是：经济发展的质量和效益还不够高，科技创新、高等教育和人才的支撑作用还不够强，传统产业转型阵痛仍在继续，部分地区存在金融风险隐患；影响发展的体制机制障碍尚未根本消除，改革落地需要进一步加大力度；资源环境约束加剧，污染治理和生态修复任务依然艰巨；优质公共服务供给不足，交通等基础设施建设相对滞后，社会治理还有不少薄弱环节，影响公共安全的风险点仍然较多；干部中还不同程度地存在缺乏担当、脱离群众、本领恐慌的问题，党风廉政建设仍需常抓不懈。我们一定要正视困难，直面挑战，攻坚克难，绝不辜负习近平总书记的重托和全省人民的期望。

二、今后五年的奋斗目标

党的十八大以来，以习近平同志为核心的党中央提出了“两个一百年”奋斗目标和实现中华民族伟大复兴的中国梦，这是我们党向人民、向历史做出的庄严承诺。……

今后五年的奋斗目标是：确保到 2020 年高水平全面建成小康社会，并在此基础上，高水平推进社会主义现代化建设，以“两个高水平”的优异成绩，谱写实现“两个一百年”奋斗目标在××的崭新篇章。具体要实现以下目标：

——在提升综合实力和质量效益上更进一步、更快一步，努力建设富强××。……

——在提升各领域法治化水平上更进一步、更快一步，努力建设法治××。……

——在提升文化软实力上更进一步、更快一步，努力建设文化××。……

——在提升人民群众获得感上更进一步、更快一步，努力建设平安××。……

——在提升生态环境质量上更进一步、更快一步，努力建设美丽××。……

——在全面从严治党上更进一步、更快一步，努力建设清廉××。……

实现以上宏伟目标，必须坚定不移沿着“八八战略”指引的路子走下去。“八八战略”与习近平总书记系列重要讲话精神和治国理政新理念新思想新战略，在精神要旨上是契合的、内在逻辑上是相通的、具体要求上是一贯的。在××，贯彻落实习近平总书记系列重要讲话精神和治国理政新理念新思想新战略，最根本的就是要一以贯之地深入实施“八八战略”，根据形势发展变化探索创新“八八战略”的实践载体，进一步认识和把握自身的优势，强化现有优势，发掘潜在优势，努力把原有的劣势转化为新的优势。我们要更加深刻地领会和把握“八八战略”中蕴含的优势论，在工作导向上突出改革强省、创新强省、开放强省、人才强省，集中力量、集聚资源、集成政策，努力形成引领未来发展的新优势。

——突出改革强省，增创体制机制新优势。……

——突出创新强省，增创发展动能新优势。……

——突出开放强省，增创国际竞争新优势。……

——突出人才强省，增创战略资源新优势。……

三、今后五年的主要任务

××发展的美好蓝图，必须靠坚持不懈的奋斗来实现。我们要紧紧围绕“两个高水平”的宏伟目标，把握主要任务，抓住关键环节，坚持精准施策，创新工作举措，努力推动各项事业实现更好更快发展。

（一）着力推动经济转型升级。……

坚决打破拖累转型升级的“坛坛罐罐”。……

深入实施创新驱动发展战略。……

全面振兴实体经济。……

加快农业供给侧结构性改革。……

持续扩大有效需求。……

（二）着力深化改革扩大开放。……

（三）着力统筹城乡区域发展。……

（四）着力加强民主法治建设。……

（五）着力提升文化软实力。……

（六）着力提高社会建设水平。……

（七）着力推进生态文明建设。……

四、持续深入推进全面从严治党

高水平全面建成小康社会、高水平推进社会主义现代化建设，关键在党，关键在人。要层层压实压紧管党治党主体责任和监督责任，推动全面从严治党向纵深推进、向基层延伸、向每个党支部和每名党员覆盖，切实增强自我净化、自我完善、自我革新、自我提高能力。

……

同志们！九十六年前，在嘉兴南湖的红船上通过了中国共产党第一个纲领和决议，正式宣告中国共产党的诞生。由此，中华民族的命运得到改写，伟大的红船精神成为中华儿女心中永不褪色的精神丰碑。在党的历史上，××已经镌刻下光辉的印记；在新的征途上，××也一定能够创造出新的光辉业绩。让我们更加紧密地团结在以习近平同志为核心的党中央周围，大力弘扬红船精神，不忘初心，继续前进，全面落实“秉持××精神，干在实处、走在前列、勇立潮头”的新要求，翻篇归零再出发，撸起袖子加油干，以优异成绩迎接党的十九大胜利召开，为实现“两个一百年”奋斗目标和中华民族伟大复兴中国梦做出更大贡献！

5.3 汇报性总结报告写作

5.3.1 文体适用特点

基层政府机关及企事业单位的工作计划多以年度为执行周期，故各上级机关都十分重视下级机关对年度计划执行情况的汇报，一般分半年度和年度来进行，且要以书面形式呈报。这类报告在内容上是典型的回顾评价、以提高自我的认识活动，我们称之为总结报告。又由于是下级向上级的汇报，以实现组织内部自下而上的认识的提升，我们又将其归于汇报性总结报告。在汇报性总结报告的写作中又以基层企事业单位的年度总结报告最具代表性。

本节只介绍年度总结报告的写作。

5.3.2 年度总结报告正文写作的基本结构思路

1. 导语（前言）

导语即开头的基本情况概述，包括总结指向的时间、计划执行的背景、基本工作方针（方法）、对照计划的任务完成情况及成绩，然后用“现将工作总结如下”一类的语句过渡到主体部分。

2. 主体

主体部分可有以下两种写法。

1）若是某一组织的全面性的工作总结，涉及的内容方面多，则可按照工作的内容特点先展开成几个方面，再遵循各方面工作开展的途径方法去陈述是怎样完成计划任务的。

2）若是业务部门的工作总结，内容单一的，则可依据其专业性特点，按照工作开展的途径方法展开成若干层次来写。

年度总结报告主体部分写作的重点是回答计划任务是怎样完成的，要对计划是如何执行的做完整系统的描述。

3. 尾部

结尾部分也有以下两种写法。

1）在圆满完成计划任务的情况下，一般采取表态式的写法，表明要继续努力、争取更大成绩。

2）若计划执行中问题较多，则要重点陈述存在的问题及今后的应对措施。

5.3.3 写作结构原理分析

1. 导语

在总结报告中，每次的认识活动都要指向特定对象，对特定对象的工作任务完成情况的评价，要依据完成任务时所具备的条件。故在导言中首先要指明是对哪项工作或哪一时期的工作进行总结，继而介绍任务执行时所处的背景条件和计划任务的完成情况，为主体部分的展开陈述做铺垫。

2. 主体

年度总结报告要让上级领导层知悉计划任务是怎样执行完成的。一般来说，独立法人的组织机构较完全，涉及的任务内容多样化，而年度总结报告要求是做全面的汇报，故组织的年度总结报告宜按“涉及的内容方面”展开的思路模式来写；组织内部的业务部门的工作则内容单一，具有专业性和基础性特点，其计划任务的落实主要体现在怎么做的途径方法上，所以业务部门的年度工作总结报告宜采用第二种思路模式来写作。这里要注意的是，人们在实践中能使工作有所成效的方法途径，一般会表现为较系统的内容形式构成和有序的作用过程，为体现总结重在提高认识的特点和认识的全面性的要求，对计划执行的途径方法的概括应是完整系统的，而不是残缺的。

3. 尾部

一般来说，如果你的成绩突出且文中已经回答了怎么做，年度总结报告就可以结束了，以表态为结束语即可；但若未完成计划任务，则上级会不放心，所以尾部就要突出写针对问题制定的今后工作的应对措施。

例文 2

××××年上半年综治维稳工作总结报告

在州国税局和××县委、县政府的正确领导下，我局以科学发展观为指导，坚持“创新发展年”工作目标，按照州局和我县综治维稳工作要求，以创建平安和谐××、创建稳定良好的社会环境为目的，层层落实综治维稳（编者注：指通过综合治理维持社会稳定）目标管理责任制，深入开展综治维稳工作，并取得实效。现将我局上半年综治维稳工作开展情况做如下总结汇报。

一、强化领导，健全组织，落实责任，明确目标

1. 认真落实一把手负责制。我局成立了以局党组书记、局长为组长的综治维稳工作领导小组，将综治维稳工作纳入我局重要工作，按照谁主管谁负责的原则，明确各部门负责人为本部门综治工作第一责任人，努力做好自己内部的安全防范工作。县局综治办和信息联络工作确定专人管理，负责我局综治维稳日常工作开展，收集整理群众反映的意愿和意见及群众关注的热点难点问题，特别是及时汇报影响社会安定的重大矛盾和问题，以便局领导把握动向，及时调处，主动化解。

2. 层层落实责任制。年初，我局在与州国税局和县委、县政府签订“社会治安维护稳定目标管理责任书”的基础上，县局领导班子与各自分管科室、基层各分局签订责任书，将综治维稳工作纳入目标管理考核，实行重大事故一票否决制。要求各科室、分局把综治维稳工作列为与组织收入同等重要的工作，积极配合县局综治维稳办开展好综治共建工作。各科室、基层分局又与本部门人员签订责任书，力求将综治工作落到每个人。根据工作的需要，县局又与挂钩点——护国乡幸福村签订了综治共建责任书，全面落实综治维稳工作。

3. 提高认识，统一思想。面对社会稳定和社会治安出现的许多新情况、新问题，特别是在社会稳定方面，经济发展与社会矛盾多样化问题更加凸显，社会利益关系更加复杂，群体上访和突发事件对社会稳定的影响越来越大，维护社会治安和政治稳定的任务艰巨。一些人思想观念陈旧，面对复杂的工作感到力不从心，对稳定工作产生了怨天尤人的无奈情绪。我局针对这些不良反应给予及时的教育和清理，用稳定大局的道理，进一步提高做好综治维稳工作的极端重要性认识，增强责任感和使命感，完善综治维稳工作体系建设，致力于创造更加良好的综治维稳工作环境；针对新时期的综治维稳工作，立足实效性、体现时代性、把握创新性，通过更新观念、创新思路、改进工作方法，努力在应对新情况上有新思路，在解决新问题上有新对策，在攻坚克难上有新突破，使综治维稳工作更好地适应新形势新任务的要求，切实开展好我局新一轮的平安创建活动。

4. 按照州国税局和我县综治维稳工作目标要求，我局在年初拟定了《××县国家税务局关于2010年社会治安维护稳定的意见》，明确工作目标和工作要求，保证全年综治维稳工作有组织、有计划开展，按照新一轮平安建设的要求，全局干部职工认真审视新形势下的维稳工作，自觉树立维护稳定的新观念，以稳定良好的内部治安秩序和外部税收环境为目标，提高创建“平安国税”的质量。

二、脚踏实地，真抓实干，积极开展综治维稳工作

一是坚持不懈地开展防火、防盗、防毒、防疫情、防事故等安全工作，认真落实我局安全防范责任和措施。加强单位内部保卫组织建设和保安、门卫配备，进一步健全门卫值班制度，杜绝单位内部案件的发生；继续贯彻执行“属地管理原则”，按照“管好自己的人、看好自己的门、办好自己的事”的要求，认真做好机关办公区和宿舍生活区的安全管理，加强流动人口和出租房的管理；加强机动车和非机动车的管理，机动车和非机动车要求安全停放在有保安看守的车库和简易房；对一些重点部门，如财务室、档案室、计算机房等重点部门，严格按照制度和规定采取技术防范管理，安装报警器和防盗窗等，做到严格守护、经常检查，严防案件发生，特别对计算机网络、机房、设备的安全，做到万无一失，确保我局人、财、物的安全；坚持节假日值班制度，严格执行节假日封车制度，严防重大交通事故发生。

二是加强群众工作，坚持群众利益无小事，切实把干部职工的利益放在心上，对干部职工提出的问题和意见及时分析解决，坚持把“管好自己的人”作为维护社会稳定工作的起点，深入开展矛盾纠纷的排查调处工作，努力把矛盾解决在本单位、解决在当地，解决在萌芽状态。

三是认真开展以反渗透、反颠覆、反分裂、反破坏斗争为内容的学习、教育，涉外工作活动中发现涉及危害国家安全和利益的行为时，及时向国家安全机关报告，并予以积极支持。严禁干部职工参加非法宗教组织，配合政府部门加强防范和打击“法轮功”等邪教组织活动；严禁干部职工参加黄、赌、毒和非法聚会活动，尽一切可能避免重大刑事案件和治安案件的发生。

四是切实加强信访工作，坚持领导信访日制度，做好信访事项的受理和督办，坚持每月的局领导信访接待日制度。半年来，我局无一例赴昆进京越级上访和在本地大规模集体上访等影响社会政治经济稳定的事件发生。

五是进一步建立健全各项维稳制度，认真落实社会治安综合治理工作的各项措施。我局有针对性、有重点地开展“平安单位”“平安家庭”“平安楼院”“平安科室”等创建细胞工程，完善楼院长负责制，组织开展治安联动防范工作，积极参与城区以警区为单位、以社区为治安联防区域的联防活动。

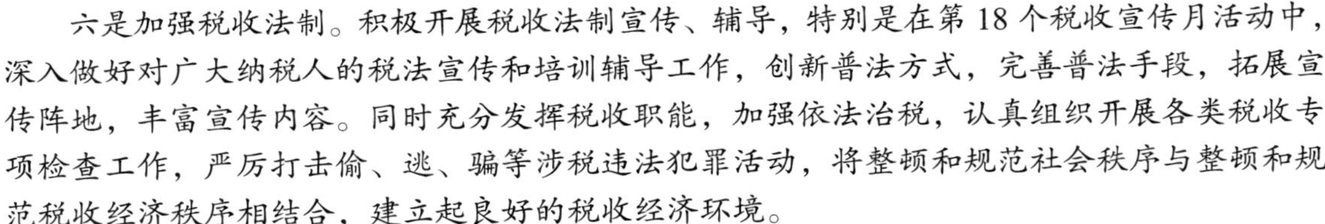

六是加强税收法制。积极开展税收法制宣传、辅导，特别是在第 18 个税收宣传月活动中，深入做好对广大纳税人的税法宣传和培训辅导工作，创新普法方式，完善普法手段，拓展宣传阵地，丰富宣传内容。同时充分发挥税收职能，加强依法治税，认真组织开展各类税收专项检查工作，严厉打击偷、逃、骗等涉税违法犯罪活动，将整顿和规范社会秩序与整顿和规范税收经济秩序相结合，建立起良好的税收经济环境。

三、打好新一轮禁毒防艾人民战争

为认真贯彻落实关于打好新三年禁毒防艾人民战争的安排部署，有效遏制毒品危害和艾滋病蔓延，我局坚持“四项并举、预防为本、严格执法、综合治理”的禁毒方针，坚持“预防为主、防治结合”的防治艾滋病原则开展禁毒防艾工作……

1. 在全局干部职工和家属中定期或不定期地开展禁毒防艾工作的宣传。设置宣传展板，利用各种媒体和各种会议向全局干部职工宣传毒品和艾滋病的危害，提高我局干部职工参与禁毒防艾工作的意识。同时层层落实责任制，使我局的禁毒防艾工作得到了深入开展……

2. 驻村工作有效开展。我局驻村工作小组按期到达挂钩点——护国乡幸福村后，严格按照相关工作要求开展工作。一是及时成立了“禁毒防艾、新农村建设”领导小组，拟订了全年工作计划，并与村委会和各村民小组签订了“2010 年禁毒防艾工作责任书”12 份，做到层层落实、村村有人抓、齐心协力共参与，充分发挥各群众组织的作用，积极组织落实群防群治措施。二是深入走访辖区村寨，了解掌握近期村民生产、生活基本情况，特别是吸毒人员分布、吸毒戒断巩固率，在册吸毒人员的言行表现，群众反映等实情，入户走访村民和吸毒患艾家庭多次。三是进一步继续加大禁毒防艾宣传力度，工作组驻村期间坚持开展各种形式的宣传，不断扩大宣传教育面，加深群众对新型毒品、毒品危害、艾滋病危害的认识，充分发动群众营造禁毒防艾声势，提高人民群众积极自觉参与禁毒防艾战争的意识。上半年，工作组驻村期间坚持每天播放禁毒防艾知识，设置永久性宣传标语，发放宣传画和宣传单 300 份，开展了丰富多彩的禁毒活动。

半年来，我局社会治安综治维稳工作取得了一定的实效，做到了无刑事案件、无群体上访事件、无重大治安案件、无参与社会丑恶现象活动、无吸毒人员、无重大交通事故。但与形势发展要求和工作目标还有差距，工作中也存在着不足之处，在以后的工作中，我局将深入学习实践科学发展观，不断总结经验，发扬成绩，克服不足，积极探索新的工作方法，创新工作亮点，切实抓好各项责任制的落实，在综治维稳工作中取得更好的成绩。

××县国税局

××××年 6 月 30 日

（资料来源：http://www.jiaoyu8.net/ainfo/9519.html.）

5.4　经验性总结报告写作

5.4.1　文体适用特点

总结，多用于个人或组织的自我认识提升的活动中。但在社会实践中，管理工作中的先进经验推广，也多采用先进典型自我现身说法的形式，这种方法的基本特点就是以自我回顾认识的方式，使其先进经验的介绍更加生动和深刻。由于其在内容上重在抽象概括先进经验，又多采用专题报告的形式，故称之为经验性总结报告。

经验性总结报告写作，要求作者站在一定的高度上来阐明方法的典型意义，在内容上侧重于介绍先进的做法和体会，不仅要说明“做了什么，取得怎样的好成绩”，还要说明“怎样做”“为什么这样做”，要具有典型性和指导性。使用的材料多为典型的具体事例，表达方式多用夹叙夹议。

5.4.2 正文写作的结构模式

1. 结构模式

××××××××（标题）

×××××××××××…………（导言）

经验一　　××××××××

×××××××××××××××…………

经验二　　××××××××

×××××××××××××××…………

经验三　　××××××××

×××××××××××××××…………

××××（总结单位）

××××年×月×日

2. 结构思路

由于是总结经验，所以正文只分导言和主体（经验）两部分。

（1）导言

导言部分主要概括介绍总结的时间、背景，干了什么工作以及取得的优异成绩，采用的主要方法。

（2）主体（经验）

主体部分有以下两种写法。

1）在取得优异成绩只基于一种基本经验的情况下，这种经验必定是贯穿该项工作的全过程并呈现程序性特点的，那么在写作中就要以取得该经验的过程为依据来安排结构层次，将该经验在每个阶段的做法陈述清楚。

2）若取得优异成绩基于多种经验，那么这若干种经验能同时作用于一项工作且发挥其有效作用必然有着内在的逻辑联系，故在写作中需遵循这些逻辑关系，有序地逐一陈述每种经验是怎样起作用的。

5.4.3 写作结构原理分析

1. 导言

经验性总结报告用于先进者向同行报告自己好的经验做法，其意图宗旨是传播先进方法，故报告开头首先要陈述优异成绩，以佐证方法的先进性，然后提出先进的方法，为后文做铺垫。

2. 主体

主体部分的内容要按“传播先进方法”的意图宗旨实现的要求，将具体方法的操作程序和要领陈述清楚，要达到让读者看了你的文章内容就知道怎么去做的效果。这样，你的文章就写好了。这就是经验中两种写法的思路依据。

例文3

多种渠道集资改造旧城

——××市东风路建设经验点滴

东风路是××市东西走向的主干道之一，它东连中山一路，西接南岸公路，全长约70千米。1982年，该路由原来的19.5米扩宽至44米。宽阔的路面上，快车道、慢车道、人行道井然有序；各种花、树组成绿化带，把路面点缀得生机盎然。但目前平坦的道路两侧却大部分还是低矮残旧的房屋，有的被风雨侵蚀得辨不出原色，有的已是断墙颓壁，摇摇欲坠，与宽敞平坦的大马路显得很不协调。为了把东风路建设成南大门的“长安街”——一条具有政治、文化、经济功能的主干道，1983年市政府决定改造路的两侧建筑，提出了“一年见头绪，三年见眉目，五年见成效”的奋斗目标。

东风路的远景规划，是一张令人鼓舞的蓝图。在这条长达70千米的马路上，共要建造多层车库1个、地下停车场及地下过道各1个、楼宇92幢，建筑面积达114万平方米。建筑物从多层到40层，参差错落，相互映衬。几个主要十字路口都很宽敞，而又各具不同风格；再以绿岛、雕塑、喷泉、壁画、水池、假山及各种廊、亭、车站等艺术小品点缀，使东风路成为“花城”的一个环境清新、景致幽雅的“线状公园”。

但是，上述规划的实施，要在五年内见成效，并非易事。东风路的改造，需拆迁居民5000户，拆迁单位涉及250个，为建拆迁周转房需征地400余亩。这是我国目前城市旧干线改造中规模最大的一条道路，初步估算需10亿元资金。东风路搬迁居民的安置房有5000户，以每户平均建筑面积60平方米计算，共需30万平方米。每平方米目前的建筑费用约为522元，总计需1亿5千多万元。而国家拨给东风路扩建指挥部（以下简称指挥部）的城建经费每年才200万元，与所需费用相差悬殊。在这种情况下，要五年见成效，难度是很大的。要加快东风路的成线改造，首要的工作是“找米下锅”，筹集资金。

在“思想更解放一点，措施更灵活一点”的思想指导下，指挥部从1984年起，试行了一系列集资办法，取得了一点成效。具体做法如下。

一、发行“住宅建设有奖证券”

根据调查得来的信息，××市民手头上的闲散资金达16亿元，若能调动市内外群众的闲散资金参与旧城改造，就会形成一股雄厚的财源。况且许多群众住房紧张，仅××市，人均居住面积在2平方米以下的就有2万户，他们迫切希望改善居住条件。于是指挥部决定发行“住宅建设有奖证券”（以下称奖券），以集中社会上的闲散资金。奖券首次发行10期。每期发行5万张，每张面额为人民币50元，预计每期可筹集资金250万元。奖券期限定为5年，有奖有息，月息为二厘四，5年后还本付息。每发行一期当众开奖一次，共设五等奖，分别奖给住宅或实物。奖券委托银行代理发行和兑付，银行按实际总额提取5%的手续费，指挥部从第5年开始还款。到现在为止，奖券已发售了5期，集资1250万元。

二、实行楼宇店铺的出租和预租

随着经济不断发展，办公用房需求量越来越大，店铺更受到人们特别的青睐。指挥部在扩建道路时，把拆剩的建筑进行装修，对剩余的临街店铺采取临时租赁的办法。有的大楼不宜安排拆迁户的也进行临时租赁，仅这一项，每年就可集资100万元。东风路一幢40层高准备用作全国驻本地单位办公用的大楼，在破土动工时，也进行了预租，先收部分定金。这样，就可马上把资金投入到东风路改造的工程中去，达到加快东风路建设的目的。

三、支持引进全国各地资金

不久的将来，东风东路靠老铁路边的地方，会矗立起一幢高17层的建筑物，这是由市化工局牵头筹集16个省、市的资金自行兴建的化工大楼。他们在拆迁工作中遇到很大阻力，指挥部积极支持，直接参与谈判，促使成功。这种支持引进全国资金为××市建设所用的办法，也是加速东风路改造的途径之一。

四、多层次使用土地

旧建筑物拆除后，往往会因为设计及审批周期长，造成土地暂时闲置。指挥部挖掘潜力，利用这些土地建临时汽车保管站或临时出租。如东风东路水均大街和人民后街的空地，在几易设计方案的时间内用作临时停车场，收回汽车保管费上万元。即使一些面积较小的临建房，也出租给一些公司临时营业，到拆建时再收回。这种多层次利用土地的做法，是发挥主观积极性来克服客观困难的尝试，成为指挥部集资的又一个办法。

五、预收统建费

统建出售的商品楼宇，指挥部在设计方案确定后动工之始，即先收取参加统建的单位一部分资金投入工程。如东风路人民后街的21层大楼，现在已收了外贸开发公司360万元、市社会科学研究所110万元、省电子工业总公司1300万元的款项。今后，还要按工程进度继续收款。这样，可以使工程获得部分周转资金，利于东风路的建设。

六、引进外资

指挥部在东风东路水均大街东侧10 000平方米的开发地上，已计划与新加坡守达工程建筑公司合作，兴建综合服务大楼，总投资约6000万美元。该项目由我方负责投资场地和该楼土建主体结构工程，守达公司投资墙体、室内外装修、水电及其他装配设备。我方总投资额按51%以上计，守达公司的投资额占总投资额的49%以下，按此比例，双方共同还本付息，进行利润分成，合作期为25年。这种引进外资的办法的特点是：土地价值和土建主体结合，比单纯土地投资效益高；我方投资不多，资金回笼快，外商也乐于接受。

现在，用上述办法筹集得到的资金，正用来在靠近东风西路的广雅中心建多栋公寓楼，两年内就会形成一个居民生活小区。此外，桂花岗小区工程也正在破土。以上两个小区共可建1200个单元，作为东风路居民拆迁的安置房。这些居民搬迁后，东风路的建设将“更上一层楼”。

周总理生前说过“人民城市人民建”，这句话为我们深刻地指明了城市建设的方针。老城区的改造，一定要依靠群众，取之于民，用之于民，这是集资的指导思想。当初，指挥部准备发行奖券时，有点担心销售不出去，但消息公布后，在社会上引起了极大的反响，全国除台湾、西藏外，各省、市、自治区均有群众来信表示拥护，并汇款购买。第一期于1984年9月15日发售，市区出现了几条罕见的“人龙”，不到两天，奖券便告售罄。其中外地购买的占三分之一。第二、三期发售时，不少群众凌晨三时便去排队等候购券，一次购几十张、上百张的不乏其人，这是令人始料不及的。

指挥部支持市化工局全国联营的化工大楼、与外商合资建楼宇等，无不是因克服了小国寡民的保守思想，树立起面向人民、胸怀全国、放眼海外的思想而获得进展的。

讲究信誉、保证投资者的利益，也是东风路改造集资成功的一个关键点。经营房地产，要注意没有把握的事不做，没房不讲卖，要做到搬迁、设计施工图样及施工队伍落实后才干。因为只有取信于投资者，集资的目的才能达到，才能赢得公众的信任和支持。

集资改造老城区是一项新事物，也要有开拓精神，善于抓住时机不断创新，才能做好。东风路扩建指挥部发行住宅建设奖券在全国是首创，它的成功不是偶然的。最主要的一点是善于抓住时机去创新，挖掘资金的潜力。发行奖券，恰是在经济形势比较稳定，而群众住房紧张、手头资金较宽裕的时候。后来我省另一些城市虽也发行了“住宅建设有奖证券”，却因为错过了最佳销售机会卖不出去。又如在东风西路北侧，指挥部研究了市场信息，敢于先建大厦，再签订合同，果然不出所料，很多外商都要求投资合作。这种做法的新特点，在于能让投资者看得到、算得出效益，掌握了投资者的心理。

当然，目前东风路的建设速度还不很理想，距“五年见成效”的要求还相差甚远。但是，已经有了宏伟的蓝图，有了一个良好的开端，东风路的成线改造成功将是指日可待的。

（资料来源：http://www.cnki.com.cn/article/cjfdtotal-kfsd198601017.htm.）

思考与练习

一、名词解释

总结　　总结报告　　工作报告　　汇报性总结报告　　经验性总结报告

二、填空题

1. 人们在实施一项行动前，要事先______、________、______；行动实施完成后，又去______、______。

2. 个人的总结，有利于提高个体的_____ 、______、______ 。

3. 汇报性总结报告写作的特点是_______、_______ ，能反映该单位_______综合描述出_________。

4. 经验性总结报告主要用来_____________，具有_____________和_______________。

5. 总结报告的作用是_____、______ 、______和________ 。

三、简答题

1. 总结报告与报告的区别是什么?
2. 工作报告的写作包括哪些主要内容?
3. 汇报性总结报告与经验性总结报告的侧重点各是什么?

四、分析题

阅读例文《××××年上半年综治维稳工作总结报告》和《多种渠道集资改造旧城——××市东风路建设经验点滴》，在认真分析的基础上填写下表，领会汇报性总结报告和经验性总结报告在写法上的不同特点。

<table>
<tr><td colspan="3" rowspan="2">比较项目</td><td colspan="2">实　例</td></tr>
<tr><td>××××年上半年综治维稳工作总结报告</td><td>多种渠道集资改造旧城——××市东风路建设经验点滴</td></tr>
<tr><td colspan="3">按功能</td><td></td><td></td></tr>
<tr><td colspan="3">标题分析</td><td></td><td></td></tr>
<tr><td rowspan="5">正文</td><td colspan="2">导　言</td><td></td><td></td></tr>
<tr><td rowspan="4">主体</td><td>成绩与经验</td><td></td><td></td></tr>
<tr><td>问题与教训</td><td></td><td></td></tr>
<tr><td>今后的努力方向</td><td></td><td></td></tr>
<tr><td>结构安排</td><td></td><td></td></tr>
</table>

五、写作练习题

1. 代本班班委会或团支部写一份本年度工作的汇报性总结报告。
2. 将你在某门课程学习中好的方法进行认真归纳，写一份经验性总结报告。

六、实训题

材料：

××集团公司是一家国有大型企业，在制度建设、环境绿化与食堂餐饮、安全管理、员工激励、文化建设、科研与社会服务等工作方面取得了较好的成绩，经济效益和社会效益明显提高，成为行业楷模。××公司慕名派出一个考察团来该集团进行学习，集团公司召开了经验交流会，由各相关部门负责人（具体是办公室负责制度建设、后勤部门负责环境绿化与食堂餐饮、保卫部门负责安全管理、人事部门负责员工激励、工会负责文化建设、科技部负责科研与社会服务）分别向考察团介绍经验。

操作流程：

1）全班同学根据学号自然分成 6 组，在 3 分钟内民主产生组长 1 人，民主推荐交流会发言人 1 人。

2）由各组长现场抽签选取上面的 6 个发言主题之一，时间为 2 分钟。

3）组长组织带领各组员为所选主题撰写发言提纲，并现场准备材料，形成不少于 500 字的经验性总结报告，时限为 20 分钟。

4）每组发言人阐述经验性总结报告 3 分钟，总时间为 20 分钟。

5）各小组自评打分，并点评其他小组，时间为 10 分钟。

6）教师总评，时间为 3 分钟。

第6章　市场研究类文书写作

教学目标与要求：

1. 通过理解什么是工业经济、什么是市场研究及市场研究方法，认识市场研究的事务特点和市场研究类文书写作的思维机制特点；

2. 认识市场调查报告和市场预测报告各自的适用方法；

3. 重点理解和掌握市场调查报告和市场预测报告写作的基本结构思路及其结构原理。

6.1　概述

6.1.1　工业经济与市场研究

经济在经济学中是指社会物质的生产和再生产活动，其理论概念按照研究对象的差异又有宏观经济和微观经济之分。宏观经济反映的是社会的总体行为，主要由政府行为来控制；微观经济关注的是单个经济单位，具体体现为企业行为。在微观经济活动中，工业经济运行不仅有行业、产品、生产工艺、市场竞争的复杂性，又有程序性的规律，体现了社会经济运行的一般性特点。故，工业经济运行中处理各类事务所产生的应用文种类最系统化、最具代表性。

在工业经济运行中，企业的行为是围绕产品展开的。如果遵循产品生命周期理论，以单个产品的运行轨迹为依据，那么工业企业的经营运作，无论是新产品的研究开发或新的投资决策，还是已有产品的经营战略的调整，首先要做的工作是市场研究。

6.1.2　市场研究的内容与所涉及的应用文种类

市场研究的内容包括三个方面：一是市场本身，包括细分市场、潜力市场、消费者市场、工业原料市场以及新产品市场；二是行业竞争态势，包括主要竞争对手、竞争格局和对手的竞争策略；三是宏观经济形势和政治的、经济的、社会的影响因素及其对未来经济形势产生的影响。

市场研究主要通过市场调查来获取市场的动态信息和通过预测研究来认知市场的未来变化趋势。在相关事务活动中要写作的应用文主要有市场调查计划任务书、市场调查设计方案（也称市场调研计划书）、市场调查报告、市场预测报告等。本章只介绍后两种报告的写作。

6.1.3　市场研究的方法

市场研究的方法主要是指市场调查的方法和市场预测研究的方法。

1. 市场调查的方法

市场调查的方法按调查的方式可分为以下四大类。

（1）文案调查法

文案调查法又称二手资料调查法或文献调研法。它是调查者在调查目的的指导下，通过搜集企业内部的文件资料及企业外部各种相关文案，并加以筛选、分析、整理、归类，从而获取有价值信息的调查方法。这是市场调查中最基本的方法，也是应用最广泛的方法。

（2）实地调查法

调查是为了获取有价值的信息，调查的过程同时伴随着调查者对获取的资料去伪存真和剔除过时与无效信息的过程。文案调查法获取的信息间接来自他人研究的成果。若仅有这些缺乏直接感性认识的间接来源的资料，则调查者的认识会停留在笼统、模糊的状态，对下一阶段信息资料的筛选、分析、整理工作的深化不利，而且文案调查法难以获取所需的全部资料，所以还需要进行实地调查。实地调查法又可分为以下两种。

1）观察调查法，即调查者通过人体感官或借助仪器设备跟踪、记录被调查事物和人物的行为痕迹和活动环境来取得一手资料的方法。

2）询问调查法。也称访问法，是指调查者深入现场，通过与被调查者面对面交谈的方式，了解并收集市场情况和信息资料的调查方法。

（3）问卷调查法

问卷调查法是指调查者将所需信息设计在问卷中，以某种方式让被调查者按问卷要求答卷，以此获取信息资料的调查方法。问卷调查又有多种方式，如邮寄问卷、电话问卷、网络问卷、留置问卷等。问卷调查法的优势在于方便大范围的调查，不足之处是难以有深度。

（4）实验调查法

有些市场信息存在于消费者的潜意识中，需要借助实验的方式才能获取。所谓实验调查法，是指调查者借助实验的方式，假设某种环境，设置相关自变量，人为地选择和控制自变量的值，从而测量其对因变量的影响而获取信息资料的方法。它可以通过合理的实验设计，比较清楚甚至精确地反映事物之间的因果或关联关系，这是其他方法无法比拟的。

2. 市场预测的方法

所谓市场预测，是指依据预定的研究目标，对某一市场的未来变化趋势或某个（某类）产品的未来市场需求量做出研究判断。它需要借助一系列科学的预测方法。预测方法很多，这里只从大类上进行概要性的介绍。

（1）朴素评判预测法

该方法由研究者根据所掌握的信息资料，凭借自己的知识与经验，对某一市场的未来变化趋势做出判断。由于这种方法的主要特点是以研究者自身过去的经验作为参照来判断，故又称经验研判法，主要用于定性预测。

该方法在实用中又产生出多种具体方法，主要有：直接预测法，包括点面联想法、类推预测法、征兆指标预测法；集合意见法，包括专家会议法、专家函询法（德尔菲法）；推定集中值法等。

（2）时间序列预测法

时间序列是指将现象的指标值按时间先后顺序排列形成的数列，它能反映出事物现象随时间变化呈现的变动趋势。遵循该趋势以测算指标的延伸值来推算未来的可能水平的方法，称为时间序列预测法，也叫外推法。该方法用于定量预测。

常用的外推法有：直接平均法，包括算术平均法、增长量平均法、发展速度平均法；移动平均法，包括一次移动平均法、加权移动平均法、二次移动平均法；指数平滑法，包括一次指数平滑法、二次指数平滑法；趋势延续法，包括直线趋势延续法、曲线趋势延续法、龚珀兹曲线趋势延续法；季节变动预测法，包括季节指数水平法、季节指数趋势法等。

（3）回归预测法

市场的发展变化受到市场内部与外部多种因素的影响，市场现象与多种影响因素之间存在着一定的依存关系。这种依存关系通常可以表述为数量关系加以分析研究。这些数量关系又可分为函数关系和相关关系两类，而实际中的函数关系较少，更多地表现为相关关系。依据这些相关关系建立回归方程进行定量分析，以实现对市场未来变化的量化预测的方法，即回归预测法。

回归预测法又分为：一元线性回归预测法，包括静态回归预测和动态回归预测；自回归预测法；多元线性回归预测法；非线性回归预测法。

市场预测的方法除上述外，还有经济计量分析预测法、马尔科夫预测法、灰色系统预测法等。

6.1.4　市场研究类文书写作的思维机制特点

其一，市场是一个宽泛的概念，而一次市场研究只能针对某一特定的目标市场，故研究者必须首先完成对特定目标市场的界定，以明确研究活动和文书写作对这一目标市场的指向。

其二，无论对市场的调查研究或对市场未来变化的预测研究，都建立在占有有效材料的基础上。在占有有效材料后，研究者根据材料抽象出观点或形成研究结论，而不是先有观点后找材料。

其三，在市场研究类文书中，无论市场调查报告中的材料信息，还是市场预测报告中的研究结论，都是作者的认识成果。在写作中，作者首先要理清自己研究的认识思路，从而在文书中实现有条理的表述，以便于读者理解和接受。

6.2　市场调查报告写作

6.2.1　市场调查与市场调查报告

在激烈的市场竞争中，企业的经营运作要根据市场进行决策，因此企业必须密切关注市场、研究市场。这种关注和研究首先要通过调查来获取反映市场动态的信息资料，这就是市场调查。

市场调查的启动是基于企业某种决策的需要，有着明确的针对性和目的性。而市场调查的目的是为企业认知市场从而实现正确决策提供信息依据的，故调查者在占有资料后，要对原始零散的资料去伪存真，进行由表及里、由此及彼的分析和筛选，从中挑选出有价值的信息，并理清这些信息间的内在联系，才能使调查获取的信息有效服务于决策。这项工作通过对信息资料的整理和书面表述的方式来实现。这种建立在市场调查所获取的信息资料的整理工作基础上，反映和表述有价值信息的书面报告，就是市场调查报告。

市场调查报告不一定要有明确的结论。虽然市场调查报告的表述中体现着作者的认识或倾向性观点，但是这些观点服务于作者为完成认识过程、区分材料和在构思写作时为实现内容表达的条理性，或作为文章写作结构单位的需要。写作市场调查报告的目的不是为了表述观点，其价值归根结底是报告市场调查所获取的有效信息。

6.2.2 市场调查的一般程序

市场调查报告是在对市场进行充分调研的基础上形成的。市场调查大体分以下几个步骤。

1. 确定市场调查的必要性

市场调查的目的是帮助企业正确决策，但并不是在进行每项经营决策时，都要开展市场专项调查。例如，在可用信息已经掌握、时间不充足、资源缺乏、成本高于信息价值的情况下，就不必进行了。

2. 界定市场调查的问题

市场调查应明确调查的目标属于哪类性质的问题，需要什么样的信息以及如何有效地获得这些信息。市场调查的问题包括准确地确定调查目的和调查目标，调查目标又需表述成若干具体目标。每一次调查的问题一定要具体明确，范围不能太宽，也不宜太窄。

3. 调查设计

调查设计通常以市场调查计划的形式来表达。其内容包括确定收集资料的种类和来源、选择资料搜集的方法、确定资料搜集的工具与方式、选定抽样方案，以及时间安排和经费预算。

4. 资料收集

资料收集即在既定调查设计方案的指导下，借助相关途径方法，广泛深入地进行资料搜集工作。

5. 分析资料

分析资料的基本过程包括：第一，对搜集的资料进行去伪存真的鉴别和筛选；第二，对筛选出的有价值的资料进行性质区分；第三，将同性质的资料归类并概括所反映事物的属性；第四，理清类与类间的逻辑联系，从而回答预定的调研问题。

6.2.3 正文写作的基本结构思路

完成对所搜集资料的分析研究工作后，要让这些信息的需求者认识该资料的价值及意义，就要借助语言表达的途径。实现这种语言表达的方式是写作调查报告。

1. 前言

前言一般应交代调查的时间、对象、范围、目的，采用的调查方法、调查的基本情况等。

2. 主体

调查报告的主体部分主要是将搜集到的资料经过去伪存真、分析归类，以类与类间的逻辑联系来形成写作结构思路，通常有以下方法。

1）将每类材料所反映事物的属性概括为小标题，在小标题统领下系统表述反映事物属性的各种资料，由各类材料间的逻辑联系体现材料的整体系统性。例如，《武汉调味品市场调查报告》主体部分的小标题为“一、武汉市场优势及特点”“二、武汉调味品市场背景”“三、武汉市场竞争格局”等，均以概括材料所反映的事物属性来形成小标题，以小标题统领材料，通过材料属性来说明问题。

2）按资料的内容范畴分类概括小标题，统领材料。例如，《××市××××年服装市场产销形势的调查》主体部分的小标题“一、服装生产情况”“二、服装销售情况”等只表明资料的内容范畴。这种小标题统领下的材料一般不能直接说明问题，而需借助统计分析方法来说明问题。

主体部分的写作重在归纳信息。

3. 尾部

尾部依据主体部分的信息归纳出问题，以激发读者的关注和思考，而不必给出结论和解决问题。这是市场调查报告有别于市场预测报告和经济活动分析报告等研究性文书的特点。

6.2.4　写作结构原理分析

1. 前言

市场调查报告的前言可分为两部分内容，各自的写作意义也不一样。

第一部分是调查对象、目的、基本情况。其作用是统摄全篇，并为启动主体部分内容做铺垫。这是因为，人们的认识思维活动首先要明确的是认识对象及目的。

第二部分是调查的时间、范围、方法。其意义是为主体部分所报告信息的价值评价提供依据。因为调查获取信息的时间、途径、方式方法事关所提供信息是否可信或是否有效，故上述写法能让读者一接触前言，就对主体的内容产生可信感和阅读兴趣。

2. 主体

市场调查报告的宗旨是向决策层或其他信息采用部门报告调查所获取的有价值信息，因此，主体部分的写作既要系统地综合出所筛选的有用信息，又要有条理地表述清楚。这里需要注意的是，调查报告中使用的是经过加工和筛选的信息，这种加工和筛选融入了作者的理性思考。而文章之所以能实现作者与读者的交流，是因为文章运用的语言法则遵循了人们共性的认识规律。作者正是以自己的理性思考，遵循着人们共性的认识规律，才能将诸多的有用信息通过语言的表述形式传达给读者，让读者接收和理解这些有用信息。主体部分写作的两种结构，即以各类材料所反映的事物属性来概括小标题统领材料，以及按材料的内容范畴分类概括小标题统领材料的方法，也正是作者理性思考并遵循人们共性认识规律所产生的两种安排内容结构的思路方法。

3. 尾部

严格地说，调查报告只需提供信息，因此，市场调查报告的尾部不宜以作者的思考结论去影响读者对信息的采用。但作者可以将通过调查发现的问题进行提示或加以强调，以激发读者的关注和研究。

例文 1

××集团二季度管理层报告

——即食面市场调查报告

一、第二季度消费者信心指数概要（PPT）

中国经济2015年二季度缓中趋稳；消费品零售总额保持双位数增长，快速消费品市场增速略缓

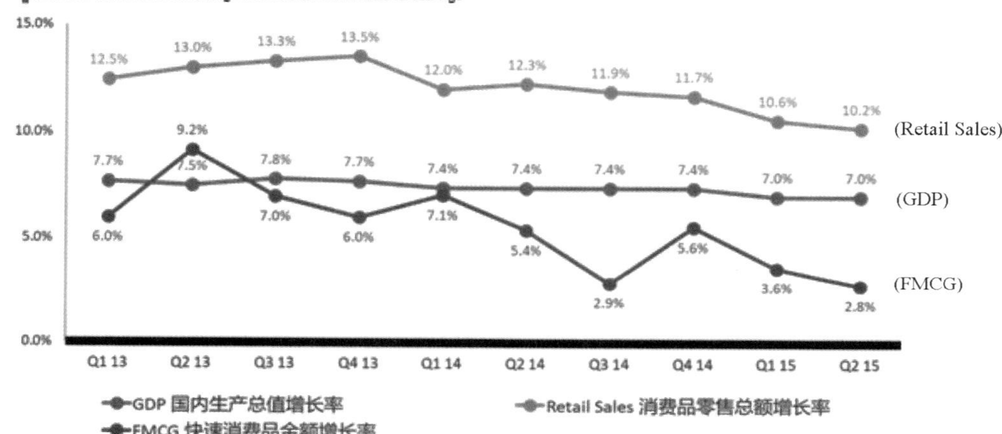

◎ 无论是快速消费品还是其他消费品，消费者用于改善生活质量的品类仍保持高速增长

——（2015 年二季度）中国消费品零售总额分品类同比增长（图略）

◎ 新常态下，二季度中国消费者信心指数保持稳定，比一季度提升 1 个百分点

——消费者信心指数（图略）

◎ 其中消费意愿持续提升，达到近年来历史新高

——中国消费者信心指数构成要素（图略）

◎ 乡镇/农村地区信心指数比一季度提升 2 个百分点，其他各城市级别信心指数相对稳定

——中国消费者信心指数分城市级别（图略）

◎ 二线城市消费者信心指数比一季度有所回落，一线城市仍在高位，并领先于其他城市级别

——中国消费者信心指数分城市级别（图略）

二、大城市的大趋势（PPT）

◎ 一线城市消费意愿回落，线上销售狂欢过后的影响，值得线上线下的零售商反思

——中国受访者表示正在享受或愿意未来尝试网上订货、送货上门的服务（图略）

◎ 与此同时，一二线城市的消费者节日里旅游出行的意愿更强

——国内旅游对比 2014 年春节期间的增长（图略）

◎ 一二线城市消费者在家庭消费上的花费增加，厂商推出更多的家庭分享装迎合需求

——与去年同期比较，您增加了哪些方面的家庭支出？（图略）

◎ 三四线城市蕴藏着巨大的消费潜力

——中国消费者信心指数分城市级别（图略）

三、小城故事多(PPT)

◎ 2015 年一季度，四线城市快速消费品消费增速明显领先其他城市级别，小城市重要性提高，值得关注

——四线城市春节期间的销售占比（图略）

——快速消费品分城市级别春节期间增长率（图略）

◎ 小城市为什么值得我们关注

——四线城市潜力巨大（图略）

◎ 人民生活日新月异——专业、小型化店铺发力小城市

——更丰富的商品，价格竞争优势，更多促销——图（略）

四、东西联动，一带一路引领消费转型（PPT）

◎ 东部地区消费者信心指数持续保持高位，且二季度比一季度上升 2 个百分点

——中国消费者信心指数分区域（图略）

◎ 消费者对于率先经济转型的东部地区的经济发展前景信心更高，更愿意花钱

——（2015 年二季度）与去年同期相比较，您的家庭消费支出是否有所变化（图略）

◎ 东部地区消费者购物消费更趋网络化

——线上消费主要用来替代线下消费的人群占比（图略）

——过去 3 个月经常在线上购买快速消费品的人群占比（图略）

◎ 东部地区消费者更倾向于外出就餐，追求服饰、个人数码等品质享受型消费

——消费者增加消费支出的方面（图略）

◎ 西部地区消费意愿和就业预期回暖带动整体信心指数增长

——西部地区消费者信心指数构成因素（分区域，图略）

◎ “一带一路”倡议的提出将进一步拉动西部和沿海东南部港口地区经济发展，对消费信心的提振已经初显成效（图略）

五、粮副食品行业鸟瞰(PPT)

◎ 全国粮副食品行业整体规模近 800 亿元，以粮油为主，包装米和酱油消费的增速较快

——整体粮副食品行业线下销售额及增速（图略）

◎ 产品升级和新品贡献粮副食品行业的增长

——全国粮副食品行业相关品类销售额增长驱动（图略）

◎ 粮副食品创新与现代社会饮食习惯息息相关

——“速、朴、养、清、奇、乐”成为现代人饮食的六大特点（图略）

◎ 厂商顺应饮食习惯变迁，与时俱进、推陈出新（图略）

◎ 健康是粮副食品创新的主要落脚点，安全是基础

——中国的八大健康趋势（图略）

——安全是品类发展和产品创新的基础：

原料更安全，加工工艺更安全，细分人群更注意安全（图略）

六、2015 年上半年即食面市场概览（PPT）

◎ 2015 年上半年即食面市场概览

——品类走势，品类动态，竞争格局（图略）

◎ 即食面市场销售额持续下降，均价的提升助力市场维稳

——全国即食面市场销售规模及增长趋势（图略）

◎ 其中传统面表现低迷，高价面依然保持高速增长

——全国即食面价位类型、销售额占比及增长率（图略）

◎ 更便利的容器面呈现正增长，主要由高价面所推动

——全国细分产品销售额占比及增长率（图略）

◎ 方便面口味呈现多元化，在传统面和高价面共同作用下，第二梯队口味增长不错

——全国细分口味销售额占比及增长率（图略）

◎ 统一口味集中在老坛酸菜，销售额下降明显，而非主力口味增长不错

——（2015 年上半年）全国细分口味主要厂商销售额比重及增长率（图略）

◎ 便利性的小型现代渠道增长更快

——全国分渠道销售额比重及增长率（图略）

◎ 便利与高价趋势驱动着小型现代渠道的增长

——（2015 年上半年）全国分渠道细分产品销售额比重及增长率（图略）

◎ 高价面对高级别城市的增长贡献更大

——全国分城市级别销售额比重及增长率（图略）

◎ 跨省表现参差不齐，部分省份老坛酸菜份额无法被高端面或新品弥补

——统一子产品销售额份额及变化量（图略）

◎ 顶新的区域口味在西区和北区比重较大且表现不错

——（2015 年上半年）顶新经典系列份额拆分及份额变化量（图略）

◎ 即食面市场概览总结

——品类发展，品类动态，竞争格局（图略）

（资料来源：企业供稿.）

6.3　市场预测报告写作

6.3.1　文体适用特点

企业对市场的研究，有时不满足于一般的认知了解，如在制订计划任务目标或确定某一战略目标时，就需要有对目标市场未来一定时期内的变化趋势乃至市场确定需求量的准确判断，这就要借助市场预测。

市场预测作为市场研究的一种手段，服务于企业的经营决策，由研究者以提交书面文件来报告市场预测研究结论的方式实现。而决策者的决策依赖于对预测结论的确信程度，这就要求研究者在提交的文件中对于研究成果不能仅有结论，还必须告知依据什么、是怎样研究出这一结论的。这种依据获取的信息资料，借助科学的研究方法对市场未来一定时期内的变化趋势做出判断，向领导机关或相关机构报告市场预测研究成果的文书，就是市场预测报告。

市场预测报告处理事务的特点不同于市场调查报告。尽管两者都是在完成市场调查已占有资料的前提下完成的书面报告，但市场调查报告意在提供信息，提出问题；而市场预测报告则要根据获取的信息资料做出市场今后如何变化发展的研究判断，以资料来证明结论的正确，直接为经济活动的决策提供理论根据。它对调控企业行为、减少决策失误、提高决策效率有着十分重要的意义。

6.3.2　市场预测报告的种类

市场预测报告按不同的标准可分为不同的类别。

按市场预测的对象特点来分，有宏观市场预测报告和微观市场预测报告；按预测的时间来分，有长期（5 年以上）、中期（2 ~ 5 年）、短期（1 年左右）三种；按预测的方法来分，有定量市场预测和定性市场预测两种。

对市场进行预测研究的，既可以是企业的业务部门或企业研究机构，也可以是社会咨询机构或高校的研究机构。一般来说，企业的业务部门及研究机构进行的预测研究多为对某一特定目标市场的微观研究；社会咨询机构和高校研究机构的预测研究除接受企业委托进行的预测研究必须遵照指定要求外，多以宏观和中长期预测研究为主。

6.3.3　正文写作的基本结构思路

1. 导言

导言也称概述，通过概要介绍预测对象的历史、现状及影响因素，提出问题，表述研究的目的意义。在提出问题和目的意义表述没有实质性意义的情况下，也可以不要导言部分，直接进入主体部分。

2. 主体

主体部分重在反映如何运用科学的预测方法，依据翔实的资料进行研判。写法有两种模式：其一，先集中介绍历史和现在的基本情况和数据，再分析影响因素，从而给出结论。

例如，《我国城乡居民购买力水平与变动趋势》（《新编财经应用文写作》，王志、姚丽芳主编，大连理工大学出版社，2002 年）中的“一、购买力变动的总体评估”“二、居民购买力变动的总体特征”“三、对影响居民购买力实现因素的深入分析”，对居民购买力历史、现状和影响因素进行了分析，然后对“未来城乡居民购买力变动趋势”进行研判，得出结论。其二，以预测的程序过程为依据来布局内容结构，将预测对象的历史与现状的相关资料、数据、影响因素、预测方法融入预测的程序中，突出研判的思路。一些做定量分析研究的预测报告多体现了这一结构特点。

3. 结论与建议

该部分也有两种写法：当预测的形势很好无须提建议时，可突出结论作为全文的收尾；当预测的形势不好，需要为企业提供对策时，一般在主体部分即做出结论，而突出建议部分作为全文的收尾。

6.3.4 写作结构原理分析

1. 导言

导言部分可分为两部分内容来分析。

第一部分内容为“问题”及“目的意义”，其作用是统摄全篇和启动主体部分的写作。由“问题”产生了“目的意义”的必要性，当然紧接着就要展开预测了，由此引出主体部分内容。

第二部分内容为“对象市场的历史及现状”和“影响因素”，为主体部分的如何进行预测研究做铺垫。对市场未来变化的研究是科学的研究，该研究需以市场历史及现状所呈现的规律及影响因素分析为根据，导言部分做此铺垫，有利于读者更好地读懂主体部分的预测内容。

2. 主体

市场预测报告写作的宗旨是报告对某市场未来变化趋势或某商品的未来市场需求量的研究结论。该结论必须是科学和正确的才具有意义，故市场预测报告虽然要报告预测研究结论，但是主体部分要重点去写是如何研究的，其意义在于以此揭示预测研究结论的科学性和正确性。遵循这一要求，主体部分重在将预测研究所依据的信息、研究方法和预测研究的过程写清楚。主体部分写法的两种模式就是遵循这一要求形成的。

3. 尾部

尾部的结论是承接主体部分预测研究过程的自然结尾；或当预测的市场形势不好时，应信息采用者的需求而提出相应对策，由于是为他人提出的参考性意见，故称建议。

例文 2

12 月化工市场预测分析报告

一、国际国内宏观经济分析

目前欧债危机、美国经济以及中国流动性的情况演变可谓“三驾马车”，决定了近期大宗商品短期震荡偏空的轨迹。

1. 欧债危机挥之不去

欧洲债务危机自 2009 年以来即挥之不去，且除德国外的三大欧元区经济体——法国、意大利和西班牙正成为新的风暴点。事实上，即使是德国，在欧债危机持续恶化的环境下也无法保全，其 10 家银行的优先债务和存款评级被穆迪在 10 月 16 日下调。而标普于近日宣布计划更新全球 30 家最大银行的债信评级，四成银行恐遭调降，其中欧洲银行成为重灾区是大概率事件。虽然欧盟委员会将于 11 月 23 日提出有关发行欧元区共同债券（欧元债券）的建议，但这一建议能否在现实条件下得到切实执行及其对欧债危机的缓释效果，还有待进一步观察。

欧元区经济疲弱不堪，即使金融危机以来一直引领欧元区经济复苏的德国也被欧债危机拖累。德国 ZEW 经济景气指数 11 月为–55.2，连续 9 个月下滑，创 2008 年 10 月以来最低；制造业 PMI 指数从今年 3 月开始逆转 2009 年 10 月公布该数据以来的上升趋势，转而进入下降通道，并在 10 月创有数据以来新低，为 49.1，位于分界线下方。

2. 美国经济现回暖迹象

在一系列刺激政策的作用下，美国经济似有回暖迹象，其中咨商会领先指标 10 月升至 117.4；制造业 PMI 指数 10 月为 50.8，仍在 50 分界线上方；消费者信心指数和 sentix 指数 11 月分别为 64.2 和–13.9，持续三个月改善；全部工业部门产能利用率和制造业产能利用率 10 月分别为 77.76%和 75.39%，继续维持上升趋势。然而，在美国经济彰显回暖迹象的形势下，其赤字危机却仍没有较好的解决方案，美国国会特别委员会削减赤字的谈判上周日进展不顺就是较好的注解。

3. 中国流动性难言整体宽松

在全球经济复苏步履维艰和我国结构调整稳步推进的格局下，我国未来经济增长放缓将是常态。回顾今年，悬在我国宏观经济运行头上的三柄达摩克利斯剑——通胀压力、房地产泡沫和地方政府债务风险在相关政策调控下已有所缓解。CPI 和 PPI 10 月分别同比上涨 5.5%和 5%。不过由于欧美通胀压力仍存，我国劳动力成本已经步入上行通道，因此通胀形势中长期仍较严峻。一系列房地产调控组合拳的调控效果也持续显现，全国 70 个大中城市新建商品住宅价格 10 月份环比 9 月份下降的城市有 34 个，其中京沪穗深环比下跌 0.1、0.3、0.2、0.1 个百分点。但房价拐点的最终确立仍需要政策的持续和深入。地方政府债务风险在四个地区试点自主发行地方政府债券的政策支持下也有望弱化，然而地方自主发行债务的规模还比较有限。这些都制约着我国流动性的全面放松。

二、国家法规政策影响程度及相关产业变化分析

中国证监会于 10 月 24 日晚正式发布了《关于同意郑州商品交易所上市甲醇期货合约的批复》。经中国证监会批复同意，郑州商品交易所（简称“郑商所”）定于 10 月 28 日挂牌交易甲醇期货，首个期货合约是 2012 年 3 月。

甲醇期货的上市，将对促进相关行业及企业的健康发展，服务国民经济具有重要意义。一是有利于完善我国能源化工期货品种体系，拓展期货市场服务国民经济的广度和深度。二是广大甲醇生产、加工和贸易企业通过甲醇期货平台，开展套期保值交易，能够有效地规避现货价格不利变动的风险，锁定成本及利润，实现企业乃至行业的稳健发展。三是依托我国甲醇的生产和消费实力，通过甲醇期货市场，扩大我国对全球甲醇定价的影响力，有助于我国争夺甲醇国际定价权。四是郑商所通过规定高品级的甲醇用于期货交割，指定大型甲醇生产企业作为交割仓库等手段，从产品质量、仓库资格等方面，扶持和鼓励相关企业利用期货市场做大做强，加快淘汰技术及产能落后的企业，有助于推动我国甲醇产业结构调整。五是对我们生产企业提供了一个发现价格、规避风险、套期保值、扩大影响及增强定价权的有力平台。

三、国际进口、国内生产总量分析（10 月数据）

1．甲醇

根据海关数据显示，10 月进口甲醇为 54 万吨，较 9 月增加约 40%，国外低价甲醇进口的增加很大程度上冲击了国内华东地区甲醇市场行情，进而将影响内地后期价格。10 月中国甲醇产量为 173.7 万吨，较去年同期增加 50.5%；1～10 月累计产量为 1675.2 万吨，较去年同期增加 28.4%。

2．尿素

由于国内实行淡旺季关税政策，并且国内价格一般低于国际价格，因此几乎没有国外尿素进入国内。10 月国内尿素产量基本与上月持平，据不完全统计，国内总体产量在 230 万吨左右。

四、国际出口、国内需求总量分析（10 月数据）

1．甲醇

由于国内甲醇制造成本远高于中东地区甲醇成本，国内常年受国外低价甲醇冲击，基本无出口。随着入冬后下游市场逐渐进入淡季，市场需求将略有下滑，国内月总需求量约为 180 万吨。

2．尿素

受旺季关税执行前集中报关集港影响，根据海关数据显示，10 月国内尿素出口数量为 48 万吨左右。

五、市场供需变化趋势预测及价格变动幅度预测

1．尿素

进入 11 月，国内尿素行情一直处于不温不火中，局部地区受小包装出口、厂家部分装置检修、天然气供应不足、限电等因素影响，价格一直相对平稳，个别省份因现货偏紧，主流报价出现小幅上扬。但面对当前的尿素价位，东北采购商、下游复合肥厂商，依然选择退市观望为主。分析主要有以下原因：

无烟煤：无烟煤价格稳定，目前无烟煤市场走货变化还是不大，下游企业并没有加大采购意向，缺乏下游支撑，无烟煤价格上调阻力较大。预计这种平衡的局面还将维持一段时间，12 月后，下游企业有一个冬储过程，而已经完成生产任务的企业有降低产能计划，届时可能会对市场有一定拉动作用。

开工率：西北、西南受天然气供应不足影响，尿素产量不足，再加上近期山西晋城、河北都已收到限电通知，时间为 1 个月，此举必然影响尿素产量。

社会库存量：据不完全统计，2009 年同期社会库存量为 700 万吨，2010 年为 250 万吨，2011 年为 353.9 万吨。

冬储备肥：冬储领头羊东北地区采货并未起动，信心不足是其中原因之一，更多是因连续 3 年的冬储赔本，让经销商视冬季尿素市场为鸡肋。

出口方面：当前尿素关税执行110%，但并不排除小包装尿素接单及前期保税区尿素走单。

经销商心态：这几年的尿素行情跌宕起伏，旺季不旺、淡季不淡，使得经销商的冬储观念在潜移默化中改变，越来越难再见之前大规模的采购，更多的时间是短线操作，而不是长线操作。

综上所述，近期尿素市场走势趋稳，部分地区低位略有向好迹象，无非是受装置停车、限电支撑，加之成本影响，但因下游需求方面仍未有硬性需求，所以预计后期尿素市场保持稳中盘整的可能性较大，预计价格运行区间为 1950～2050 元/吨。

2. 甲醇

（1）供应方面

国产方面：进入本月下旬后有新疆、川渝等部分企业因天然气供应受限已停车检修或计划检修，国内焦炭市场低迷减产导致部分焦炉气制甲醇企业减产，山西地区限电严重，部分甲醇企业也被迫减产，但以上情况对国内整体市场供应影响不大。而随着前期西北企业检修装置结束，如内蒙古久泰年产 100 万吨、咸阳化工年产 60 万吨及华亭中煦年产 60 万吨的装置等陆续重启，11 月下旬以后国内甲醇企业整体开工率仍将继续回升，截至目前统计，甲醇整体开工率为 65%，充足的供给在后期将进一步制约甲醇市场。

进口方面：由于 9 月中东地区主要装置负荷全面提升、对华输出明显增量，故 10 月中国甲醇进口量较上月增加 40%至 53.7 万吨。由于 10 月甲醇进口到港增量明显，导致港口库存压力增加，截至 11 月初，国内社会库存量为 61 万吨，其中华东沿海（含江、浙、闽）地区较 10 月初上升 16%，至 50 万吨水平；华南沿海（含粤、桂）地区较 10 月初减少 18%，至 10 万吨左右水平。截至目前，华东地区甲醇库存量继续增长至 55 万吨左右，华南库存量仍为 10 万吨左右。虽然 11 月进口量预期较 10 月减少，但由于港口成交持续冷淡，库存量消耗着实有限，故港口库存量承压仍将延续。

（2）需求情况

从 11 月中下旬开始，甲醇市场逐步进入传统的消费淡季，下游需求短时间内难有明显改观，近期主要下游产品甲醛、二甲醚、醋酸、有机硅等市场均现萎靡，需求端对价格的压力将进一步体现。

甲醛方面：今年以来，受国内房地产市场调控影响，我国房屋成交量增速持续下滑，甲醛需求量仅靠保障房建设难以获得支撑。近期甲醛市场供货量充足，但交易量呈减弱趋势，板材需求量未出现明显改善。加之板材和家具行业受美国双限政策打击，致使今年国内甲醛市场呈现旺季不旺、淡季更淡的局面。临近年底，企业资金越发紧张，板材企业开工率难以提升，部分华东地区港口人士表示，当地部分甲醛企业因需求萎靡目前已停工，计划春节后复工，后期甲醛需求量将持续低迷。

二甲醚方面：因为生产企业采取保价措施，导致下游采购积极性降低，观望情绪较浓。尽管冬季的到来会在需求上对二甲醚有所提升，但考虑到民用燃气中掺烧二甲醚会带来安全问题，需求提升可能会受到阻碍，未来二甲醚市场需求不会太乐观。

醋酸方面：由于市场上醋酸供应量充足，下游需求不畅导致现货价格持续走低，醋酸企业生产积极性受到打击。

综上从需求面来看，后期下游需求将持续低迷，短期内难以改善，在供过于求的背景下，甲醇市场会因为基本面乏力而缺失上行动力。

（3）甲醇期货走势解析

郑交所甲醇期货上市以来，金融属性得到不断增强，其价格深受欧美债务危机及全球经济衰退的不利影响，加之自身产能过剩及下游产品需求持续低迷的拖累，ME1203 合约自上市日遭爆炒后阴跌不止，自 11 月 9 日开始弱势下探，连续突破 3000 点、2900 点整数关口，目前已跌破 2800 元/吨，近 1 个月内期价累计重挫超过 12%。由于下游需求疲软，期货市场对外围的悲观情绪反应更为灵敏。全球经济悲观情绪将持续影响甲醇期货价格走势，随着种种消极因素的增多，空头氛围弥漫，后期甲醇期货难改弱势下行格局，此轮跌势尚未结束。目前甲醇期货价格与江苏港口现货出罐价格形成倒挂，期货反过来制压现货的特征进一步显现。

综合以上各种因素分析，鉴于目前国内甲醇供应相对充足，下游传统消费领域步入淡季以后市场需求持续低迷，加之新兴产业蓄势还有待时日，短期内难以见效，在市场基本面持续弱势的背景下，且随着欧债危机影响的扩散，全球经济衰退现象将持续，预计近期国内甲醇市场弱势运行局面难改，局部仍不乏继续下跌可能，市场难言筑底，大量持仓仍有风险。当然后期来看，随着国内多数地区进入深冬季节，极端恶劣天气的出现可能会导致甲醇长途运输受到一定影响，不乏推动内地局部甲醇价格阶段性反弹的可能，但反弹的持续性及高度难以保证，建议多关注天气、运输方面的变化，预计 12 月甲醇价格波动空间为 2820～2920 元/吨。

六、竞争对手及客户情况分析

近期国内主要甲醇厂家装置运行情况见下表：

省份	企业名称	产能（万吨）	原料	装置情况
山东	山东兖矿集团	113	煤	国宏、鲁化均降负，日产 1400 余吨
山东	山东明水大化	35	煤	日产 600 吨
河北	河北正元化工	30	煤	日产 350 吨
上海	上海焦化	80	煤	负荷 75%
海南	中海石油建滔	140	天然气	传闻部分装置停车
内蒙古	内蒙古远兴能源（博源）	135	天然气	日产 2700～2800 吨
青海	青海油田格尔木	42	天然气	运行稳定
陕西	陕西华电榆天化	61	天然气	运行稳定
陕西	兖州煤业榆林能化	60	煤	日产 1700～1800 吨
甘肃	华亭中煦	60	煤	重启，目前日产 1000 余吨
新疆	新疆吐哈	24	天然气	停车检修，预计明年重启
新疆	新疆巴州东辰	18	天然气	停车检修
宁夏	神华宁煤	85	煤	运行正常，自用烯烃为主，基本无外销量
宁夏	宁夏庆华	15	焦炉气	停车检修，重启时间未定

客户需求情况：甲醇、尿素属于大宗化工类产品，我公司各下属化工单位经过长期的市场培育和开发，按照终端用户为主（约占 70%）、经销商为辅（约占 30%）的经营策略形成了稳定的客户群体，在没有特殊政策及其他情况影响下，需求较为稳定。

七、进销存工作应采取的措施建议、存在问题及解决建议

1. 鉴于当前尿素价格处于高位盘整中呈现下行趋势状态，建议各单位密切关注市场成交变化、国际尿素价格变动及淡储动态。

2. 鉴于当前甲醇市场已进入淡季且 ME03 期货价格已跌至 2800 元/吨，建议各单位把握市场时机，积极做好市场判断和进销存工作，争取在价格高位大量出货。

3. 各单位要积极做好煤炭储备工作，确保冬季装置稳定运行。

（资料来源：http://www.zikoo.com/reports/4iad1drts.html.）

思考与练习

一、填空题

1. 市场研究的内容可分为_______、________、________、__________。
2. 市场调查常用的调查方法有_______、________、__________、_________。
3. 市场调查报告的正文一般应包括__________、__________、_________。
4. 市场预测报告处理事务活动的特点是__________________。
5. 市场预测报告的正文由________ 、_________ 、________三部分组成。

二、名词解释

定性预测法　定量预测法　时间系列预测法　回归预测法　文案调查法
问卷调查法　实验调查法　市场调查报告　市场预测报告

三、简答题

1. 市场调查方法有哪几大类？
2. 市场预测方法有哪几大类？
3. 市场调查报告主体部分通常有哪几种写法？
4. 市场调查研究的基本程序一般包括哪些步骤？
5. 市场调查报告与市场预测报告的联系与区别分别是什么？

四、分析题

评析例文 1 和例文 2 的不同特点。

五、写作练习题

1. 深入市场，自选对象，写一篇不少于 2000 字的市场调查报告。
2. 为某企业的某产品写一份市场预测报告。

第 7 章　投资决策类文书写作

教学目标与要求：

1. 通过理解什么是投资决策与项目立项，认识投资决策的事务特点及该类文书写作的思维机制特点；

2. 认识可行性研究报告与商业计划书的文体特点及适用方法；

3. 重点理解和掌握可行性研究报告和商业计划书写作的结构模式思路及其结构原理。

7.1　概述

7.1.1　关于投资决策

投资，是指为达到一定目的而投入资产的行为。它既可以是经济行为（为实现一定经济利益），也可以是非经济行为。经济行为可分为个人理财投资和企业投资。企业投资又可细分为一般性固定资产投资、流动资产投资、有价证券投资、新项目投资和企业并购投资等。

决策，是指组织或个人为了实现某种目标而对未来一定时期内有关活动的方向、内容及方式的选择或调整的过程。本章主要介绍的决策是组织的工业新项目投资决策。在企业投资中，工业新项目投资和企业并购投资因其投资额高、投资过程及其影响因素复杂、投资收益具有不确定性而风险大，尤其需要慎重决策。

7.1.2　工业新项目投资决策的构成要素及主要内容

工业新项目投资决策活动有三个基本的构成要素：其一是条件，包括市场、政策、法律和资金筹措方面的，这些条件应该有利于投资计划的实施；其二是可供选择的投资方案；其三是预先确定的选择标准，企业行为是以赚钱为目的的，因此该标准指的是经济标准，其核心内容与收益相关。有了这三要素才能有决策活动的内容和过程。

企业投资决策的核心内容是利用已有的有限资源去实现最优效益。这里的有限资源主要是资金，核心问题是投资方向（项目），凭借的手段是科学的决策方法。

决策方法主要是定量分析的方法，本质上包含以下两个方面的内容。

其一，在预期经济效益的基础上，依据预先确定的选择标准，对不同的投资方案进行比较，以确定一个较好的投资方案。

其二，对已拟定的投资方案，将投资活动过程中发生的各种费用进行定性的与定量的分析。

7.1.3　工业新项目的投资决策与项目立项

项目，是指与重复出现的常规性任务相区别的临时的且一次性履行的任务，含有“这一项具有特殊目的及意义的任务”的意思。在工业新项目投资决策的过程中，一般是投资者先有一个意向性的投资方向（或中方与外方投资者在双方了解各自的业务范围和资信状况并确定合作投资意向后，先提出投资方向的建议），并进行有重点的调查研究，评价投资机会；再对拟投资项目进行初步研究，编写项目建议书，报送主管部门或国家外资管理机构审核。在实际工作中，这个阶段的工作称为“申请立项”或“项目立项”。

在市场经济中，工业新项目的立项和投资决策活动主要是企业行为。我国的政府管理部门现在对工业项目的立项实行备案制（一般情况下，国家相关政府管理部门仅在环保、水电资源和生态资源保护等方面依据国家政策对拟定项目审查备案，大型项目由国家发展和改革委员会负责审查，中小型项目由地方政府发展和改革委员会进行审查），而市场预测研究、经济效益评估和技术可行性等则由企业自行决策。

7.1.4 工业新项目投资决策涉及的主要事务及应用文

第一，要对影响投资的相关因素进行分析研究，最主要的是完成对市场的调查与预测研究。这在第 6 章中已做论述。

第二，要对多种可供选择方案进行比较分析，完成可行性研究工作，写作可行性研究报告。

第三，根据项目融资的需要，对已确定的投资方案及投资过程的费用进行定性与定量分析，完成商业计划书的写作。

本章将重点介绍可行性研究报告和商业计划书的写作。

7.1.5 投资决策类文书写作的思维机制特点

第一，投资决策活动是围绕拟投资项目展开的，因此投资决策类文书的写作主体首先要对拟投资项目及项目投资环境和相关影响因素做全面研究,文章写作要正确反映其研究思路。

第二，投资决策类文书是写作主体在完成对项目的研究且已形成确定性结论后完成的，要回答相关结论为什么是正确的和科学的。

第三，投资决策类文书的作用是为投资者提供决策依据，因此需要表述清楚应如何去投资。

7.2 可行性研究报告写作

7.2.1. 关于可行性研究与工业项目可行性研究报告

1. 工业项目投资与可行性研究

凡重大决策都要进行可行性研究，本节论及的可行性研究报告指向的是工业项目的可行性研究。由于工业项目的投资额巨大、市场竞争激烈，工业项目的投资得当与否，事关企业存亡和社会安定，故企业对投资项目的抉择十分慎重，在投资前要组织专业队伍对备选项目方案进行全面的、综合的、技术与经济的调查研究，以从中筛选出最佳方案。

工业项目可行性研究的内容，概括起来有三个方面，即工艺技术、市场需求预测和经济评价。其中，市场需求预测是前提，工艺技术是手段，经济评价是核心。可行性研究的目的是从上述三个方面对备选方案项目的投入费用和产出效益进行经济可行性和合理性的比较分析论证，为投资决策提供依据。

2. 工业项目可行性研究报告

在工业项目的投资决策活动中，研究人员在遵照高管层的指示完成对各备选方案的比较分析后，对所选中项目进行综合性的分析论证，向决策层或委托者表述其研究成果，说明选择该项目的可行性根据的报告性文书，就是工业项目可行性研究报告。

工业项目可行性研究报告在项目的抉择和实施过程中担负着以下的使命：一是为领导层的决策提供科学依据；二是国家政府管理部门对项目立项审查备案的依据；三是企业筹资的依据。向银行申请固定资产贷款、向证券部门申请募股，都必须提供可行性研究报告。

3. 可行性研究的步骤

可行性研究是一项非常复杂、周密、细致、慎重的工作，一般先分成五个小组：销售市场研究小组、生产工艺成本研究小组、技术引进研究小组、资金研究小组和综合研究小组，分别负责有关方面的资料调查、数据鉴别、测算工作。整个可行性研究可大致分为以下三个步骤。

（1）机会可行性研究

机会可行性研究也称项目选择，即中方或外方投资者通过有关部门批准的对外咨询、代理机构介绍，或自行选择合资者，在双方了解各自的业务范围和资信状况后，确定合资意向，提出投资方向的建议（也称意向书）。主要内容是根据对自然资源的了解和市场情况的调查，以及对预测选择的项目进行粗略的、有重点的调查研究，寻找最有利的投资机会。

（2）初步可行性研究

初步可行性研究是指投资者确定投资意向后，对拟投资项目进行的初步研究。按照我国筹办外商投资企业的程序，投资者在对项目进行初步可行性研究的基础上，要编写项目建议书，报送主管部门和国家外资管理机构审核。在实际工作中，将这个阶段的工作称为“申请立项”，这里的项目建议书即这个研究阶段的可行性研究报告。

（3）正式可行性研究

正式可行性研究是可行性研究的最主要阶段，其任务是对已经立项的项目在初步可行性研究的基础上展开正式的研究。其与初步可行性研究包括的内容基本相同，主要区别是研究的深度与精度不同——初步可行性研究在对投资机会的前景、成本、效益等方面的估计是概括的，基本数据并不是直接计算出来的，而是从其他现有投资项目中获得的，投资与成本估计的精确度在 30%以内即可；而正式可行性研究则要求对投资机会的前景、成本、效益等方面的研究要建立在精确数据计算的基础上。

正式可行性研究的意义是为投资者正式投入项目建设提供研究依据。

7.2.2　工业项目可行性研究报告写作的基本结构思路

可行性研究报告因分析研究的对象不同，写作内容各异，有不同的写法和要求。其中，尤以工业项目可行性研究报告最具代表性。联合国工业发展组织于 1978 年出版了《工业可行性研究编制手册》，其中规定了工业项目可行性研究报告的基本内容框架。

1. 首部

可行性研究报告的首部一般由标题、项目主办单位及相关人员、可行性研究报告制作人员、目录等部分组成。

（1）标题

可行性研究报告的标题一般由项目主办单位、项目内容和文种名称三个要素组成。

（2）项目主办单位名称和上报日期

标题下面标注项目主办单位名称和可行性研究报告完成上报的日期。

以上为首页（封面）的内容。

（3）项目主办单位和承担可行性研究单位的简介

可行性研究报告的第二页，是项目主办单位和承担可行性研究单位的简介，实际上是落款部分的提前，以表示郑重和对该项研究工作负责，也便于呈报后的审批。该项内容包括项目名称、项目主办单位名称及项目负责人、技术负责人、经济负责人签名；承担可行性研究单位的名称，参加可行性研究报告编制人员的工作单位、姓名、职务、职称；此项目建议书批准机关、时间和批号等。

（4）目录

如果可行性研究报告篇幅较长，则需列出目录以便于查阅。目录应将正文中的小标题和附件一一列出，并注明页码，要求简明扼要、一目了然。

2. 正文

正文包括总论、分论和结论三大部分。正文是报告的主体部分，应以经济效益分析为核心，围绕影响项目实施的各种因素，运用精确的数据资料对拟实施项目的可行性进行论证。

（1）总论

1）项目提出的背景（改扩建项目要说明企业现有概况）、投资的必要性和经济意义。

2）研究工作的依据、范围和主要研究方法。

3）简述各种方案比较后的结论。

（2）分论

可行性研究报告的写作，要对经过多种方案比较后所做出的抉择方案论证其可行性。报告的分论部分要能反映这种论证的具体思路，包括以下内容。

1）市场需求预测和拟建规模。

① 国内外需求情况预测。

② 国内外现有企业生产能力估算。

③ 产品方案、工艺方案、定价策略、发展方向的技术经济比较。

④ 产品竞争能力分析、销售预测及进入国际市场的前景预测。

⑤ 生产能力定位。

⑥ 拟建项目的规模定位。

2）资源、原材料、燃料及公用设施，即对资源、原材料、燃料的来源、数量及相应公用设施（水、电、路）的需求情况进行分析，为明确建厂条件提供依据。

3）环境保护，主要预测项目对环境的影响，提出环境保护和“三废”治理的初步方案。

4）建厂条件和厂址方案，即根据上述对公用设施的需求和环保要求分析建厂条件，包括对地理条件及自然生态、交通通信和社会经济环境等条件的分析，并依此提出厂址方案。

5）企业组织和岗位定员，包括项目建成投产后的企业管理体制、机构设置、管理人员与生产人员的定岗定编等。

6）项目设计方案，这里主要指依据技术工艺和设备选型及厂址，完成对产品生产线、厂房和厂区规划的建设设计方案。

7）项目实施进度计划，即对项目实施的日程安排，包括工程设计、工程施工、设备购置和安装、试产和投产的进度安排等。

8）投资估算和资金筹措，即对项目投资的资金数额、资金的来源、筹集方式及使用的安排等进行合理性和可靠性分析。

9）经济效益与社会效益，即对项目本身的投资收益率、投资回收期及项目的社会效益进行分析和评价。

（3）结论

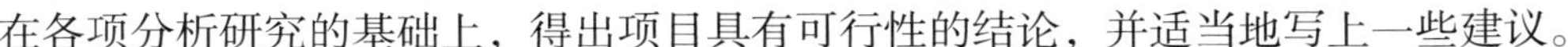

在各项分析研究的基础上，得出项目具有可行性的结论，并适当地写上一些建议。

3. 附件

根据需要附上必要的材料和表格，包括项目建议书，有关协议、意向书，可行性研究委托书，地址选择报告，环境影响报告，引进技术设备专题报告，市场调查报告，产品市场预测报告，工程项目一览表、设备及材料一览表等。

7.2.3 正文写作结构原理分析

工业项目可行性研究报告的正文可分为以下三大部分。

第一部分为“总论”，即开头，主要是对项目及项目的研究做概括性陈述。其表述，从项目提出的背景（怎样想到要投资该项目）入手，阐明投资的必要性和经济意义，同时说明研究的依据、范围和方法，从而为分论做铺垫。

第二部分为“分论”，具体陈述展开研究的内容和方法。

内容1“市场需求预测和拟建规模”，从市场需求研究入手，以定位该项目的建设规模。该内容的研究要完成项目的建设规模定位。工业项目的投资意义在于项目建成后能生产与市场对路的产品以满足市场需求，从而实现其社会效益和经济效益。所谓建设规模定位，主要是指工业项目的工艺设备能力、厂区规划和厂房建设规模的定位。定位依据是生产能力。所谓生产能力，是项目设计工艺设备的年产品加工能力。生产能力定位既要依据市场需求，又要根据该项目定向产品的竞争优势。故第①点研究市场需求后，要研究第②点“现有企业生产能力”（现有从事该类产品生产企业的年总加工量），总需求减去现有企业总加工量即得出潜在市场需求量。第③点“产品方案、工艺方案、定价策略、发展方向的技术经济比较”是为第④点内容的研究提供依据的。产品方案有两个概念：一是指某产品实现其性能功用的设计方案，二是指企业为实现规模生产形成系列产品的组合方案。这里是指前者——设计方案，即上述设计方案中的产品投入生产所采用的生产技术方案。定价策略是指上述产品从性能设计到进入市场的价格定位策略。发展方向，是指上述产品伴随科技进步在产品性能及科技含量方面今后的改进方向。所述技术经济比较，是指从上述内容方面将该产品与已进入市场的其他同类产品进行技术上和经济上的比较分析，以明确本项目的产品与其他同类产品在上述方面的优势与不足，继而进入第④点的国内市场销售预测和进入国际市场的前景预测。上述四点内容的研究都是为第⑤点“生产能力定位”提供依据的。所谓生产能力定位，是指对项目投资建成后所形成的产品加工能力（年生产量）的设计定位。依据生产能力定位可决定第⑥点“拟建项目的规模定位”，即依据年设计加工量的要求决定要建几条生产线，以及厂房、配套设施乃至厂区大小的规划。

内容 2）“资源、原材料、燃料及公用设施”和内容 3）“环境保护”的研究与内容 1）“市场需求预测和拟建规模”又都为内容 4）“建厂条件和厂址方案”提供依据。资源，是指用于产品生产的某些原料来自自然界的出处（或称来路）；原材料，是原料（用于生产而未经加工的物料）与材料（可以直接用于加工成品的物料）的合称；燃料，即能产生热能或动力的可燃物质。工业项目可行性研究中对这些内容的研究是要确定对这些物料的来源、需要量及其运输方式的选择，以及项目中关于水、电、路等公用设施的需求，项目对环境污染的影响程度的分析，以明确建厂条件，从而确定厂址选在何处为妥。

内容 5）“企业组织和岗位定员”，包括项目建成投产后的企业管理体制、机构设置、管理人员与生产人员的定岗定编。这项研究内容为办公楼的设计提供了依据。

进行上述研究后才可完成内容 6）“项目设计方案”。项目设计方案的内容包括生产工艺设计（产品生产线的设计）、厂房设计、办公楼设计，以及其他配套设施和厂区规划设计。完成了项目设计，便要对项目的实施做出安排，即内容 7），估算出项目的投资金额，即内容 8）。依据前述的研究内容，便可对项目的经济效益和社会效益做出评价，即内容 9）。这里的经济效益评价主要是对项目建成投产后的盈利能力的分析，社会效益评价则是对产品所满足的社会需求所做的评价。

第三部分为“结论”，主要是根据前两部分判断出项目的可行性，也可适当提出一些建议。

可行性研究报告是表述通过多种方案的分析比较后所选出的最佳方案及其研究内容的文书，不仅要反映对最佳方案研究的内容，而且要进行论证，因此内容的顺序遵循“该项目为什么可行”的研究思路和论证的逻辑联系。只有理解了其中的逻辑思路，才能真正认识可行性研究报告写作的结构模式特点。

例文 1

太阳能产品综合开发项目建议书

第一章　项目概况

一、项目名称：太阳能产品综合开发

二、承办单位：××镇人民政府

三、项目负责人：×××

四、项目性质：新建

五、建设地址：×××

六、建设规模

总投资 12 000 万元。在××县×××园区内购置土地 100 亩，建成年产太阳能产品产值为 1.5 亿元的太阳能产品综合开发企业。

七、项目总投资与资金筹措

项目总投资 12 000 万元，在××县×××园区内购置土地，购买太阳能路灯、草坪灯等产品的生产加工设备，建立太阳能产品综合开发企业。项目分两期实施，第一期投资 8000 万元，盖建生产厂房、办公楼、职工宿舍楼等相应建筑，建成年产值为 1.1 亿元的太阳能路灯、草坪灯生产线。第二期再投资 4000 万元，扩大生产规模，并引进先进的国际技术和先进设备，最终建成年产值为 1.5 亿元的太阳能产品综合开发企业。

八、项目经济效益分析

项目建成后，年产 125 000 件太阳能产品，产值 17 000 万元，减去销售税金等成本投入，利润 3600 万元，投资利润率 30%，所得税前静态投资回收期 3.3 年。

九、合作方式

独资或者合资。

第二章 项目提出的背景和发展概况

一、太阳能灯具

太阳能灯是由太阳能电池板将太阳能转换为电能的。在白天，即使是在阴天，太阳能发电机（太阳能电池板）能利用太阳产生的能量来生产电力，收集存储需要的能量。太阳能作为一种“取之不尽，用之不竭”的安全、环保的新能源越来越受到重视。

二、太阳能热水器

在全球能源形势紧张、气候变暖严重威胁经济发展和人们生活健康的今天，世界各国都在寻求新的能源，以求得可持续发展和在日后的发展中获取优势地位。太阳能以其清洁、源源不断、安全等显著优势，成为关注重点。在太阳能产业的发展中，太阳能热水器的热利用转换技术无疑是最为成熟的，其产业化进程也较光伏电池、太阳能发电等产业领先一步。

2009年太阳能热水器“下乡”是太阳能热水器行业的一件大事，标志着太阳能热水器得到国家认可，我国太阳能热水器行业已迈入新的时代。太阳能热水器“下乡”如一缕春风，使整个行业焕发强大的生命力。

第三章 项目研究的依据

项目研究的依据主要有：

①《中华人民共和国农产品质量安全法》；

②《国务院办公厅关于进一步加强“家电下乡”工作的通知》；

③ ××县社会经济发展“十三五”规划；

④ 国内外市场发展的趋势。

第四章 项目建设的必要性及意义

我国的太阳能应用历史可追溯到1958年天津大学12.6平方米的太阳能浴室，到1973年世界能源危机，世界各国开始寻求可再生能源。从20世纪70年代末起，我国加大研发与生产太阳能集热器。1979年前后，我国有些单位开始研发全玻璃真空管集热器。几位太阳能方面的专家前不久起草了“关于制定阶梯电价和促进我国光伏发电发展的议案”建议稿，起草人之一的中国太阳能学会光伏专业委员会常务理事×××说:“从资源的数量、分布的普遍性、技术的可靠性来看，光伏发电比其他可再生能源更具有优越性，目前成本较高的障碍正在随着技术进步和大规模生产而减小，光伏发电将成为未来电力的重要构成是毋庸置疑的。”专家建议，我国的目标应该是在2020年使光伏发电的累计装机容量达到30 000兆瓦，使光伏发电量达到届时全国发电量的1%。虽然这个指标同欧美国家的指标相比差距还相当大，但要想达到这个目标，要排除诸多障碍。专家指出，在世界上许多国家，光伏发电已经进入商业化发展轨道，在大规模并网和光伏建筑一体化领域具有良好的长远发展前景，是可再生能源应用的重要组成部分。近年来，全球光伏发电产业以平均30%以上的速率迅猛增长，2002年的系统产值达到35亿多美元。预计在各国减排行动和优惠政策的拉动下，产业发展将进一步加快。我国只要出台相应政策、培育规范的规模市场、加大投入、加速建设，我国企业完全有条件依托国内市场挺进国际市场，进入国际十强。

项目建设具有重要的生态效益和社会效益。在全球能源形势紧张、气候变暖严重威胁经济发展和人们生活健康的今天，世界各国都在寻求新的能源，以求得可持续发展和在日后的发展中获取优势地位。项目建设具有重要的生态效益和社会效益。

第五章　项目建设的有利条件

一、自然条件

1. 地理位置

××县×××工业园区位于××县城关，地处东经 117°-117° 13′，北纬 26°-26° 34′，东与××市相连，南和××县毗邻，西与××县接壤，北与××县、××县交界。交通十分便利。

2. 地形地貌

××县地形属闽西北中部中低山和丘陵区，海拔多数在 360-460 米之间，最高山峰圣水岩海拔 1561.4 米，山脉多呈东北-西南走向。地貌深受地区构造、岩性、气候、河流等因素的影响和控制，地势较为复杂，大体分为低山丘陵区和丘陵河谷地带。山体坡度一般小于 25 度。

二、资源优势

××县具有大量富余劳动力，且交通便捷，通信发达，园区的供水、排水、供电等其他配套条件均能满足项目建设要求，易于管理建设。

第六章　产品市场预测和项目规模

一、市场预测

随着地球资源的日益贫乏，基础能源的投资成本日益攀高，各种安全和污染隐患可谓是无处不在。这样，太阳能照明产品随着太阳能热水器普及之后应运而生，太阳能灯具和传统市场灯具对比具有如下优点：

① ……

② ……

③ ……

④ ……

综上所述，太阳能照明之安全、节能、绿色环保、安装简便、自动控制免维护等固有的特性将为楼盘的销售、市政工程的建设直接带来明显可利用的优势。

在太阳能产业的发展中，太阳能热水器的热利用转换技术无疑是最为成熟的，其产业化进程也较光伏电池、太阳能发电等产业领先一步。但是目前市场还有待规范，消费群体还有待培育，技术尚须改进，因而对于企业来说还有较大的成长空间。

中国的太阳能热利用技术研究开发始于 20 世纪 70 年代末，其重点是开发简单、价廉的低温热利用的适用技术，如太阳能温室、太阳能灶、被动太阳房、太阳能热水器和太阳能干燥器。这类技术在农村得到推广应用，为缓解农村能源短缺、改善农村生态环境和农民生活起了积极的作用，并收到了实效。20 世纪 80 年代，太阳能热水器列入国家“六五”和“七五”科技攻关项目，主要的研发项目是高效平板太阳能集热器和全玻璃真空集热管。20 世纪 90 年代，全玻璃真空集热管的科技成果通过测试转化为生产力——形成自行设计和配套的集热管生产线，是科技攻关中最杰出的成果。

中国太阳能热水器的年生产量是欧洲的 2 倍、北美的 4 倍，现已成为世界上最大的太阳能热水器生产国和最大的太阳能热水器市场，并仍在以每年20%～30%的速度递增。但是中国太阳能热水器的生产企业有5000多家，除桑乐、皇明、清华阳光、华扬、太阳雨、力诺瑞特等10个全国性品牌因质量、售后服务过硬而市场知名度较高外，行业中存在着大量纷繁芜杂的杂牌企业，这种状况不利于行业的长远发展，这就要求政府部门进行规范，加强监管引导。尽管市场现状不如人意，但市场前景仍十分看好。随着国民经济和人民生活水平的不断提高，居民对家庭室内热水的需求越来越强烈，中国太阳能热水器市场潜力巨大。

目前，我国城乡居民对洗浴热水的需求增长迅猛。在农村地区和中小城市，太阳能热水器已经成为提高人民生活质量、全面建设小康社会的重要手段。随着中高温太阳能热水器的开发以及太阳能与建筑一体化技术的日益完善，太阳能热水器的应用领域不再局限于提供热水，正逐步向取暖、制冷、烘干和工业应用方向拓展。中国太阳能热水器在近3年时间内还将保持30%以上的增长速度，市场潜力巨大。

二、项目规模

项目建设区在××县×××园区，规划用地100亩，总投资12 000万元，其中固定资产投资10 000万元，流动资金2000万元。建成后的生产规模，年产太阳能产品125 000件，产值1.7亿元。

第七章　工程技术方案

一、太阳能灯具

1. 系统组成

系统由太阳能电池组件部分（包括支架）、LED灯头、太阳能灯具控制器 、蓄电池（包括蓄电池保温箱）和灯杆等几部分构成。太阳能电池组件一般选用单晶硅或者多晶硅太阳能电池组件；LED灯头一般选用大功率LED光源；控制器一般放置在灯杆内，具有光控、时控、过充过放保护及反接保护功能，更高级的控制器具备四季调整亮灯时间功能、半功率功能、智能充放电功能等；蓄电池一般放置于地下或专门的蓄电池保温箱里，可采用阀控式铅酸蓄电池、胶体蓄电池、铁铝蓄电池或者锂电池等。太阳能灯具全自动工作，不需要挖沟布线，但灯杆需要装置在预埋件（混凝土底座）上。

2. 工作原理

系统工作原理简单，利用光生伏特效应原理制成的太阳能电池白天利用电池板接收太阳辐射能并转化为电能输出，经过控制器储存在蓄电池中，夜晚当照度逐渐降低至10lux左右、太阳能电池板开路电压4.5V左右时，充放电控制器侦测到这一电压值后自动采取措施，蓄电池对灯头放电。蓄电池放电8.5小时后，充放电控制器开始动作，蓄电池放电结束。充放电控制器的主要作用是保护蓄电池。

太阳能电池板：它是太阳能发电系统中的核心部分，也是太阳能发电系统中价值最高的部分。其作用是将太阳的辐射能转换为电能，或送往蓄电池中存储起来，或推动负载工作。太阳能电池板的质量和成本将直接决定整个系统的质量和成本。

太阳能控制器：它的作用是控制整个系统的工作状态，并对蓄电池起到过充电保护、过放电保护的作用；在温差较大的地方，合格的控制器还应具备温度补偿的功能；其他附加功能如光控开关、时控开关，都应当是控制器的可选项。

蓄电池：一般为铅酸电池，小微型系统中，也可用镍氢电池、镍镉电池或锂电池，其作用是在有光照时将太阳能电池板所发出的电能储存起来，到需要的时候再释放出来。

逆变器：在很多场合，都需要提供220VAC、110VAC的交流电源。由于太阳能的直接输出一般都是12VDC、24VDC、48VDC，为能向220VAC的电器提供电能，需要将太阳能发电系统所发出的直流电能转换成交流电能，因此需要使用DC-AC逆变器。在某些场合，需要使用多种电压的负载时，也要用到DC-DC逆变器，如将24VDC的电能转换成5VDC的电能。

二、太阳能热水器

1. 太阳能热水器构件……

2. 太阳能热水器性能

① 热水产量……

② 加热速度……

③ 温度稳定性……

3. 功率……

4. 价格……

5. 安全性能……

6. 生产线建设……

7. 产品生产工艺线路……

三、加工厂厂区的规划

① 加工厂通常由加工区、办公区和生活区组成，应合理布局各个功能区。加工区是加工厂的核心区，应与生活区完全隔离；办公区可与加工区相连或相隔，既要方便管理人员组织生产，对品质进行监控，又能限制无关人员自由出入。

② 加工厂厂前区包括工厂出入口、传达室、车棚、厂部办公室等，要与加工区有明确的分界。

③ 做好加工厂厂区周边、道路、局部环境绿化工作，科学布设厂区排水、管线和道路系统，保护和改善厂区的生态环境条件。

④ 厂区内要配套卫生间、盥洗室、更衣间、工休室和相应的消毒、通风、照明、防蝇、防鼠、防蟑螂、污水排放、存放垃圾和废物等设施。

⑤ 加工厂房要求气流通畅，采光良好；地面平整、光滑硬实，不起灰尘，可采用混凝土地面，铺设地砖或环保石材等；墙壁使用达到环保要求的内墙涂料或贴瓷砖。

第八章　环境保护与劳动安全

一、环境保护

环境是人类生息、繁衍、发展的基础，我们的建设必须坚持发展与环境兼顾的方针，注意保护和改善环境。本项目的建设要注意可持续发展，为此提出了保护和改善环境的措施。

（一）设计依据及采用的标准

1. 设计依据

① 国务院253号令《建设项目环境管理条例》；

② 国家计委、国家环境保护委员会（87）国环字第002号文《建设项目环境保护设计规定》。

2. 设计应采用的标准

①《环境空气质量标准》（GB3095—1996）二级标准

②《地表水环境质量标准》（GB3838—2002）II 类标准；

③《污水综合排放标准》（GB8978—1996）一级标准。

（二）主要污染源和主要污染物

本项目生产过程中没有严重的有毒或有害物质排放。

（三）防护和治理措施

① 建立环境卫生责任区，实行分区到人的严格管理制度，必须做到日产、日清、日运并定期喷洒消毒剂。做到本项目内的垃圾及时处置。

② 加强管理，减少生产对环境的影响。

二、劳动安全

……

第九章　项目进度安排

一、第一阶段（2015.04—2016.02）

引进企业，做好新建企业的选址，在园区购置土地，建设厂房、仓库、办公楼、宿舍楼等设施，购置部分生产设备，确定制作工艺及各项工艺指标。

二、第二阶段（2016.03—2016.11）

对原有生产线进行高新技术改造，对前阶段中各项工艺控制指标进行确认，并探讨其他对产品质量和原材料消耗有影响的因素，扩大生产线并做好相关基础配套设施建设。

第十章　投资估算和资金筹措

一、投资估算

项目总投资 12 000 万元。其中固定资产投产 10 000 万元，主要是相关厂房、仓库、办公、生活设施，设备购置。流动资金 2000 万元，用于项目前期流通、企业管理等费用。

（一）基础设施投资：2610 万元

……

（二）生产加工设备投资：6810 万元

……

（三）产品测试设备投资：320 万元

（四）实验设备投资：260 万元

二、资金筹措（略）

第十一章 经济效益和社会效益分析

一、经济效益

1. 成本分析

总成本由原辅材料费、燃料动力费、工资福利费、折旧费、修理费及其他费用组成。其他费用包括管理费用、财务费用和销售费用。经营成本等于总成本减去折旧、摊销、财务费用、福利工资等。

项目年经营成本估算表：（略）。

2. 经济效益

预计年销售收入可达 15 000 万元。减去销售税金等成本，净赚利润约为 3600 万元左右，投资 3 年即可收回成本。

二、社会效益

① 解决一批剩余劳动力的就业。在项目实施期间，产品生产需要大量的劳动力，项目实施后，由于管理精细、产量增加，需要增加劳动力。可为××县剩余劳动力提供就业机会。

② 促进交通运输等其他产业发展。项目的开发将吸引更多的外来客商前来洽谈业务，带动交通运输业、餐饮业和旅游业的发展，对进一步调整产业结构、促进明溪建设、扶贫致富等工作起到良好的示范效应。

③ 项目符合国家优先发展产业政策，建成后对国家和地方社会经济发展能做出一定的贡献，对提高农民收入、繁荣地方经济起到促进作用。

第十二章　财务与敏感性分析

一、财务盈利分析

……

二、盈亏平衡分析

……

三、财务评价结论

本项目全部投资内部收益率为 33.9%，高于行业平均水平；投资回收期 3.3 年；投资利润率和投资利税率较高；不确定分析结果表明，该项目具有十分强的抗风险能力。加上采用先进生产工艺、科学制造方法，质量上过硬，自然风险和市场风险小，总之，项目在财务和实践上表明均是可行的。

第十三章　结论及建议

通过以上的初步分析，本项目建设既符合国家的产业政策，又适应市场经济的客观要求，所采用的先进技术与设备具有较强的盈利能力，在技术与经济上是可行的。本项目财务评价效益较高。在全球能源形势紧张、气候变暖严重威胁经济发展和人们生活健康的今天，太阳能以其清洁、源源不断、安全等显著优势，成为关注重点，投资效益（经济效益和生态效益）将更加显著。因此，本项目是可行的，在经济发展和生态保护上都有重要意义。本项目以太阳能产品综合开发为主，通过高投入高产出的建设，在保护生态环境的条件下进行可持续开发，对××工业生产起到示范和带动作用。综观本项目：

① 符合国家产业政策，投资方向正确；

② 产品市场缺口大，前景看好；

③ 经济效益好，社会效益显著。

（资料来源：http://wenku.baidu.com/view/ef45600c7cd184254b353551.html.）

7.3　商业计划书写作

7.3.1　文体适用特点

企业在完成项目立项后，下一步工作就是融资。要吸引风险投资，首先需要解决的问题是让投资者认同拟投资项目。企业出于融资的需要，以项目投资计划的方式推介项目并说明融资事项的文书，就是商业计划书。

7.3.2　文体特点

虽然可行性研究报告也可以作为融资的依据，而且在写作上与商业计划书有很多的共同点，但两者的侧重点和思路的根据不一样。可行性研究报告是从市场需求、技术、经济、环保和投资效益上来论证项目可行性的；而商业计划书则是从介绍项目及投资计划入手的，重点说明该项目需要多少钱、还缺多少钱，以及如何融资，从而使投资者看好该项目，并认真考虑投资的方案。

7.3.3　正文写作的结构内容要点

1. 产品（或服务）介绍

1）产品的概念、性能及特性；
2）产品的专利和品牌；
3）产品的研究和开发过程；
4）产品成本分析；
5）发展新产品的计划；
6）产品的竞争能力分析；
7）产品市场前景预测。

2. 市场分析

1）市场现状综述；
2）竞争厂商；
3）目标市场；
4）本产品的市场地位；
5）市场区域和特征。

3. 营销策略

1）价格策略；
2）营销渠道选择；
3）促销计划与广告策略；
4）营销队伍与管理。

4. 人员及组织结构

1）公司的组织结构图；
2）各部门功能与责任；
3）各部门的负责人及主要成员；
4）公司的报酬体系；
5）公司的股东名单、认股权、特权等；
6）公司的董事会成员。

5. 生产计划

1）产品制造所需技术设备及厂房；
2）新产品投产计划；
3）技术提升和设备更新要求；
4）质量控制和质量改进计划。

6. 财务规划

根据假设来做如下财务项目预测分析：
1）资产负债表；
2）损益表（利润表）；
3）现金收支分析；
4）资金来源和使用。

7. 融资需求

1）资金需求说明；
2）资金用途；
3）融资方式；
4）资金退出方式。

8. 风险及风险防范

1）可能风险；
2）风险防范措施。

7.3.4 写作结构原理分析

在 7.3.3 节中的 8 项内容中，内容 1 用于推介项目。经济项目主要有两类：一是工业产品加工型项目，二是社会服务性项目。这里是以介绍工业产品加工型项目来介绍的。商业计划书写作的意图是通过投资计划的形式来推介投资项目，以吸引投资者的投资，所以文章写作需要从介绍项目入手。

遵循人们认识思维的一般规律，接触了项目后，紧接着就需要了解市场，因此要写内容 2。该部分内容通过对市场做全方位的分析，直接回答该类产品的市场需求量有多大、产品前景如何，以让投资者阅读后能建立起对该产品的信心。

市场再好也需要有正确的营销策略，所以就需要写内容 3。这里遵循“4P”理论来描述，由于“产品策略”在内容 2 中做了专项介绍，所以该部分只重点说明价格、营销渠道、促销三大策略。

内容 4 是项目建成后人员组织结构的实施计划。内容 4 与内容 3、5、6 都是建立在假设条件下对项目投资计划的描述。

而内容 5 为内容 6、7 提供了理论根据。它既是对遵循内容 1 的产品性能、设计定位和内容 3 中的价格策略定位来实施生产计划的描述，同时又通过对生产所需设备与厂房，以及技术提升和设备更新等要求的陈述为后续内容 6“财务规划”与内容 7“融资需求”做铺垫。

内容 6、7 是承接前述内容，对该项目投资计划需要多少钱、能赚多少钱、还缺多少钱，以及如何融资等的说明。

内容8是对该投资计划的可能风险及应对措施的陈述。

以上通过对该项目投资计划的系统描述，向投资者详细推介项目，并回答了该投资项目需要多少资金、需要融资多少、如何参与融资等问题，以便为参与融资者的决策提供根据，从而实现该商业计划书写作的意图。

例文2

高亮度LED户外照明产业化项目商业计划书

第一章　××××投资集团介绍

一、集团简介

××××投资集团创建于1997年6月，经过十多年的艰苦创业，已经发展成为一家集浓缩果汁、富硒生物工程、高亮度LED户外照明工程等产业为一体的民营高新技术企业集团。集团现有资产总额为4.7亿元，年产值为3.4亿元，有员工680余人，拥有数家控股和参股企业。

集团于2003年全套引进德国先进浓缩果汁生产线和HACCP系统，并于2004年建成投产，产品品质达到欧盟标准，基本全部销往欧洲。随后，集团在北京××县和安徽××市分别建成了两条浓缩果汁生产线，进一步增大了浓缩果汁生产规模。2006年，集团下属企业××××食品有限公司被北京市政府评选为北京市农业产业化经营重点龙头企业。

集团经过多年的生物科研开发，成功突破了从剧毒无机硒到对人体无害的有机生理活性硒的转化这一生物工程难题，成功开发出了富硒大蒜、富硒鸡蛋及富硒梨等生物产品，并在山东及北京分别建立了富硒大蒜产业化种植生产基地和富硒梨产业化基地，已经进入到初等规模的产业化生产阶段。

2007年集团成功开发了高亮度LED绿色照明产品，并通过了国家电光源质检中心的各项检测以及新产品专家鉴定，被认定为国内领先水平。目前该产品已在首都机场中央首长专机楼广场、北京新媒体产业基地、山东临沂机场等单位得到应用，赢得使用单位的好评。鉴于该产品在技术上的领先优势，2008年12月，集团实施的“高亮度LED户外照明产业化示范工程项目”被国家发展和改革委员会列为全国十大重点节能工程之一，获得中央预算投资支持。在四川大地震北京对口支援城市什邡市的重建项目中，集团被北京市政府指定为市政LED路灯照明建设单位。

二、集团高亮度LED户外照明产品简介

能源问题已经成为世界的头号问题，就目前实际情况来看，推动能源节约或高效率使用能源是现在和将来很长一段时间能源问题的最实际的解决策略。照明所消耗的能源极为惊人，在中国如此广大的国土上，照明所消耗的能源以及排放的有害物质对环境的伤害程度非常巨大，因此节能照明将是最重要的新能源科技之一。而LED具有高效节能、寿命长、维护少、环保无污染等优点，被称为21世纪替代传统照明的绿色照明产品。在国家节能减排的政策背景下，LED产业得到政府的大力扶持和推动，市场前景巨大。集团于2007年进军LED产业，在短短几年里，凭借自身技术、管理和市场等各方面优势，已经成为国内LED户外照明应用行业的龙头企业，产品在国内得到了广泛的应用，受到用户的一致好评，得到中央财政预算投资支持及北京市政府的大力扶持，更加巩固了集团在行业内的龙头地位，在以后的发展中将继续占据领先地位。

第二章　高亮度LED户外照明产业化项目主要管理负责人介绍

一、项目总负责人情况简介

法定代表人×××，男，高级经济师，毕业于上海复旦大学经济系，研究生学历；1997年至今任××××××投资集团有限公司董事长、总裁；曾先后荣获“北京市青年星火带头人”“××区十大杰出青年”“中国青年企业家协会优秀会员”等荣誉称号，并担任中国青年企业家协会常务理事、××区政协委员、××市青年企业家协会副会长、××区工商联副主席、××区青联副主席、××区××镇副镇长等政府及社会团体职务；被选举为共青团北京市第十一次代表大会代表。

二、经营负责人简介（略）

三、市场总监简介（略）

四、业务经理简介（略）

五、技术总监简介（略）

第三章 市场分析

一、国际市场

1. 全球LED产业现状与发展趋势

今天，似乎全世界的目光都聚焦在LED这个新型的光源上，它被誉为21世纪的绿色照明产品，人们甚至预言它未来会取代大部分传统的光源，因为它具有寿命长、起动时间短、结构牢固、节能、发光体接近点光源（有利于LED的灯具设计）、灯具材料选择范围大、不需要加反射器、低压、没有紫外线辐射，尤其在公共环境中使用更加安全等特点。再加上LED光源的生产可实现无汞化，对环境保护和能源节约具有重要意义。

目前，全球有近200家公司和300多所大学及研究机构从事LED的相关研究和开发工作，居于领先水平的公司主要有日本的Nichia（日亚化学）、Toyota Gosei（丰田合成），美国的Cree，欧洲的Osram、飞利浦，中国台湾的宏塑、国联、晶元等。这些公司多具有原创性的专利，掌握着LED的核心技术，引领着LED技术潮流。

面对半导体照明将要形成的巨大市场，世界上各半导体公司和照明公司纷纷投入巨资进军半导体照明市场，美国自2000年起投资5亿美元实施“国家半导体照明计划”。美国能源部预测，到2020年前后，美国将有55%的白炽灯和荧光灯被半导体照明所替代。通用电气、飞利浦、欧斯郎世界三大照明巨头，全都起动了大规模商用开发计划，与半导体公司合作或并购半导体公司，成立半导体照明企业。

中国台湾是世界LED生产的最重要基地，其产量超过全球LED产量的1/3，早在20世纪90年代初就已经名列世界第3位。目前，中国台湾的LED产品在全球的市场占有率达28%，超过了美国，居第2位。

2. 巨大的市场需求与广阔的市场前景

美国市场研究公司CIR（Communications Industry Researchers）预测，全球LED产业市场将平均每年增长20%~30%。

……

二、国内市场

1. 我国 LED 产业高速发展

我国 LED 产业起步于 20 世纪 70 年代。经过 40 多年的发展，已初步形成了包括 LED 外延片的生产、LED 芯片的制备、LED 芯片的封装以及 LED 产品应用在内的较为完整的产业链。现阶段，从事该产业的人数达 5 万多人，研究机构有 20 多家，企业有 4000 多家。其中，LED 外延片生产和 LED 芯片制备企业有 50 余家，封装企业有 1000 余家，LED 产品应用企业有 3000 余家。

我国 LED 总体产量和销售额增长较快，均高于国际市场同期增长水平。其中，高亮度 LED（HB-LED）产业的增长速度明显快于 LED 整体产业。

在中国本土企业 LED 产能不断扩大的同时，外商也加大了在中国的投资力度。预计在未来几年中，中国大陆将成为继日本、韩国以及中国台湾之后又一个 LED 产业基地。

2. 技术水平与专利

不可否认的是，现阶段我国 LED 产业仍然存在核心技术缺乏、专业人才短缺、产品质量不高、设备自主生产能力偏弱等发展制约因素。国内的技术水平与国外相比还存在很大的差距，这点在专利方面尤其突出。我国上游专利申请量少，并以外围发明专利为主，下游申请量虽大，但大部分都是实用新型专利。可以说，LED 最先进的核心专利技术仍然掌握在国外 LED 大公司手中，这是个不争的事实。

3. 产业链特点

目前，上游领域的外延片及芯片的核心技术形式仍然是国外领先，国内的芯片生产企业主要还依赖国外的技术，芯片供应能力目前远不能满足需要，必须大量进口。总体来看，国内企业主要集中在下游的终端应用领域。

4. 我国 LED 产业发展前景

2017 年，中国市场 LED 应用产品产值已超过 300 亿元，成为 LED 全彩显示幕、太阳能 LED、景观照明等应用产品世界最大的生产和出口国，新兴的 LED 产业正在形成。中国市场在 LED 照明领域已经形成一定特色，其中户外照明发展最快，年规模达 200 亿，路灯市场每年有 400～500 亿元的市场需求。专家预计，LED 照明进入通用照明市场将在 2～3 年之内实现，其潜在市场将是现有照明行业产值的 3～5 倍。

从目前来看，我国 LED 产业发展动力强劲。《国家中长期科学和技术发展规划纲要》将半导体照明产品明确列为“重点领域及优先主题”，提出“重点研究高效节能、长寿命的半导体照明产品”。节约能源是建设节约型社会的基础之一。“十一五”期间我国将开展十大节能工程，“绿色照明工程”是其中之一。LED 照明产品的应用是一个重要的方面。2006 年 10 月，科技部起动“十一五”半导体照明工程“863 计划”，给半导体照明产业提供了更大的支持。

同时，应该看到我国在发展 LED 产业方面有不少优势。首先，我国有很大的市场需求。例如，普通照明是 LED 未来应用的一个重要领域。而我国有 3 亿家庭，如果 LED 普通照明技术和生产得到突破，市场将会非常巨大。此外，城市景观照明、城市亮化工程对 LED 也有很大需求。2008 年北京奥运会和 2010 年上海世博会对 LED 的城市照明应用进程起到了促进作用。据有关预测，2018 年我国整个 LED 产业的产值将超过 1000 亿元。

5. 2017年国内LED照明应用市场有关数据统计（数据来源：驰昂咨询 Sinotes）

目前LED照明应用市场主要分为景观照明、交通信号灯、室内装饰照明、汽车用照明、室内照明和其他应用领域。

表：2017年中国LED照明市场规模（按应用及销售额分类）（略）

图：2017年中国LED照明各应用市场比较（略）

从以上数据可以看出，景观照明市场是LED照明市场中最大部分之一，主要原因是有来自政府的推动。

（1）目标市场设定

目前我集团专注于景观（户外）照明市场这一规模最大和最具发展潜力的市场，针对的目标主要是政府工程项目。

（2）公司产品市场现状

目前我集团的产品正处于高成长阶段，在国内市场处于技术和市场的领先地位。

第四章 竞争分析

一、竞争优势

1. 技术方面的优势

（1）芯片技术的国际领先性

与拥有国际最先进芯片核心技术的国外厂商合作，在国际国内同行业中保证了芯片技术的领先地位。

（2）在LED照明光学设计上的突破

一直以来，LED 照明，特别是户外照明（如路灯等）配套的二次光学设计是制约 LED 照明应用和发展的最主要的瓶颈，我集团通过自主研发和试验，成功地突破了这一瓶颈，填补了国际国内在这方面的空白，使我集团在光学配套设计领域占据了国际国内的制高点。

（3）在散热技术上的突破

散热问题也同样是制约LED照明应用的瓶颈之一，散热不理想直接影响LED的使用寿命。我集团同样也突破了这一瓶颈，大大提高了LED的使用寿命，自主研发的散热技术在国际国内同行业中处于领先地位。

（4）拥有高亮度LED户外照明五环高杆灯外观设计国内专利

（5）高亮度LED户外照明模块

该模块获得国家电光源质量监督检验中心的检测认证以及北京市技术创新服务中心的新产品新技术鉴定验收证书。

2. 市场成功案例优势

（1）首都市场成功示范效应

为迎接 2008 北京奥运会的召开，我集团经过对首都机场夜景照明的实地考察测量，为首都机场集团研制开发了“北京2008奥运五环标识高杆景观灯”，并已经在首都机场1号航站楼、3 号航站楼广场以及首长专机楼广场点亮。这种照明效果在所有举办过奥运会的城市中都是绝无仅有的，为北京2008年奥运会增添了一道独特的亮丽风景。另外，在北京新媒体产业基地、京开高速永定河大桥、北京六元桥桥区等都有我集团的高亮度LED照明灯矗立。其他正在论证过程中的项目有“北京五环路”“北京生物医药产业基地”等LED照明工程项

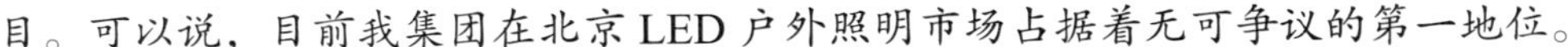

目。可以说，目前我集团在北京 LED 户外照明市场占据着无可争议的第一地位。

（2）天津、山东等地的市场

天津滨海机场同样点亮着我集团的“北京 2008 奥运五环标识高杆景观灯”，与首都机场遥相呼应。同时，我集团的 LED 户外照明产品在山东临沂机场、山东临沂经济开发区、山东临沂滨河生态城等得到了广泛应用，山东成为我集团迄今为止建成的最大的 LED 照明示范工程地区。

3. 国家扶持优势

（1）北京市政府的大力扶持

从进入 LED 产业开始，我集团就得到了北京市政府的关心和大力扶持，市领导和相关部门领导多次到我集团考察和指导。在四川大地震北京对口支援对象什邡市的重建中，市政府指定我集团作为市政 LED 路灯照明建设单位。

（2）中央财政支持

鉴于我集团 LED 产品在技术上的领先优势和产生的巨大市场影响力，2008 年 12 月，我集团实施的“高亮度 LED 户外照明产业化示范工程项目”被国家发展和改革委员会列为全国十大重点节能工程，获得中央预算投资支持，极大地推动了我国高亮度 LED 户外照明产业的研究、开发和推广进程。

4. 产业化、规模化优势

我集团在中央预算投资支持下的高亮度 LED 户外照明产业化示范工程项目建成投产后，将极大地促进高亮度 LED 户外照明产业化进程，真正形成规模化，推动 LED 及相关技术的研究和发展，使我集团同时具备产业化和规模化优势以及先进技术研发优势，届时我集团将年产高亮度 LED 户外照明光源模块 120 万个（25W/个），同时在未来的 3～5 年内占据国内 LED 户外照明市场份额的 30%～40%。

二、对竞争对手的观点

1. 国际

虽然 LED 的核心技术和专利掌握在国外大公司手中，但在 LED 的应用领域，特别是户外照明领域，大家都处在同一起跑线上，而且由于国内政府的推动，我集团的应用发展比国外公司势头更猛，我集团在自身努力和政府扶持下，更是处于行业的绝对领导地位；再加上这个行业处于新兴时期，各国都在发展和培育自己的 LED 市场，短时间内还不会产生国家间的激烈竞争，所以目前我集团不必担心国际竞争对手。相信市场经过洗牌进入成熟期后，我集团必将更加强大，不会惧怕任何国际竞争对手。

2. 国内

虽然目前国内有 3000 多家从事 LED 应用的企业，户外照明应用企业也不在少数，但真正形成规模、成功操作过有相当影响力的项目以及得到中央财政支持的企业，除我集团外，没有第二家，所以我集团是国内当之无愧的领跑者，对于国内的竞争对手会关注，但不必担心。

3. 潜在竞争对手

任何从事 LED 照明应用的企业都是我集团的潜在竞争对手，我集团会通过不断提升自己的实力始终占据行业制高点，永远保持领先。

第五章　商业发展模式

一、市场定位

在计划进入LED产业之初，我集团就对整个LED产业的发展进行了科学详尽的考察和研究，根据研究结果把自己定位于LED产业终端应用企业，并且专注于高亮度LED户外照明产品的科研、生产和销售。因为上游领域的外延片及芯片技术已是国外领先，但在应用端方面，国内外的起点是同步的，只要我集团的发展思路正确，就有机会成为LED产业应用端的领头企业。

二、发展思路

引进世界一流的芯片来封装自己所需要的LED或模块，将其应用于开发产品，降低开发和生产成本，体现整合的优势和性价比，实现产业化，由此相互依赖、相互促进、共同发展。我集团将从提高技术水平入手，开发和生产与LED发光特性相匹配的照明产品，提升企业自身研发水平，开发生产特定应用和细分市场的高规格的“市场型”产品，并研发“战略型”技术，突破尚未成熟的LED应用中的核心技术，提高产品的技术含量和市场地位，抢占行业制高点。

三、盈利来源

盈利来源主要是高亮度LED照明模块销售收入、承接LED户外照明工程的产品销售收入和工程建设施工收入。

四、生产基地建设

在北京高亮度LED户外照明产业化示范项目基地的基础上，未来我集团计划投资5～10亿元，在全国建10个生产基地，寻找各地区有实力、有市场能力的照明行业企业合资经营。我集团投入资金和技术，包括全资、控股、占股3种方式。

五、全国推广计划

1. 全国招募100个加盟商

① 免费提供企业品牌、标识等无形资产。

② 免费提供技术指导、培训、售后服务。

③ 产品价格低于出厂价15%。

④ 帮助地方攻关及市场推广宣传工作。

⑤ 大额政府工程订单可提供运营资金。

⑥ 可代为申请30%、50%的财政补贴。

2. 全国选1000家代理商

① 提供技术指导、售后服务。

② 制定全国统一出厂价。

③ 协助地方攻关与市场推广宣传。

④ 大额政府工程订单可提供运营资金

⑤ 可代为申请30%、50%的财政补贴。

六、服务建设

我集团将努力建设和完善销售、技术、售后等各项服务，提升服务品质，为客户创造更大的价值。

1. 销售服务

面向中间经销商、工程建设单位、直接应用客户，在互惠互利、诚实守信的原则基础上为客户提供销售服务。

2. 技术服务

为客户提供全面周到的技术指导服务，包括模块调试、安装、维护、故障解决等；对工程提供从前期设计、工程实施到后期维护的全面技术指导和帮助。

3. 售后服务

只要是我集团的产品，公司都会提供终身售后服务，一旦出现问题，将第一时间响应并在最短的时间内给予解决。

七、政府工程示范效应

在目前已经建成的政府工程基础上，力争再上一个台阶，建设几个全国知名的政府工程示范项目，并借此辐射全国市场乃至国际市场，提升自己的品牌，赢得同行业企业的尊重，得到国家政府的认可。

八、未来可开发的新盈利增长点

据 Strategies Unlimited 统计，LED 将在未来 10 年内大举进入现被白炽灯和日光灯所占据的价值 120 亿美元的传统照明市场。美国能源部的研究报告分析，到××××年，美国将有 55%的白炽灯和荧光灯被半导体灯替代，每年可节约电费 350 亿美元，半导体灯有望形成 500 亿美元的大产业。国内目前 LED 照明在照明市场的份额还很小，但不代表它不会取代传统照明，恰恰相反，照明市场将是未来 LED 照明的最大市场。所以集团未来的 LED 产品开发会朝着民用 LED 照明方向发展，争取在这个市场中占据重要地位，增加新盈利点。

第六章 融资需求

一、资金需求说明

2017 年 12 月，集团实施的“高亮度 LED 户外照明产业化示范工程项目”被国家发展和改革委员会列为全国十大重点节能工程，获得中央财政预算投资支持，整个项目投入除政府资金和集团自筹资金外，还需要对外融资 6000 万元左右。

二、资金用途

资金主要用于建设 13 300 平方米的组装生产车间、检测室、库房、办公楼等，以及引进一条国际先进的高亮度 LED 模块产品生产、组装、检测生产线。

三、融资方式

目前主要采取股权融资、固定资产中长期贷款方式。

四、资金退出方式

投资方可采取股权转让、集团股权回购或股票上市的方式退出。贷款到期一次性还款。

第七章 集团财务信息

一、集团 2017 年销售收入、净利润情况

表： 单位：万元

销售收入	成本	税金及附加	主营业务利润	费用	利润总额	税金	净利润
3650.00	1864.17	11.68	1774.15	131.65	1642.5	410.63	1231.87

二、集团未来3年销售收入、净利润预测

表：

年份	销售收入	净利润
2018	30 000	9 900
2019	60 000	20 400
2020	100 000	35 000

（资料来源：企业供稿.）

思考与练习

一、填空题

1. 投资，是指为达到一定目的而＿＿＿＿＿＿的行为。

2. 企业投资可细分为＿＿＿＿＿、＿＿＿＿＿、＿＿＿＿＿与＿＿＿＿和＿＿＿＿＿＿等。

3. 企业决策的核心内容是＿＿＿＿＿＿＿＿＿＿。这里的有限资源是＿＿＿＿＿＿＿，核心问题是＿＿＿＿，凭借的手段是＿＿＿＿＿＿＿。

4.工业项目可行性研究的内容，概括起来有三个方面，即＿＿＿＿＿＿＿、＿＿＿＿＿＿＿、＿＿＿＿＿＿。

5. 商业计划书从介绍＿＿＿＿＿＿＿入手，重点说明项目的＿＿＿＿＿＿＿、＿＿＿＿＿＿＿以及＿＿＿＿＿的问题。

二、名词解释

投资　　决策　　可行性研究报告　　商业计划书

三、简答题

1. 新项目投资的决策活动具有哪几个构成要素？
2. 项目投资决策的定量分析方法，在本质上包含哪两个方面的内容？
3. 工业项目可行性研究报告的意义是什么？
4. 商业计划书与可行性研究报告两者在写作的侧重点和思路上有何不同？

四、分析题

1. 请分析可行性研究报告“分论”中的“1）市场需求预测和拟建规模”中六点内容写作的逻辑思路。

2. 试对例文2中“第六章　融资需求”与前面各章的逻辑联系做结构原理分析。

五、写作练习题

1. 请假设一投资项目，模拟写作其可行性研究报告。
2. 请根据上题中的项目，模拟写作商业计划书。

第 8 章　新产品研究类文书写作

教学目标与要求：

1. 通过理解什么是技术开发与新产品研究，认识新产品研究的事务特点及该类文书写作的思维机制特点；
2. 认识新产品研究中几种最基本的管理性文书的使用方法；
3. 重点理解和掌握上述常用管理性文书写作的基本结构思路及结构原理。

8.1 概述

8.1.1 科研、技术开发与新产品研究

一般意义上的科研，是指科学与技术的研究活动及其成果。而科学技术转化为生产力，还需要通过将新的科学技术成果应用于生产实践的研究，即技术开发。企业的科研主要是指技术开发。

在工业中，技术开发的内容主要包括以下两个方面。

第一，将新的科研成果应用于生产工艺的研究开发。其意义在于，通过发明新的产品加工方法或对传统产品加工方法的改进提高产品质量、降低生产消耗、扩大生产能力，有效增强企业竞争力。

第二，将新的科研成果应用于产品的研究开发。其意义是通过产品的更新换代或增加新的产品品种来赢得企业的生存与发展。

本章所述的新产品研究，包括从新产品的设计研究、试验至试行生产的整个过程。这项工作的主要内容有市场调查研究和需求预测，提出开发新产品的初步设想和创意构思，进行研究试验与工作图设计；工艺方案的研究与设计，进行样机的试制、试验，新产品的小批试制、质量鉴定，制定产品质量标准、质量控制方法及完成产品企业标准的上级备案，从而经过试生产和试销进入定型投产。

8.1.2 新产品研究涉及的应用文

在新产品开发过程中，除要完成大量单纯技术性文件外，还要写作大量管理性文书。由于在整个工业的发展与进步中，机械工业在管理上有着规范性和典型性的特点，故本章的理论探索和理论阐述以机械类产品的研究开发为根据。但需要注意的是，企业的新产品研究开发，因不同产品的技术内容不一样、涉及的事务特点不一样，写作相关应用文的具体模式和内容是有差别的。

在技术开发工作中，关于新产品研究开发涉及的主要应用文有新产品设想方案，新产品研究设计、生产的可行性分析报告，新产品开发项目建议书、新产品开发计划任务书，试验大纲，试验报告，试制工艺方案，试制鉴定大纲，试制总结报告，设计评审报告，新产品质量分析报告，产品质量信息反馈报告等，新产品最终定型投入生产时，还要编写商品说明书。

本章只介绍其中几种最基本的管理性文书的写作。

8.1.3 新产品研究类文书写作的思维机制特点

第一，每份文书的写作都涉及新产品研究的一定程序中的特定事务内容，反映的特定事务内容的针对性要强。

第二，新产品研究需要遵循市场需求、产品的功用性能与技术相统一的原则。文书要反映主体实现这种统一研究活动的依据与研究活动的程序。

第三，该类文书应区别于单纯技术性文件，明确是为规范管理服务的。也就是说，该类文书的目的是实现新产品研究活动的有序性和管理规范化，以保证新产品研究工作能体现决

策层的意志并保持高效率运行。

8.2　新产品开发项目建议书写作

8.2.1　文体适用特点

提出新产品设想方案及先行试验和可行性分析研究属于新产品研究前期准备阶段的工作。在完成上述工作，认定设想方案基本可行后，研究者才正式向决策层提出该新产品方案立项开发的请示。研究者用来描述新产品及其开发前景，请求决策层正式批准起动该新产品开发方案的请示性文书就是新产品开发项目建议书。

写作新产品开发项目建议书的目的：一是提出报请决策层批准的新产品开发方案；二是为下达新产品开发计划任务书，以及指导新产品的设计和试制提供理论依据。

8.2.2　正文写作的基本结构思路

新产品开发项目建议书旨在让决策层具体了解“该新产品是什么样的产品”“拟如何开发这一新产品”，从而促使决策层下定决心批准建议方案，以此主导写作思路。其具体内容如下。

1）企业开发新产品的依据、产品类型、产品用途及使用范围。

2）新产品方案。

① 基本参数及主要技术性能指标。

② 主要部件结构。

③ 标准化综合要求，包括应贯彻的产品标准和其他现行技术标准、新产品预期达到的标准参数、对材料和元器件标准化的要求、与国内外水平的对比、对新产品的标准化要求及预期达到的标准化经济效果等。

④ 关键技术解决办法及关键元器件、特殊材料、货源情况分析。

3）产品的技术先进性和经济合理性的初步分析。

① 国内外同类产品水平的分析比较。

② 对新产品的设计性能、寿命与成本方面的分析比较。

③ 产品既满足用户需要，又适应本企业发展要求的情况。

4）新产品设计、试验、试制计划及费用估算。

8.2.3　写作结构原理分析

新产品开发项目建议书正文的内容分为以下四大部分。

1. 企业开发新产品的依据、产品类型、产品用途及使用范围

这是文书的导言部分。这里的“依据”是指要开发该新产品所依据的市场背景及其他动因；“产品类型”是指该新产品性能的行业归属（如化工类、电子类或机械类）；“产品用途及使用范围”是指产品满足社会需求的功用特点及具体适用范围。该部分内容是对开发新产品及其开发工作的依据先做概要性陈述，以为后文做铺垫。

2. 新产品方案

该部分是具体介绍新产品技术设计的内容。写新产品开发项目建议书的目的是报请决策层批准立项该新产品开发方案。开头提示了要开发新产品，顺应人们的思维顺序，当然紧接着就要介绍所设计的是什么样的产品。而且决策层常是懂业务、懂技术的行家里手，所以这里对产品设计思路的陈述要详细地将技术原理及技术参数说明清楚。

3. 产品的技术先进性和经济合理性的初步分析

描述了所要开发的新产品是什么样的产品后，紧接着就要回答该产品投入市场的前景。因此要将该新产品与已进入市场的其他同类产品从技术先进性和经济合理性上来比较，分析其优势所在。只有所开发的新产品具有上述优势，才能具有市场竞争能力，这是对新产品开发价值的评价。该新产品具有开发价值，决策层才会批准该新产品开发项目的立项。

4. 新产品设计、试验、试制计划及费用估算

这部分内容的主要意义是为决策层在审批该新产品开发项目时的经费划拨提供依据。新产品开发项目一旦立项，就要全面起动研究开发工作。而新产品的研究开发工作要投入一定的人力、物力，需要有经费支持。所以在项目建议书中，要制定新产品开发的详细计划预案，并测算所需费用，以便决策层同时进行经费的审批。

遵循上述思路才能写清楚：第一，为什么建议开发该产品，从该产品的功用、性能特点、设计原理及技术先进性和经济合理性，去说明该产品能满足市场需求，有进入市场的竞争优势而具有开发价值；第二，如何开发，从新产品设计、试验、试制计划及费用方面向决策层报告开发工作的整体方案。决策层了解了拟要开发的新产品有开发价值，且开发的详细方案是可行的，才能下决心批准项目的立项，项目建议书写作的目的便实现了。

8.3 新产品试验大纲写作

8.3.1 文体适用特点

试验几乎伴随着新产品研究的全过程，早在新产品的设想方案阶段就已开始这项工作，但那时的试验以局部的小型试验为主，投入的人力、物力和时间都不多。而通过这类试验完成新产品设想方案正式进入立项开发工作后，管理工作也正式规范起来。尤其是试制阶段和试生产中加工出来的新产品的试验，由于要验证图样设计的准确性和新生产工艺的可行性，往往要对新产品的各种性能做全面的检测，而且试验过程复杂，投入的人力、物力和时间也多，故要在事前认真全面地研究试验工作，并制定和形成书面试验方案，以指导和保证试验工作实现预期目标。这种对已成型的新产品为检测其设计图、原理、结构、材料、产品性能以及生产工艺是否正确可行，而规定试验项目、试验程序、试验方法和要求，以为新产品试验工作的顺利进行提供纲领性依据的文书，就是新产品试验大纲。

8.3.2 正文写作的基本结构思路

新产品试验大纲一般包括以下内容要点。

1）试验项目名称。

2）试验依据，对试验所依据的原理、理论做简要说明，包括所涉及的专业术语，依据的重要公式、定律，推算的重要结果。

3）试验目的，通过此试验要实现的目的及效果。

4）试验内容，需试验的具体细分项目。

5）试验条件，所需仪器、设备及环境条件。

6）试验的方法、步骤和相应记录表格的说明。

7）注意事项，即试验中所要注意的问题。

8）试验报告，对试验活动完成后要提交的试验报告的要求。

9）试验所需经费的预算。

10）提出试验任务的单位。

8.3.3 写作结构原理分析

新产品试验大纲也可以按开头、主体、尾部的模式进行分析。

1. 开头

开头即内容要点中的 1）～3），分别通过试验项目名称明确试验什么；通过试验依据的陈述说明该任务的来源以及试验所依据的原理、理论；通过陈述试验目的，为主体部分中对试验内容、条件、方法的规定做铺垫，以此统摄全文。

2. 主体

主体即内容要点中的 4）～7）部分，是为实现试验的既定目的而规定试验怎么做的具体内容、方法和要求。新产品试验大纲的宗旨是为保证试验实现预期目的而事先制定的关于指导试验如何具体操作的方案，所以该部分内容是全文的重点。其中，“试验内容”通过对项目分解的子项目内容的陈述来规定试验的具体内容；“试验方法”从试验的程序方法要求上说明试验应怎么操作；“试验条件”，既是对试验内容的相应方法所需设备及环境条件的补充，又为后续的“经费预算”提供依据；“注意事项”则是对操作程序方法中的重点环节中需重点把握的问题做突出强调。这样写，试验怎么做就规定清楚了，该试验大纲写作的宗旨也就实现了。

3. 尾部

尾部包括经费预算和试验报告的要求。其中，经费预算是“试验怎么做”所派生出的内容。因为这里的试验工作是组织行为（不是个人行为），作为经济活动的组织行为需要组织提供经济条件的保证——就是提供经费的支持。这部分内容不属于指导试验的方案内容，而是为决策层提供审批经费的依据，所以归于文书的尾部。试验报告，则是对试验任务完成后的成果形式的规定，即要以试验报告的书面形式向领导机关或委托机关报告试验的情况和结果，这也属于尾部的内容。

例文 1

第二届中国客车节油大赛试验大纲

一、项目承担单位和委托单位

项目承担单位：原交通部公路交通试验场。

项目委托单位：第三届中国国际客车大赛暨第二届中国客车节油大赛组委会

二、任务来源

受第三届中国国际客车大赛暨第二届中国客车节油大赛组委会委托，原交通部公路交通试验场对参赛企业提供的车辆进行最高车速和燃油经济性测试。

三、试验项目

1）汽车最高车速试验：对公路、旅游客车进行最高车速试验。

2）汽车燃油经济性试验：进行等速燃油消耗量试验（公路、旅游客车）或四工况循环燃油消耗量试验（城市客车）。

四、试验依据

1）GB/T 12534—1990 汽车道路试验方法通则。

2）GB/ T 12544—2012 汽车最高车速试验方法。

3）GB/T 12545.1—2001 乘用车燃料消耗量试验方法。

4）GB/T 12545.2—2001 商用车燃料消耗量试验方法。

5）GB 9744—2015 载重汽车轮胎。

五、试验条件

1. 车辆：参赛车辆

1）验样车，由工厂按规定进行磨合试验，车辆装备完整性及装配调整情况符合该车装配调整技术条件的有关规定。

2）车辆试验前进行不少于 10km 的预热行驶，使汽车发动机、传动系统、轮胎及其他部分预热到正常工作的温度状态。

2. 载荷

1）公路、旅游客车进行最高车速试验时，按厂定总质量加载。

2）公路、旅游客车进行等速油耗测量时，按规定总质量（厂定整车整备质量加上规定装载质量）加载。不同类型客车长度的规定装载质量见表 1。

表 1　不同类型客车长度的规定装载质量

车长 L（m）	12≥L>11	11≥L>10	10≥L>9	9≥L>8	8≥L>7
规定装载质量/kg	3600	3300	3000	2700	2400

3）城市客车按厂定装载质量加载（厂定装载质量 = 厂定总质量 − 厂定整车整备质量），进行四工况循环燃油消耗量试验。

4）厂定整车整备质量和总质量以《定型试验报告》为准，试验场将对参赛车辆进行测量、核对，加载时按厂定总质量或规定装载质量加载，与实测整车整备质量无关。

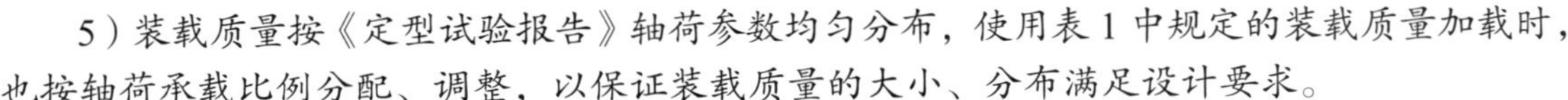

5）装载质量按《定型试验报告》轴荷参数均匀分布，使用表 1 中规定的装载质量加载时，也按轴荷承载比例分配、调整，以保证装载质量的大小、分布满足设计要求。

3. 轮胎气压

在整个试验过程中（包括最高车速、等速燃油消耗量、四工况循环燃油消耗量试验），轮胎冷充气压力的设定应参考该车轮胎厂家按型号而定的最大额定气压，并根据车辆在厂定总质量加载时的实际轴重，依据国家标准《GB 9744—2015 载重汽车轮胎》对轮胎气压进行检查、调整。误差不超过 10kPa（$\pm$0.1kgf/cm^2）。

4. 气象条件

风速≤3 m/s，0℃＜气温＜40 ℃，湿度＜90%。

5. 道路条件

交通运输部公路交通试验场的长直线性能路和高速环形试验路。

6. 仪器设备

进口速度分析仪、燃油流量计（均经过国家级计量检定单位检定）。

7. 燃油

统一使用交通运输部公路交通试验场提供的符合国家标准的试验用油。

六、试验方法

1）公路、旅游客车最高车速试验，在厂定总质量状态下按照《GB/T 12544—2012 汽车最高车速试验方法》的要求进行测试，往返各进行一次。

2）公路、旅游客车燃油消耗量试验参照《GB/T 12545.1—2001 乘用车燃料消耗量试验方法》中等速燃油消耗量测试方法的要求，进行 5000m 封闭环路燃油消耗量测试。在规定总质量（厂定整车整备质量加上规定载质量）状态下，参照《GB/T 12545.2—2001 商用车燃料消耗量试验方法》用最高挡位按规定车速测量不同车速状态下的等速燃油消耗量。规定车速分别设定为 50 km/h、60 km/h、70 km/h、80 km/h、90 km/h、100 km/h。试验进行两次，取两次试验结果的算术平均值作为测试结果。

3）城市客车按照《GB/T 12545.2—2001 商用车燃料消耗量试验方法》中四工况循环方法的要求进行燃油消耗量测试。

（1）城市客车的四工况循环见图 1，具体工况说明见表 2。

图 1（略）。

表 2　城市客车四工况循环说明

工况序号	运转状态/（km/h）	行程/m	积累行程/m	时间/min	变速器挡位及换挡车速/（km/h）	
					挡位	换挡车速
1	0～25 换挡加速	5.5	5.5	5.6	Ⅱ～Ⅲ	6～8
		24.5	30	8.8	Ⅲ～Ⅳ	13～15
		50	80	11.8	Ⅳ～Ⅴ	19～21
		70	150	11.4	Ⅴ	
2	25	120	270	17.2	Ⅴ	
3	（30） 25～40	160	430	（20.9） 17.7	Ⅴ	
4	减速行驶	270	700		空挡	

（2）试验方法

① 汽车尽量用高挡位进行试验，当高挡位达不到工况要求时，应降低一挡进行，当车辆进入可使用高挡位行驶的等速行驶路段或减速行驶路段时，再换入高挡位进行试验。

② 在减速行驶中，应完全放松加速踏板，离合器接合；当试验车速下降至 10km/h 时，离合器分离；减速工况必要时允许使用车辆制动器。

③ 试验车辆在四工况下的终速度偏差为 ± 3km/h，其他速度偏差为 ± 1.5km/h。在各种行驶工况改变过程中，允许车速偏差大于规定值，但超过车速偏差的时间不得多于 1s，即时间偏差为 ± 1s。

④ 在厂定总质量状态下，按四工况试验燃油消耗量。往返各进行一次，取两次试验结果的算术平均值作为试验测试值。

七、试验数据

原交通部试验场负责提供数据处理后的《燃油经济性试验报告》，保证其所提供的试验数据真实、可靠，并保证不向任何第三方提供试验数据及试验资料。

八、试验安排与组织

1. 人员

试验由原交通部公路交通试验场整车试验部人员承担，参赛企业最好能提供相应技术人员。

2. 时间

自××××年 3 月 5 日起，在天气、场地、人员等条件允许的情况下尽快完成任务。

3. 进度安排

每天计划进行 2 辆车的试验，包括数据处理。

4. 其他

由于北京春天属于多风季节，为确保燃油消耗量测试的准确性，每天都需根据风速条件选择有限的试验时间，委托方通知参赛企业按日程安排（另发）提前将车辆送至试验场进行测试。

九、试验收费

原交通部试验场对本委托试验收费见表 3。

表 3 试验费用表

项　　目	试验费用 /（元 / 车）
公路、旅游客车等速燃油消耗量试验	6000（规定载荷、6 个速度点）
公路、旅游客车最高车速试验	1000
城市客车四工况油燃油消耗量验	5000

附：试验车辆相关技术参数表.doc（略）

（资料来源：http://www.cqvio.com/qk83693x/2007/02/24019885.html.）

8.4　新产品质量分析报告写作

8.4.1　文体适用特点

新产品在正式批量投入生产前，需要经过一个小批量产品试制的生产检验、型式试验与用户试用的过程。企业质量管理部门要依据上述过程中反馈的一系列信息，对产品质量及管理进行综合性分析，审视的重点包括新产品的设计方案、工艺技术和质量管理的途径和方法，并写出书面的质量分析报告。新产品开发研究中的质量分析报告，是企业质量管理部门依据新产品的试制、试验和试用，对产品质量进行综合分析后提交的报告性文书。其意义主要是从产品质量上，对新产品的设计、工艺、生产及管理做出综合性评价，以为新产品研究开发工作的鉴定意见提供依据。

8.4.2　正文写作的基本结构思路

新产品质量分析报告的写作要围绕综合性评价意见及评价的依据来展开思路。

1. 导言

导言部分概括说明新产品及其研究情况，陈述分析的目的。

2. 主体

主体部分具体阐明分析的思路，内容如下。

（1）检验产品质量的依据

其依据包括产品质量标准、产品设计图样及技术条件、产品检验和企业产品质量验收技术条件、工艺规程等。

（2）企业如何实施产品质量控制的方法

这些方法包括进厂原材料复检，半成品、零部件的检查，外构件、外协加工件入厂和装配前的复检、筛选，装配过程检验及成品检验等。

（3）产品质量状况

1）主要零部件加工质量检验情况（列表，内容包括图号、项目、允许值、实测结果）。

2）主要外购件、外协件质量检验情况（列表，同上）。

3）铸件、锻件、涂覆件质量情况（列表）。

4）关键零件、部件临界值试验、可靠性试验情况（列表）。

5）整机出厂检验质量情况（列表）。

（4）形式试验情况（见 8.4.3 节）

1）利用企业内部检验手段，抽样后进行的形式试验（列表）。

2）有关法定检验部门的形式试验（列表或附检验报告）。

（5）综合分析

1）综合分析生产加工装配过程中确定的问题。

2）生产过程中存在的问题及改进意见。

3）产品设计中潜在的问题及改进意见。

4）企业检测工具、仪器设备、检验制度建设情况及存在的问题与改进意见。

（6）产品质量分析结论及意见

综上检验和分析，质量部门提出可否转入正式生产的意见。

3. 尾部

尾部在分析的基础上给出解决问题的建议或措施。

8.4.3 写作结构原理分析

1. 导言

由于是新产品质量分析报告，所以开头要说明分析对象是哪种新产品，并介绍前期的研究情况，同时陈述分析目的。报告的主体部分写什么、如何分析要依据分析目的来展开，导言部分陈述分析目的，就明确了主体部分的分析方向，达到统摄全篇的效果。

2. 主体

新产品质量分析报告写作的宗旨，是通过对试制出的新产品进行质量分析评价，为鉴定该新产品的研究开发是否成功提供依据。

这里首先要明确的问题是两个：其一，以什么为依据去分析评价新产品的质量，也就是说明企业制定并报上级备案的新产品的质量标准；其二，如何遵循该标准来控制生产过程中的产品质量，即生产过程中的产品质量控制方法与相关制度。这就是主体部分的（1）、（2）两点内容的思路根据。

紧接着就是遵循人们的认识思路去介绍在上述标准和控制方法下制作出的新产品的质量状况。这里又分两部分内容，即主体部分的（3）、（4）点。其中，第（3）点分析各结构件（这里是依据机械类产品）的加工质量状况。因为对于机械类产品，保证各结构件的加工质量是产品（成品）质量保证的前提条件，所以要从产品结构件质量状况的分析入手。第（4）点中的型式试验，是指为了验证产品能否满足技术规范的全部要求所进行的试验。它是新产品鉴定中必不可少的一个环节，只有通过型式试验，新产品才能正式投入生产。试验依据是型式试验规程或型式试验细则。

承接上述检验的质量状况做综合分析，即第（5）点。这里的综合分析要注意与上述的（3）、（4）点内容相区别。（3）、（4）点内容重在对检验出的质量指标数据的陈述，以为综合分析提供依据；而综合分析则是依据（3）、（4）点中提供的根据做定性分析，继而得出结论意见，即第（6）点，也就是该新产品的研究开发是否成功或是否能够成功。

3. 尾部

新产品研究过程中的质量完全过关常常需要一个渐进的过程。存在的问题可能是设计问题、工艺技术问题或质量控制中的问题。因此，若结论是该新产品的研究中设计和工艺技术是成功的，但存在局部问题需进一步改进，那么在尾部应针对存在的问题或从设计上，或是从工艺技术上，或从质量控制上提出改进意见。改进意见即构成尾部的内容。这种写法最具代表性。

当然也有其他写法，若从前述的质量分析中得出的结论是该新产品在设计或工艺技术上是不能成功的，那么该结论即是全文的结束语。这种写法的可能性很小，因为如果经过质量检验证明该新产品的研究是完全失败的，也就不必花功夫提供该新产品的质量分析报告了，仅给简单结论予以否定即可。

例文 2

关于××牌 XPB20-5S 型双桶洗衣机产品质量分析报告

我厂生产的 XPB20-5S 型洗衣机是经市场研究和预测，为满足消费者的需要而试制生产的双桶并带有喷淋漂洗功能的新型洗衣机，自 1985 年 7 月进入小批量生产，至今已生产了万余台。该机除保持原双桶洗衣机的优点外，还广泛吸取国内外同类产品的优点，不论在外观造型，还是主要性能指标及使用功能上都较原双桶洗衣机有很大改进，经试销，用户较满意。现将 XPB20-5S 型洗衣机的质量检查情况报告如下。

一、产品的检验依据

1）国家标准：GB/T 4289—1984 家用电动洗衣机的安全要求。

2）内控标准：Q/IAMPI—85。

3）产品设计图样。

4）产品设计技术条件：MX—TT0213—4。

5）产品工艺规程。

二、产品质量的控制方法

为确保产品质量，根据我厂颁发的《质量管理手册》和民电厂质量管理等有关办法，对产品的所有零部件进行了特性功能分类，列出关键件、重要件，进行重点控制。在对产品质量影响较大的工序中确定出关键工序，并建立相应的质量管理点，用“质量管理点控制卡”对产品的生产过程实行重点控制。

对洗衣机所有自制零件均实行“三检”制，外购件由我厂认定的厂家供应，严格按公司《民品外购件质量监控制度》执行，对外购件严格执行入厂复检和抽检制度。重要件，如电动机、定时器、电源线实行 100%检验，电容、琴键开关实行 10%～20%的抽检，不合格的产品不装机。洗衣机出厂必检项目严格按照 GB/T 4289—1984 和内控标准 Q/l AMPI-85 所规定的内容 100%进行检查；抽检项目按照 GB2828-31 进行抽样，依照 CB/T 4289—1984 和内控标准 Q/IAMPI—85 进行测试。

三、产品的质量水平

XPB20-5S 型洗衣机共有零件、组件 152 项，其中自制件 31 项，外购、外协件 96 项，标准件 26 项。

自制件选用进口和国产的优质材料，严格按公司有关《民品材料质量管理制度》进行检查，不合格的材料不投料生产。

（一）主要质量水平

序号	名　称	材料牌号	成品合格率(%)
1	洗涤内桶	LF21−M−£1.5	98.6
2	外箱体	08F−£0.6	99.3
3	刹车盘	A3− £1.0	99.2

（二）外购、外协件的质量水平

序号	名 称	规 格	生产厂家	人厂复检合格率	备 注
1	洗涤电机	120W	贵阳385厂、湖北3015厂	99.8%	优质产品
2	脱水电机	40W	湖北3015厂	99.6%	优质产品
3	洗涤定时器	0～15分	烟台定时器厂	99%	
4	脱水定时器	0～5分	烟台闹钟厂	99.2%	
5	脱水桶		大连搪瓷厂	97%	个别有碰伤
6	控制台		沈阳电工模具厂	98.5%	
7	口框		山东黄县塑料厂	99%	
8	底座		山东黄县塑料厂	98%	运输碰裂
9	含油轴承		浙江五环轴承厂	99.8%	

（三）整机出厂检验项目的质量水平

整机出厂前按《GB/T 4289—1984 家用电动洗衣机的安全要求》和 GB 2828—31《逐批检查计数抽样程序和抽样表》，以及 Q/I AMPI—85 企业标准所规定的内容，对必检项目和抽检项目进行测试，经测试鉴定合格的方准出厂。

1．出厂必检项目质量水平

序号	检查项目	测试标准	检查结果	合格率(%)
1	绝缘电阻测试	常态：≥50MΩ；热态：≥20MΩ	合格	100
2	接地电阻测试	≤0.2Ω	合格	100
3	电气强度试验	常态：190V/s，热态：150V/min	合格	100
4	制动性能试验	空载4s、停车50mm断电	合格	100
5	试运转检查	正常	合格	99.9
6	外观和装配检查	正常	合格	98.1

序号	检 查 项 目	检查结果	合格率(%)
1	起动特性试验：220V×85%	合格	100
2	电压波动特性试验：220V±10%	合格	100
3	防漏性能检查	合格	100
4	消耗功率测定：$P_{\%} < P_{min} \times 115\%$	合格	100
5	温升试验 $T \leqslant 67℃$	合格	100
6	泄漏电流≤0.3mA	合格	100
7	淋水绝缘性能试验：≥4MΩ	合格	100
8	灌水绝缘性能试验：s4MΩ	合格	100
9	电源线夹紧拉力试验100N25次<2mm	合格	100

3. 整机性能

XPB20-5S 型洗衣机型的试验经“××市产品质量监督检验”抽检测试检查，全部试验项目符合《GB/T 4289—1984 家用电动洗衣机的安全要求》所规定的要求（详见鉴定报告）。

四、综合分析

1）××牌 XPB20-5S 型双桶洗衣机经试制和小批量生产，并不断改进和完善，基本达到了以下要求。

（1）设计结构合理，性能可靠，造型新颖，使用方便。

（2）技术资料齐全合理。

（3）工装、设备齐备，工程的质量较好。实行定岗定员操作，保证了产品的质量。

（4）严格控制原材料质量。对承制厂实行质量考察认定，厂际质量保证体系比较完善，保证了外购、外协件的质量。

（5）质量管理体系健全，通过质量管理点对生产的全过程实行了严格控制。

（6）本着“质量第一，用户第一”的宗旨，做好销售和售后服务工作，让用户满意，受到用户的好评。

2）存在的问题。

（1）个别外购、外协件质量有波动现象。一要加强信息传递，将信息反馈给承制厂；二要派人到承制厂共同处理质量问题。

（2）内桶周转环节多，易造成外观缺陷，现已加强管理，改善运输条件，提高内桶质量。

五、质量鉴定结论

××牌 XPB20-5S 型双桶洗衣机经试制、小批量生产和销售所反馈的信息来看，质量是稳定的，测试指标符合国家标准《GB/T 4289—1984 家用电动洗衣机的安全要求》，具备批量生产条件，特请鉴定委员会审查。

××制造公司质量管理处（公章）

××××年×月×日

8.5 商品说明书写作

8.5.1 文体适用特点

企业在新产品开发成功后，在正式将产品推向市场前要写好商品说明书，以向用户介绍产品的用途、性能、使用和保养方法，指导消费者正确使用该商品。

8.5.2 商品说明书的形式

一般来说，商品说明书是随商品一起送给用户的，简单的商品说明书只有几行文字，而科技含量高的商品说明书则内容复杂，篇幅也长，需要按一定格式写作。

为了方便，简短的商品说明书就印制在商品或商品的包装物上，篇幅较长的说明书则需用专用纸张或书册。对于结构复杂、使用技能要求比较高的产品，除文字外，还使用图表，有些图例还加以艺术处理，使说明书图文并茂，有审美效果。

8.5.3 正文写作的基本结构思路

1）商品名称及性能功用特点。

2）商品规格、主要技术参数。

3）结构原理（或电路原理或化学构成成分）。

4）操作程序及方法。

5）维护与保养。

6）安全注意事项。

7）企业信息（包括地址、邮政编码、电话号码等）

8.5.4 写作结构原理分析

1. 导言

商品说明书写作的宗旨是指导用户正确使用商品。而用户购买商品是因为物有所用，商品的有用性是通过它的性能功用特点来体现的。所以，开头部分首先要介绍该商品的性能功用特点，即内容1)，以满足用户迫切需要知晓这一信息的要求。同时，这样写也是为主体部分——结构原理的描述和使用方法的说明做铺垫。

2. 主体

主体部分由两大部分内容构成：其一，该产品的性能功用特点是怎样实现的，主要从内容“2）商品规格、主要技术参数”和内容“3）结构原理”进行说明，以帮助用户从正确认识商品入手，去理解下文的商品的使用方法；其二，该商品的使用方法，包括操作程序及方法、维护与保养和安全注意事项，即从内容 4)、5)、6）三个方面将具体使用方法详细说明清楚，以实现写作的宗旨。

3. 尾部

尾部说明商品的产出处，提供企业信息，即内容7)。该部分内容的意义是：其一，宣传企业；其二，表明由该企业对此产品的质量负责。

例文3

×牌×型家用洗衣机

（使用说明书）

本机适用于家庭洗涤各种织物。本机电气双重绝缘，安全可靠，具有上下两种进水、单双两种洗涤选择和脱水功能，并有排水、溢水等装置，操作简便，性能良好。

一、性能和规格（略）

二、主要结构(略)

三、使用准备

1）定时器均置于“0”位，排水旋置于闭合位置。

2）将进水管连接水龙头和注水口，将排水软管的出口对准下水道。

3）将电源插头接通电源。

四、洗衣

1）打开水龙头注水，水位线的选择和洗衣粉的用量可参考下表。

衣物重量(干)	水　位	洗衣粉用量/千克
1 千克以下	“1”水位	40～50
1 千克以上	“2”水位	50～60

2）将衣服松开放入洗涤桶。

3）开动洗衣机定时器。洗衣选择和时间可参考下表。

衣物重量	布质类别	洗衣时间/分钟	洗衣选择
1 千克以下	合成纤维、人造丝、真丝、羊毛	2～4	双向
	棉麻	5	单向
		6～7	双向
	极脏的棉麻织物	7	单向
		9～10	双向
1 千克以上	合成纤维、人造丝、真丝、羊毛	2～4	双向
	棉麻	6	单向
		7～8	双向
	极脏的棉麻织物	8	单向
		10～12	双向

4）洗衣完毕，转动排水旋钮排水，水流尽后关闭旋钮。

五、漂洗

1）再注入清水进行漂洗，时间一般为 3～6 分钟。轻薄衣服漂洗不宜超过 3 分钟。

2）排水后再次进水漂洗，一般漂洗 2～3 次。

3）本机也可进行连续漂洗。方法是进水到一定水位后，一边漂洗，一边进水/排水，直至漂清后停止漂洗。

六、脱水

1）打开脱水桶外盖，将漂洗后的衣服均匀地放入缸中，盖上脱水桶内盖，以免脱水时衣物飞出桶外。

2）盖上水桶外盖。脱水时间选择：薄衣服，1 分钟；毛织品，1～2 分钟；内衣、针织品，1～3 分钟；床单、毛巾，3～4 分钟。

3）起动定时器脱水，必须待脱水桶完全停止旋转后再取衣服。

4）在漂洗或脱水过程中如中途需要停止，可将定时器转至“0”位。

七、保养

1）洗涤前，宜将衣服上的沙土抖落，取出口袋中的物品，以免机件受损。

2）洗涤用水温度不宜超过60℃，切忌开水注入，以免损坏机件。

3）洗衣机切勿安放在近火炉、高温和强光直射处，以免塑料变色变形。

4）洗涤物不得超过2千克（干衣服），否则影响洗涤效果。

5）使用后要抹干水渍和污物。

6）每年要向皮带轮上部的加油孔中注入10#机油，以保证良好的润滑。

八、注意事项

1）在通电情况下，切勿打开后盖、拨弄电动机和机内零件。

2）请勿擅自拆动机内电器接线和电气元器件。

3）洗衣机使用完毕后，应切断整机电源。

4）为确保本机外壳接地良好，用户不要自行装拆机壳后面带有 ⏚ 标记的接地线螺钉。

九、电气接线原理图（图略）

××洗衣机厂：

地址：

电话：

电挂：

邮编：

（资料来源：https://www.docin.com/p-2174327349.html.）

思考与练习

一、填空题

1. 一般意义上的科研，是指________与________的研究活动及其成果。

2. 商品说明书的正文部分包括______、_______、________、_________、________、_________、________部分。

3. 新产品质量分析报告的主体部分包括_______、________、_______、________、________、________部分。

二、名词解释

新产品开发项目建议书　新产品试验大纲　新产品质量分析报告　商品说明书

三、简答题

1. 在工业中，技术开发包括哪两方面的内容？
2. 新产品研究类文书的写作思维机制特点是什么？
3. 写作新产品开发项目建议书的宗旨是什么？
4. 新产品试验大纲的一般结构思路包括哪些内容？
5. 新产品质量分析报告的意义是什么？
6. 新产品质量分析报告由哪些结构内容组成？

四、分析题

试做“例文 3”的写作结构原理分析。

五、写作练习题

为你所熟悉的某种商品拟写一份商品说明书。

第9章　经营战略与营销策划类文书写作

教学目标与要求：

1. 通过了解营销观念的演进，理解什么是营销策略与营销策划，认识营销策划的事务特点及营销策划书写作的思维机制特点；

2. 认识企业经营战略规划书、营销策划书、广告策划书和公共关系专题活动策划书的适用方法；

3. 重点理解和掌握上述策划书写作的基本结构思路及其结构原理。

9.1 概述

9.1.1 营销观念的演进

所谓营销观念，是指企业关于市场营销的主导思想，它伴随着商品经济的发展经历了一个渐进的过程。

透视西方资本主义经济的发展历史，早期企业的营销仅出自以生产为中心的单纯的推销产品的想法；从第二次世界大战结束后到 20 世纪 60 年代，由于第三次科技革命的效应，市场竞争激烈，使许多企业认识到只有赢得消费者，才能扩大商品的市场占有率，从而实现企业在竞争中取胜，于是产生了以满足消费者需求为着眼点的新营销观念，伴随新营销观念还产生了“4P 营销组合策略”理论（从产品、价格、渠道、促销等方面来适应消费者需求的策略理论）。紧接着，世界经济又经历了 20 世纪 70 年代到 80 年代的两次最严重的经济危机。企业经过在这两次危机中的生存挣扎，又认识到来自社会和政府的作用力对企业营销活动的影响，于是又产生了社会市场营销观念和大市场营销观念，“4P 营销组合策略”发展为“6P 营销组合策略”（增加了政府和公共关系的策略）。

营销观念的不断进步，使企业的市场行为从一般性的生产与销售活动而提升为一种有目标、有计划的具有很强的策略性的行为。

9.1.2 经营战略与营销策略

1. 经营战略与营销策略

所谓商场如战场，由于市场竞争激烈，随着营销策略的进步，企业家和理论家将企业的经营管理问题上升到了一种如同战争的战略高度去认识，形成了经营战略思想——企业事先理性地确定今后一定时期的发展目标，并在既定目标的指导下统筹资源配置，制订指导全局的计划和策略以指导企业的经营活动。

经营战略谋求的是企业在一定时期内的发展目标，发展目标一般通过相应规划指标来体现。企业的发展又是以企业的经济效益为前提的，企业行为的直接目的是经济效益，经济效益通过企业的营销活动来实现。也就是说，企业经营战略的实现要以营销为基础。一个企业的经营战略和营销策略的成败决定着企业的生存与发展。

2. 关于营销策划

所谓营销策划，是指企业为产品（服务）营销和管理活动的设计谋划行为。在市场经济中，营销是企业赖以生存与发展的最基本的活动。所谓策划，含有出谋划策或策略谋划之意。在激烈的市场竞争态势下，市场范围的不断扩大使今天的经济全球化对企业的经营战略和营销策略要求越来越高，从而诞生了一个新兴的行业——企业咨询。该类公司聚集了一批专门从事市场和管理研究的高端人才，开辟各种渠道，广泛搜集各方面信息，研究国家政策和市场的动向，从而向企业提供咨询服务，进而为企业提供小型活动乃至长期经营战略的策划。

此类公司向企业提供智力服务是一种商业性行为，因此需要将无形的智力变为有形的交易，其中最典型的就是将为企业营销活动乃至战略策划的内容表述为书面成果的形式，以便于与企业交易，这就是企划书。企划书写作不仅仅是咨询公司的行为，但该类公司交易行为的需要推动了企划书写作的规范化，对企划书作为一种独立文体的形成功不可没。

因为企业的策划都是以市场营销学的理论为指导的，故统称为营销策划。

9.1.3 企业营销策划的内容及企划书的类别

企业营销策划分为活动策划和战略策划两种：活动策划，是指针对企业某一经营目标的实现所实施的短期行为或局部行为做出的类似战术指导性的谋划；战略策划，则是针对企业今后一个较长远时期的战略目标实施的具有全局性战略意义的策略谋划。两者均需要以前述的“4P”理论或“6P”理论为指导。

活动策划书可分为营销策划书、广告（促销活动）策划书、公共关系策划书；战略策划书多为企业经营战略谋划，也叫企业经营战略规划书。上述又都属于广义企划书（也叫企划案）。

本章重点介绍企业经营战略规划书、营销策划书、广告策划书和公共关系策划书的写作。

9.1.4 企划书写作的思维机制特点

其一，企划书是面向市场的，要从市场开发的视角去思考提出针对竞争对手能扬己所长、克“敌”制胜、具有创新性艺术技巧的策略方案。

其二，企划书要立足于企业已具备的资源条件，策划主体要在认真研究企业所需社会资源和自身现有资源条件的基础上去构思最佳利用方案。

其三，企划书旨在告之企业“如何做”，企划书的写作思路重在把“如何做”的行为方案及为什么选择该方案的依据表述清楚。

其四，企业实施策划方案是需投入成本的，且企业行为的目的是赚钱，并且追求以最少的成本去实现利润最大化，故企划书提出的策略方案要遵循切实可行的原则，且能满足企业追求利润最大化的需要。

9.2 企业经营战略规划书的写作

9.2.1 文体适用特点

所谓经营战略，是指企业面对激烈的竞争，为适应不断变化的环境，根据当前和未来可能出现的各种条件，为确立企业发展目标和实现目标的途径、措施、手段，谋求企业的生存和不断发展所做出的总体性、长远性的方略谋划。企业在每个特定的发展阶段都要明确企业在该阶段的使命和战略目标，并制定实现企业使命和战略目标的总体战略规划。表述上述企业使命、战略目标和总体战略规划的文案就是企业经营战略规划书。

9.2.2 文体特点

企业经营战略规划书既适用于新创立的企业，也适用于老企业。由于两者的基点不一样，

所以整体谋划思路不同，文书表述的结构内容也有差别，但就其共性而言有如下特点。

1. 全局性

企业经营战略规划书以实现企业的总体战略目标为目的，以企业全方位的运作活动为研究对象，追求的是企业资源的合理配置和企业总体行为的统一协调。

2. 竞争性

企业经营战略规划书是为在与对手的激烈竞争中取得优势地位，以保证企业发展目标的实现而制定的行动方案。

3. 纲领性

企业经营战略规划书规定的企业的经营目标、发展方向、经营方针与策略、重要措施和基本步骤，都是原则性的规定，具有纲领性的意义。它还需要通过展开、分解为各项具体的行动计划才便于实施。

9.2.3　正文写作的基本结构思路

1. 公司概况

1）公司发展历史。

2）公司现行组织结构框架。

3）公司法人治理结构。

4）公司主要经营业务。

5）公司现行主要经济指标状况。

2. 环境分析

1）宏观经济形势。

2）行业竞争态势与竞争格局。

3）产品市场的竞争态势、竞争对手、主要产品、对手策略等。

4）本公司在行业竞争格局中的地位、产品的竞争能力与市场份额，以及现行竞争策略所形成的优势与劣势。

3. 公司新的战略指导思想与目标定位

1）公司新的战略指导思想（包括指导思想的形成依据）。

2）中长期发展目标。

3）分事业部、分职能、分年度的具体目标。

4. 公司战略方案

1）生产战略。

2）营销战略。

3）人力资源战略。

4）财务战略。

5）研发战略。

6）国际化战略。

5. 战略实施计划

1）体制与机制的创新计划。

2）核心竞争力的培养方案。

3）组织结构的调整计划。

4）产业纵向整合方案。

5）产品结构的调整方案。

6）投资融资计划。

7）人力资源开发计划。

8）企业文化建设方案。

6. 保障措施

1）宣传发动。

2）组织领导。

3）任务分解。

4）制度措施。

5）和谐发展。

9.2.4 写作结构原理分析

企业经营战略规划书写作的宗旨是为企业描述策划方案的基本思路，以为策划方案的实施提供依据。

其内容“1.公司概况”，陈述关系企业未来发展的基础条件；内容“2.环境分析”，陈述对企业未来发展会产生重要作用的外部影响因素。

写作上述两点内容的直接逻辑思路，是为明确内容“3.公司新的战略指导思想与目标定位”，说明公司新的战略指导思想以及经营目标的定位的依据，同时为内容“4.公司战略方案”提供理论依据。

内容“4.公司战略方案”是全文的核心内容，是根据内容 3 确定的战略指导思想，从实现定位目标的要求出发，立足全局制定的公司战略的整体方案。需要注意的是，这里虽然在写作形式上是以各职能战略来分别陈述的，但是属于整体战略的职能分配，而不是各自独立的职能内容。在各职能战略内容的陈述中，要根据总的战略指导思想，遵循既定目标实现的要求，把握好各职能战略的协同关系。

相对来说，内容 4 的战略方案仍然是一种抽象的理论描述。而企业是经济实体，企业行为具体体现为一系列实践活动。要将战略方案转化为企业的实际行为活动还需要通过实施计划来落实。这是写作内容“5.战略实施计划”的根据。

内容“6.保障措施”是在创造其他条件和积极因素的配合作用上所需采用的方式方法，以此形成全方位的战略思路。

例文 1

茵菲尼特科技照明有限公司经营战略规划书

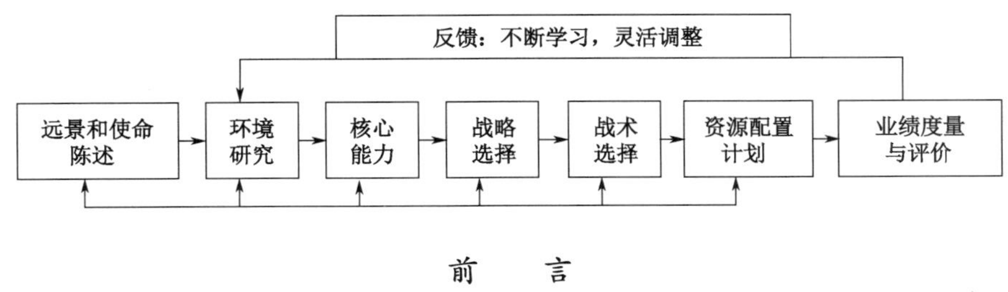

前　　言

在全世界节能减排的呼声下，节能浪潮风起云涌，随着半导体科学技术的发展，高亮度发光二极管制作技术取得了巨大突破，国家希望推广和采用高光效光源，以逐步取代低光效光源。

当前，推行照明节电产品存在的问题突出表现在技术水平低，产品质量不稳定，寿命短，与国际水平差距较大；生产企业普遍规模较小，工艺落后；照明器具产品结构不合理，原材料和配件的协调发展程度差，不能适应产业化发展的要求；照明器具市场混乱，低价、低质、假冒、伪劣产品对市场冲击很大。因此，研制高效节能、品质优良的 LED 照明产品是每个研发和生产企业应尽的义务。

目前，国内的 LED 节能灯行业在行业生命周期中还处于投入期。其中，现有竞争者方面，国内生产 LED 照明灯的企业不多，但大都资金雄厚、技术先进，形成了规模经济。部分中小企业缺乏资金，生产成本相对高昂，造成产品质量不稳定，生产规模普遍较小，工艺落后，原材料和配件的协调发展程度差，不能适应产业化发展的要求。所以，目前该行业内部的竞争强度并不大。其二，在替代品方面，目前 LED 节能灯在国内的主要应用瓶颈在于价格因素，其高昂的价格还很难被大众消费者所接受，大部分消费者宁愿选择普通的照明工具也不愿意选择 LED 节能灯。所以，现在仍存在比较多的替代品与 LED 节能灯竞争。但是，随着各企业技术上的投入和国家大力的扶持，相信 LED 节能灯在我国的普及指日可待，替代品将逐步退出市场。其三，在潜在进入者方面，由于国内的 LED 行业刚起步不久，所以产品的分销渠道并不是很完善，有很大的潜在市场。而且目前国家对节能灯产业实行鼓励扶持的政策，行业壁垒不高。但是，随着国外先进技术和资本大量进入，该行业的进入壁垒会逐渐提高。其四，在供应商方面，制造 LED 节能灯的原料主要是化学原料、电子元器件以及树脂、塑料，例如，硅（Si）、碳化硅（SiC）、磷砷化镓（GaAsP）、电阻等。其中硅产业产能过剩，所以硅的供应商议价能力有限，而像一些化合物比较稀缺，而且各供应商的产品质量迥异，有一定的议价能力。其五，在市场方面，新 LED 系列产品在节能灯行业中处于领先地位，特别是在节能环保和使用寿命方面大大优于其他节能灯产品。随着该产业的不断扩大和市场需求量的激增，消费者的议价能力也将逐渐减弱。

通过波特的五力模型对 LED 节能灯行业的简单分析，再结合我们团队的实力，秉承“团结、创新、负责、专业”的发展理念，相信我们的产品会立足华中市场并逐渐扩大到全国，公司将成为世界领先的节能环保产品的龙头企业。

第一章　战略环境分析

一、企业宏观环境分析

1. 社会政策环境

从 2009 年 12 月的哥本哈根气候大会到 2010 年 3 月的“两会”，发展低碳经济成为世界经济发展的基调，而“节能减排”成为各个国家和众多企业在经济发展中必须考虑的问题。生活生产用电的费用呈逐步增长的趋势已经成为事实，所以企业的经济发展应从降低能耗来实现对成本的控制，每个家庭也在通过降低自家电费来减少生活开支。环保低碳的发展理念已经逐渐深入到社会的每个角落。

2. 经济与政治环境

照明是一个能耗很高的领域。据专业人士预测，如果在全国范围内推广使用 12 亿只节能灯，其节电效果相当于新建一个三峡水电站。2009 年年底，国家发改委已与联合国开发计划署（UNDP）、全球环境基金（GEF）合作，共同开展“中国逐步淘汰白炽灯、加快推广节能灯”项目。作为白炽灯替代品的节能照明产品市场正迎来快速增长的良好机遇。

在政策的指导下，以绿色、生态照明为核心的新兴 LED 照明产业如今正在国内加速发展。政府正在加强实施助推这一产业的有力政策。企业地址定在武汉光谷科技园区，该园区是国家级科技园区，对环保、科技含量高的高新产业的政策扶持力度比较大。

3. 科技环境

企业在光谷不仅能得到国家在经济方面的支持，而且会得到对自主创新型企业的技术支持。除此之外，武汉高校众多，特别是华中科技大学、武汉理工大学等院校在光学和半导体材料的研发方面处于国内领先地位，企业将和高校建立起合作关系，为企业在技术创新和产品研发方面提供技术支持。

二、行业环境分析

当前，我国推行照明节能产品存在的问题突出表现在技术水平低、产品质量不稳定、寿命短、与国际水平差距较大；生产企业普遍规模较小，工艺落后；照明器具产品结构不合理，原材料和配件的协调发展程度差，不能适应产业化发展的要求；照明器具市场混乱，低价、低质、假冒、伪劣产品对市场冲击很大。因此，研制高效、节能，品质优良的 LED 照明灯是每个研发和生产企业应尽的义务。

目前，国内最大的 LED 市场在城市照明。2009 年，中国道路照明市场达 2800 万盏路灯，每年约新增及更换路灯 300 万～400 万盏，是一个庞大的 LED 路灯市场，2009 年 LED 路灯比 2008 年增长 178%。

LED 节能灯在道路照明上的广泛应用使得投资商和用户均得到了理想的经济效益，这使得 LED 节能灯从技术理论走进了真正的市场，并有着广阔的市场前景。但是，LED 灯成本高，使得价格是普通灯泡的 5～10 倍。虽然使用 LED 灯比高压钠灯成本高不少，但是 2 年省下的电费便可抵消。可是对于老百姓来说，眼前省下钱来更为实在。

综上分析，说明国内的 LED 照明行业还处于投入期，其未来市场方向是百姓家用的室内照明，市场前景更加广阔。

国家发改委有关负责人近日表示，为推动我国半导体照明节能产业健康发展，培育新兴

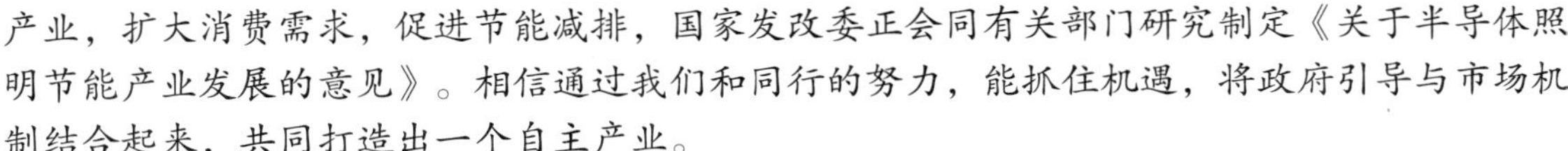

产业，扩大消费需求，促进节能减排，国家发改委正会同有关部门研究制定《关于半导体照明节能产业发展的意见》。相信通过我们和同行的努力，能抓住机遇，将政府引导与市场机制结合起来，共同打造出一个自主产业。

三、内部环境分析（略）

四、SWOT 矩阵分析

外 部 O–T	内部 S–W	
	S 优势 S1，有形资产优势：先进的生产流水线、现代化车间和设备、丰富的自然资源储存，吸引人的不动产地点、充足的资金、完备的资料信息，以及公司颇佳的地理优势（武汉光谷）。 S2，无形资产优势：优秀的品牌形象、良好的商业信用、积极进取的公司文化。 S3，人力资源优势：关键领域拥有专长的职员、股东以及中层以上管理人员均能达到大学本科的文化层次。 S4，组织体系优势：高质量的控制体系、完善的信息管理系统、强大的融资潜能。 S5，竞争能力优势：产品开发周期短、低廉的生产管理成本、强大的经销商网络、与供应商良好的伙伴关系、对市场环境变化的灵敏反应、潜在的市场份额	W 劣势 W1，缺乏长期在一线生产的富有经验的员工。 W2，新型企业需要付出极大的设计研发成本。 W3，关键领域里的竞争能力不足。 W4，公司起动资金不甚宽裕，融资渠道有待完善
O 机会 O1，社会环境对环保、节能产品提供一系列的优惠、扶持政策。 O2，新型产品潜在市场巨大。 O3，新的领域可以吸引大量资金。 O4，该行业处于投入期，市场进入壁垒低。 O5，市场需求增长强劲，可快速扩张。 O6，出现向其他地理区域扩张、扩大市场份额的机会	SO 战略 1. 加快产品研发，创造自己产品的特点和优势，扩大生产规模。 2. 抓住机遇，合理利用政策进行融资。 3. 建设优良的发展平台，建立人才库，使企业实现可持续发展	WO 战略 1. 利用国家对 LED 产业宽松的融资政策解决公司发展的资金问题 2. 利用武汉光谷的优惠政策和技术支持，加快企业发展
T 威胁 T1，进入壁垒低，强大的新竞争对手将进入市场。 T2，替代品低廉的价格对产品有影响。 T3，行业领先者拥有先进的生产技术。 T4，目前行业领先者的规模经济成本降低	ST 战略 1. 引进专业人才，研发新产品。 2 运用科学严谨的营销策略开发巨大的潜在市场。 3. 通过创新，建立特有的产品品质	WT 战略 1. 利用自己的队伍，克服技术壁垒问题。 2. 建立严格的考核制度，提高工作效率，降低管理成本

以上运用 SWOT 模型分析了企业的内外环境。根据分析，我公司在现阶段宜采取 SO 战略（增长型战略）。

第二章　生产战略规划

一、战略思路

（1）分析市场竞争地位，了解竞争对手特性及其生产战略。

（2）评估自身资源、设备、人力、技术等因素。

（3）研究决定企业应发挥的生产效能。

（4）在初期，我公司主要采用租赁生产设备的形式进行生产。

（5）争取在短时期内完成对生产工艺的升级和研发具有自主知识产权的生产工艺和生产设备。

二、系统设计

（1）设备采购。

（2）原材料采购。

（3）厂址选择。

（4）厂房采用。

（5）产品或服务设计。

（6）生产能力计划。

（7）生产过程选择。

三、作业计划和控制

（1）生产计划和作业计划（略）。

（2）库存控制（略）。

（3）质量管理（略）。

四、LED 衬底材料的选用

对于制作 LED 芯片来说，衬底材料的选用是首要考虑的问题。应该采用哪种合适的衬底，需要根据设备和 LED 器件的要求进行选择。目前市面上一般有以下三种衬底：蓝宝石、硅、碳化硅。

五、LED 芯片制造的工艺流程（附图略）

六、质量管理

1. 产品质量

从性能、外观、可靠性、寿命、安全性、适应性、经济性等方面全方位提高产品质量。

2. 基本原则

（1）以消费者为关注焦点。

（2）领导作用。

（3）全员参与。

（4）过程方法。

（5）管理的系统方法。

（6）持续改进。

（7）以事实为基础进行决策。

（8）以供方互利的关系。

3. 管理方法

（1）分层法。

（2）调查表法。

（3）排列图法。

（4）因果图法。

（5）机关图法。

七、精益生产

运用多种现代管理方法和手段，以社会需要为依据，以充分发挥人的积极性为根本，有效配置和合理使用企业资源，采用以彻底消除无效劳动和浪费为目标，最大限度地为企业谋取经济效益的生产方式。

精益生产的原则：

（1）消除八大浪费。

（2）关注流程，提高总体效益。

（3）建立无间断流程以快速应变。

（4）降低库存。

（5）全过程的高质量，一次做对。

（6）基于消费者需求拉动生产。

（7）标准化与工作创新。

（8）给员工授权。

（9）团队工作。

（10）满足消费者需要。

（11）精益供应链。

（12）“自我反省”和“现地现物”。

八、生产远景

坚持“为社会节约资源，为顾客节约成本”的生产原则和“负责、创新”的企业文化，不断努力创新，降低成本，争取到××××年年产量达到1亿只。

第三章　营销战略规划

一、销售市场规划

（1）根据企业经营目标，制订年度销售计划。

（2）严格执行公司制定的调研工作，做好资金回笼工作。

（3）进行严格的市场调研工作，对市场进行细分定位。

（4）深入了解区域市场，分析往年销售数据。

（5）深入了解当地市场情况，了解当地同行业的市场竞争环境，并制定有针对性的区域市场营销策略。

二、营销组合分析

1. 产品定位

由于LED节能灯行业还处于引入期，逐渐在向成长期过渡，所以产品市场增长开始加快，消费者开始慢慢熟悉并了解该产品的节能效果，在国家宏观政策的引导下，将有更多的单位和百姓使用该产品。

按产品所属领域的特点及消费者需求特点，本公司产品定位为“节能环保的新型LED节能灯”。

我公司秉承“团结、创新、负责、专业”的企业文化，提供优质的产品和服务，以最大可能去满足消费者、社会和环境需求，是公司树立品牌形象和争取目标消费者的最佳途径。

2. 定价策略

我公司产品作为高科技、新兴的和高附加值产品，其特点是节能效果明显、使用寿命长，而且产品的潜在目标市场巨大，因此，在新产品上市时应该采取以挖掘潜在市场和扩大市场占有率为目的撇脂定价法。我们在整个行业中采取中档和高档定位的撇脂定价，旨在获得较为丰厚的利润，在短期内收回投资成本，使资金回笼相对及时，有利于进行更好的研发和投资。而且，在产品新生期阶段采用多种营销手段来打开销路、增加产量，达到规模经济效果，使成本在生产发展的过程中下降。另外，由于要新建销售渠道、打开市场，前期在这方面有很多要投入。并且，从长远来看，高品质产品必将吸引更多人的目光。

3. 销售渠道

现阶段我公司采取广泛式营销和选择式营销相结合的分销方式。

广泛式营销方式主要应用在百姓所需要的日常照明节能产品上，结合国家“低碳、节能、环保”政策来宣传LED灯节能环保的特点和显著效果，使潜在的巨大市场能量得以释放。

选择式营销方式主要应用于大型企业的生产节能的需求方面和相关产业的需求上，如与下游的汽车照明灯生产企业、灯饰企业的合作。

4. 促销战略

为了提升企业产品质量优势，我企业现阶段采取“买一送三”的产品促销战略，“买一”是指“一旦买我公司产品”；“送三”是指我公司为用户承担“三年免费维修”。而且，根据行业特点，我公司采用人员推销和公共关系相结合的促销组合模式。

通过对企业产品进行4P营销组合分析，结合企业的发展理念，相信我公司产品会很快成为市场上的一匹黑马，会给企业带来丰厚的利润，同时为社会和国家做出应有的贡献。

第四章　财务战略规划

一、财务预测

1. 盈利预测的编制基准（略）
2. 盈利预测的基本假设（略）
3. 盈利预测表(附表略)

二、筹资战略

1. 方式一：股权式合作（略）
2. 方式二：固定回报收益（略）

三、财务分析

1. 资产负债表（附表略）
2. 利润表（附表略）

四、财务风险效益评估与分析

1. 偿债能力分析（略）
2. 营运能力分析（略）
3. 盈利能力分析（略）
4. 发展能力分析（略）

第五章　人力资源战略规划

一、组织结构图（略）

二、员工职位说明书（略）

三、公司人才策略（略）

四、培训与开发（略）

五、绩效管理与员工激励（略）

六、管理模式及团队精神（略）

七、薪酬管理（略）

第六章 设计研发战略规划

短期规划是居室照明灯具将向更加节能化、健康化、艺术化和人性化发展。

一、节能化（略）

二、健康化（略）

三、艺术化（略）

四、人性化（略）

（资料来源：该例文选自某高校学生大型模拟实战作业——缩编版.）

9.3 营销策划书写作

9.3.1 文体适用特点

市场战略（营销战略）是实现企业总体经营战略的重点职能战略，在企业战略体系中处于核心地位。市场战略的实施要通过一系列的营销活动来实现，营销活动的成败取决于营销策略的正确与否，因此对企业营销策略的谋划就显得尤为重要。为实现企业在某地区的短期营销目标，以企业的产品销售活动或所提供服务为基本内容，有着战术性策略特点的谋划文案，就是营销策划书。

9.3.2 文体特点

这里的文体特点是相对于经营战略规划书而言的。

1. 所描述活动的短期性

营销策划书所策划的活动遵循企业中长期战略指导，多以年度、半年度或季度，甚或短促突击式的销售活动为内容。

2. 所针对目标市场的区域性

每一商品（或所提供服务）的性能特点都是针对特定消费群体的需求特点来设计的。该商品（或服务）是为哪些消费群体提供的，即称之为该商品（服务）指向的目标市场。营销活动策划书所策划的活动不是面向整体的目标市场，而仅是目标市场中的某个地区或某几个地区。

3. 所策划活动内容的具体性、活动方式的直接操作性

这是指该类策划书中对所策划活动的“做什么”和“怎么做”不是抽象的理论描述，而是非常具体明确的行为内容。

9.3.3 正文写作的基本结构思路

1. 前言

所策划营销活动的目的、目标市场、活动时间、活动区域、活动拟实现的销售份额。

2. 市场分析

主要针对区域市场，即活动的所在地市场。

1）所推广商品的已有市场份额。

2）消费者的购买心理及行为特点。

3）对手策略。

3. 产品竞争能力分析

主要对活动所推广产品较之同类产品能否赢得消费者青睐的优势与劣势的分析。

4. 指导思想与策略

1）企业主导整个活动的基本理念。

2）活动的基本策略，包括价格策略、分销渠道策略、广告宣传策略、公关活动策略。

5. 活动计划

1）活动的起始时间。

2）区域点的选定与人员分配。

3）推广方式。

4）活动步骤。

6. 组织与管理

1）为便于对活动的领导、指挥和控制所建立的组织系统。

2）管理方法。

7. 活动费用与效益预估

1）活动成本的预算。

2）对活动预定销售目标实现后所创造效益的预估。

9.3.4 写作结构原理分析

营销策划书写作的宗旨与战略规划书相同，也是为所策划企业描述策划方案的思路，以为策划方案的实施提供依据。

内容 1 是策划书的前言部分，通过对活动纲领性内容的综述，为主体内容的展开做铺垫。

内容 2、3 中的“市场分析”和“产品竞争能力分析”是为内容 4“指导思想与策略”提供理论根据的。其中，内容 2“市场分析”是从外部的市场条件分析影响因素；内容 3“产品竞争能力分析”是从产品自身上分析先决条件的。

内容 4 的陈述是根据内容 2、3 所确定的指导思想与策略而定的。这里，策略又是指导思想的具体体现。各职能策略内容的陈述不能割裂，而应把握住各职能策略内容在落实总体指导思想中的整体性与联系，作为整体策略分职能实施的思路方案。

内容 5 遵循在内容 4 指导下的关于活动的具体安排。因为策略只解决了活动的基本方针，而活动“怎么做”还需要有进一步的人员安排，任务分配，时间、步骤的安排等细化计划来落实。

而有了理论上的“怎么做”不等于队伍中的人就一定能做到。这里还有一个指挥和控制的问题。内容 6“组织与管理”就是为解决这一问题而制定的组织措施和管理方法。

内容 7“活动费用与效益预估”是根据前述计划所做活动费用的预算，同时，根据预定销售目标和预算费用对活动能创造的效益进行预估。这实际上是对所策划活动效果的测评。因为策划书是咨询机构提交的，所策划的方案是否可行要由委托企业认同。而对于经济活动，评价其可行性的基本指标是创造利润，这只能通过算账的方式来验证。

以上不仅描述了所策划的方案，而且验证了策划方案的可行性，以让委托企业认同该方案。企业认同了，才能接受该成果去实施该方案，策划书的宗旨也就实现了。

例文 2

××电动车杭州市场营销战略策划方案

一、前言

电动车行业是一个方兴未艾、大有可为的行业。在经历了 20 世纪 80 年代和 90 年代初期的两次起落后，我国电动车正步入第三个发展阶段。作为自行车史上具有革命性的交通工具，电动车具有轻便省力、环保节能、价格适中的特点。随着城市规模的发展、城市半径的扩大，上班族、工薪阶层已经逐渐将电动车作为首选的代步工具。在新的消费环境下，电动车正步入新一轮的快速增长期。经过近几年的快速发展，如今电动车行业正处于激烈竞争、混乱的局面，行业的大整合势在必行。如何才能在这大浪淘沙的浪潮中成为真金？这是摆在我们面前的严峻课题！

作为国内乃至世界重要的电动车生产基地之一，××集团本部拥有 20 条装配流水生产线、15 条密闭式涂装生产线、1 个装备有 10 台焊接机器人的车架加工中心和 1 个功能齐全的检测试验中心，制造体系能够对车架、轮毂、电池、控制器、充电器、电动机等一系列关键部件进行自主研发、制造和检测。先进的办公自动化和企业 ERP 系统，加上全面的 ISO 管理和独具特色的企业文化，使得××集团在内部管理上足以跻身国内制造业的前列。××电动车凭借着卓越的品质和良好的品牌美誉度，先后获得“浙江名牌产品”“中国驰名商标”等称号，是行业内获得“国家高新技术企业”称号的厂家之一，是国内具有影响力的电动车品牌之一。

作为见证电动车行业发展的先行者之一，××集团执着追求，通过不懈的努力和不断的探索创新，不仅使得自身迅速地壮大，更推动了整个行业的健康发展，赢得了社会广泛的认可和赞誉。与此同时，××集团在电动交通和绿色能源领域所做的努力以及所取得的成绩，也得到了国际相关组织和专业人士的认可：××集团凭借在倡导绿色环保交通方面所做的贡献，荣获由阿拉善 SEE 生态协会和美国大自然保护协会（TNC）共同颁发的“SEE&TNC 企业生态奖”；在美国著名新经济杂志 *Fast Company* 举办的年度评选中，在众多的候选者中脱颖而出，作为唯一的中国企业与耐克、本田、宜家等著名企业一起当选该杂志2007年度“快速50佳”（Fast 50）。

二、市场营销环境分析

（一）宏观环境分析

1. 政府政策支持，发展机遇千载难逢

全球能源价格持续上涨，环保问题日益严重，发展新型环保节能技术是世界潮流。在个人交通工具领域，美国、英国、日本、德国等国都在大力发展电动车产业相关技术。在2005年5月1日开始实施的《中华人民共和国道路交通安全法》中，将电动车界定为非机动车，使电动车有了法律上新的“出生证”和“通行证”。国资委研究中心宏观战略部部长赵晓曾表示，把电动车产业的发展统一纳入国家的产业发展战略及能源发展战略中去，是非常有必要的，中国面临着全世界最好的电动车发展机会。

2. 科研水平提高，核心技术世界领先

行业发展催生技术进步，技术进步也促进了行业的飞速发展。早期的电动自行车，电池寿命短，爬坡能力差，容易磨损。短短几年间，激烈的市场竞争大大刺激了技术的进步和新技术扩散，蓄电池寿命和容量提高了35%，电动机寿命提高了5倍，效率提高了近30%，爬坡和载重能力提高约3.5倍，制造成本也大幅下降。在许多核心技术领域，我国的电动车已经成为世界先进水平的标志。

（二）行业环境分析

电动车作为短距离的代步工具，具有环保、经济等诸多优势，是我国将来普及的必然趋势。在经济发展的带动下，我国电动车需求将继续保持较快的增长速度，竞争也会越来越激烈。可以预计未来的电动车市场竞争势必更加激烈，厂家要想在市场上不被淘汰，只有更加完善自家产品特性，针对不同的消费者提供不同款式的电动车，其外观、价格、性能等方面均要走向细分化。一个企业只有不断地改革、创新，不断从消费者的角度考虑，才会被社会大众所接纳，产品才会延续不断地发展。

（三）市场状况分析

1. 厂家太多，但普遍起点不高

目前电动车市场集中了上千家整车厂、数千个品牌、数不清的型号。众多的厂家（品牌）在两三年内相继涌入，造成了目前电动车行业拥挤、繁荣、良莠不齐的局面。大多数厂家不具备自制能力，一把螺丝刀就能组装生产。目前，电动车的年总销售量约为1000万辆，而年销售量在20万辆以上的厂家却寥寥无几，高度分散必然带来厂家竞争的加剧和过早依赖价格手段。为求得生存，多数企业不得不以牺牲消费者利益为代价，想方设法地在生产和销售环节降低成本，导致产品质量和售后服务得不到保障，结果是消费投诉增加、行业形象受损。

2. 看似五花八门，其实单调、缺乏个性

电动车在款式设计上没能做到真正满足消费者的个性需求。由于多数厂家没有自己的研发和技术部门，只能靠跟风来争夺市场。因此，只要市场上一有较好卖的新款出来，立即就会涌现一大批效仿者。可以说目前市场上销售的电动车无论品种、款式、性能都相差无几。正因为如此，厂家只好在品牌名称上下功夫，一味追求光彩耀眼而不切实际，没有真正突出产品的特点，这是底气不足而寻求掩饰的表现。

3. 技术性能方面还不成熟，安全系数较低

多数企业进入电动车行业并不是想做大这块蛋糕，而是垂涎于眼前的利润。这种狭隘的经营观使得电动车市场一开始就缺乏持续的内在动力，许多厂商都是抱着短线操作、见好就收的想法，根本不在产品研发、质量控制、规模效益以及销售服务上花费力气，而对所谓的卖点过分炒作，相续跟风，结果导致行业处于低水平重复建设，产品、技术、市场徘徊不前，行业呈现混乱、早衰的迹象。

4. 经销商实力不强，营销观念落后

电动车厂商许多都有经营摩托车或自行车的背景，与其他行业相比，这两个行业无疑是市场化程度较低的。尽管电动车在开发理念和功能设计方面与自行车不能同日而语，但是营销理念和手法的落后使其并未走出自行车时代传统销售模式的束缚，基本停留在产品功能导向，提供的仅仅是冰冷的产品和单一的使用功能，市场运作粗放，产品售出即止，缺乏与消费者的深入沟通。虽然有一批经销商在电动车的发展浪潮中赚了钱，正在逐步成长壮大，但为数不多、规模不大。具有一定实力和良好的商誉，具备先进的经营理念和终端运营的系统管理体系，拥有优秀的人才团队，善于运用整合营销的方法，具有现代化的终端连锁专卖店和导购体系、良好的售后服务和维修体系的优秀经销商群体尚未形成。

（四）竞争（者）分析

捷安特以 30 多年生产各类自行车的专业经验，用先进的生产技术、管理模式以及行销全球的成功理念，精心打造每一个零部件。

江苏新日电动车股份有限公司在现今能源高度紧张的环境中，利用自身强大的技术研发力量及新产品开发能力，并与中科院、清华大学、南京大学等研发实体合作，不断提高产品质量和技术含量，被中国质量检验协会、电动车行业首批授予“打假扶优重点保护企业”等荣誉。

阿米尼曾获得 2003 年度中国电动自行车产品市场第一品牌、2004 年度中国电动自行车最受消费者喜爱品牌、2005 年度中国电动自行车市场十大影响力品牌、2005 年度中国家庭最受欢迎十大电动自行车品牌、2005 年度中自协电动自行车使用资格信誉标志、2006 年度中自协电动自行车使用资格信誉标志、2006 年度中国电动自行车行业十大影响力品牌等荣誉。

上海永久股份有限公司的历史最早可追溯到 1940 年，它是中国最早的自行车整车制造厂家之一，至今已有 80 年的历史。尤其是中华人民共和国成立以后，它作为最大的国有自行车厂为中国自行车行业的发展做出了不可磨灭的贡献，研制了统一全国自行车标准、规格的标定车，又开发了中国第一代 660MM 轻便车、载重车、赛车及电动自行车、LPG 燃气助力车等产品。

南京大陆鸽高科技股份有限公司是著名上市公司——中国科学院北京中科三环高技术股份有限公司唯一投资的从事电动车生产的高新技术企业，为国内最大的专业从事研制、开发、生产电动自行车企业之一。1995 年南京大陆鸽高科技股份有限公司在国内率先研制出第一辆合格的电动自行车——“大陆鸽”牌电动自行车，该车不仅无污染、环保性能好，而且以领先的科技创造出别具特色的行驶风尚。

雅马哈发动机株式会社自 1955 年 7 月 1 日成立起，便一直矢志不移地追求产品质量，致力于制造世界顶尖水平的摩托车产品。雅迪科技凭借着强大的企业规模、超强的品牌影响

力、雄厚的经济基础、先进的经营管理理念、“预期”营销理念以及优质的产品和服务，现已成为中国电动车行业的领军品牌，年产销量在行业内遥遥领先；在国内、国际市场同时发力，雅迪产品已畅销全国 30 多个省（直辖市），网点多达两千余家。雅迪科技不仅牢牢占据国内市场，还进军欧美等国际市场。

王派电动车业有限公司拥有世界上最先进的检测设备和 10 条现代化流水线，具有年生产电动车整车 50 万辆及配套件 50 万套的生产能力。王派电动车有着较强的市场渗透力，在全国 150 多个大中城市建有完善的销售网络。王派电动车是国内电动车行业公认的具有无限发展潜力的一匹黑马。

上面 7 家国内大品牌电动车厂家各有各的特色，是本品牌强有力的竞争者。

（五）消费者分析

消费者主要有 3 类：第一类是低收入人群，他们买不起小轿车，而公交路线有时不能满足他们的需要，因此只能选择电动车、自行车等出行方式；第二类是环保意识强的人群，电动车或自行车就成为他们替代机动车的交通工具；第三类是特殊人群，如学生群体，他们不能驾驶汽车，乘坐公交车可能会比较麻烦又耗时，于是他们更愿意使用电动车和自行车。这些需要电动车的人群有人数逐年上升的趋势。

三、SWOT 分析

（一）优势分析

电动自行车依然拥有其得天独厚的优势，比摩托车更为经济实惠，比自行车速度更快，同时在拥挤的城市交通中相比而言更为便利。从 2005 年年底到 2006 年年初，以北京等大城市为代表的诸多省份和城市也都开始对电动自行车实施解禁政策。因此，电动自行车将越来越被城市中的职工群体所接受，被刚毕业的大学生群体所接受，并逐步渗透到城市的白领群体。电动自行车一个很大的用户群体就是城市的外来工作人员和接近这些城市的城镇农村人员，一方面他们有更多的户外工作和活动，一方面他们经济条件更为拮据，这些使他们，特别是女性群体更愿意用电动自行车来代替自行车和公交车。

中国发展电动车具有独特的有利条件，其中一个非常重要的因素是市场。中国人口众多，具有世界最庞大的客运交通市场，因此也具有世界最庞大的电动观光车、电动小轿车市场，这为中国电动车技术的发展创造了特殊的市场有利条件。

无论从环保角度还是从能源角度看，未来电动车都需要一个大的发展，其开发将关系到众多工业的兴衰，可能成为未来新的经济增长点。在我国，电动车更有着独特的市场，大都市都普遍存在着十分严重的交通问题和汽车尾气排放污染问题，作为一种小型、中速和短途的日常交通工具，电动车是十分理想的，其在中国有着得天独厚的发展条件和广阔的应用前景。

（二）劣势分析

最大的障碍主要来源于地方政府的政策限制。目前我国有 149 个城市禁止摩托车上路，电动自行车的设计速度越来越快，同时该产品的最新行业标准迟迟不能出台，这导致各地方城市对电动自行车上路态度不一。整体而言，江浙地区地方政府对该类产品以鼓励为主，但广东和海南地区考虑到自身情况的复杂性，地方城市坚决禁止电动自行车上路。电动自行车大多上不了牌照，致使厂家的生产规模上不去，成本居高不下，有些不得不将引进的生产线闲置，造成巨大的经济损失。这也必然制约了当地电动自行车企业的发展。另外还有一些地区，像辽宁、江西、湖北、广西和重庆等，地方政府对电动自行车是否能上路并没有明确的说明，这给当地的电动自行车企业带来了很大的不确定因素和风险。

制约电动自行车行业发展的最大原因在于政府、企业和消费者三方对该行业的认知并不统一。市场上存在巨大的消费需求，但是生产企业生产出来的产品却没有“身份证”，政府又因为消费群体存在很大的安全风险而不愿授予产品身份证。企业因为需求减少，无法实现规模化，进而有效地整合市场资源实现竞争的合理化和服务的规范化。各利益群体以及政府对于电动自行车行业的发展，存在不同的价值趋向。

（1）市场的生存和壮大问题。在品牌成熟期，代理商和厂家要想生存就必须挤进前三名，否则就会有被淘汰的危险。

（2）管理能力。市场成熟后，整体市场开始萎缩，需要在管理上出效益。对店铺类经营，要从最基本的 5 个问题着手解决：消费者为什么来你这个专卖店（宣传、口碑、吸引力）？消费者来了以后，怎样让他们接受你的介绍（环境的舒适度、客户体验的舒适度和心情的放松）？怎样促进最大成交（推销技巧、成交率和成交金额）？怎样使消费者满意（问题的解决、售后服务、额外惊喜）？怎样吸引转介绍（口碑、利益、导向）？从消费者的整个购买环节来提升自身的管理。

（3）学习能力。能否跟上时代的发展和公司发展的需要？如何借鉴厂家和其他经销商的成功经验？如何壮大公司？

（4）盈利能力。盈利能力不单纯指销售产品的盈利能力，更指售后服务的盈利能力。郑州付先生经营的店，年销 8 万台，有 1000 平方米的仓库，售后服务年亏损 70 万元，主要原因就是管理跟不上。按照正常理解，随着年月的累积，销售的电动车会越来越多，售后服务的市场总额也会越来越大，只有真正把售后服务做好了，才能有一个可持续扩大的盈利能力，否则亏损会越来越大。而且，成功的售后服务会树立口碑，反过来带动专卖店的销售，可以说谁重视售后，谁就能赢得未来。

（5）市场的布局和掌控能力。布局不光指自身专卖店和售后服务部的布局，还包括分销网点的布局。掌控能力不仅仅包括对分销网点的掌控，还包括市场消费主流导向、价格、活动的掌控以及潜在消费者的开发（转介绍）。很多店当地的消费者众多，但不会引导消费者，反而被其他经销商所引导，结果市场份额逐渐下降，也是可以想见的。

（6）品牌化经营能力。一个品牌产品在一些人手里能够做好品牌化经营，赚取高额利润；在另一些人手里却只能做好产品经营，获取的利润甚至比市场一般利润还低，销售经营非常被动。如何定价？如何推广？如何抵制竞品的竞争？如何打造品牌？都是一个经销商需要考虑的问题。同时，要考虑怎么借助产品品牌的优势来打造自身公司品牌在当地的强势化，最大化地占有市场，而不仅仅依附于某个品牌或厂家。

（三）机会分析

（1）电动车行业快速发展。

（2）杭州地区交通日益拥挤，对于短路程，汽车出门越来越不方便，电动车逐渐替代自行车。

（3）杭州市区，政府的全面“禁摩”政策为电动车的发展扫除了最大的障碍。

（4）电动车新品更新换代速度快、变化快。

（四）威胁分析

（1）有好的产品，却没有好的营销。以××集团为例，树立了一个高质高价的品牌形象，开拓了一系列专卖店形式的代理商，应该说起点不低。但是，由于缺乏对市场和推广的整体把握，没能够抓住最佳的市场发展机会，企业营销观念故步自封，虽然凭借其实力，最终可能会逐渐成长为一个全国性的品牌，但那时有很大可能是骨髓全被别人吃了，只喝了点剩汤。

（2）行业标准悬而未决。电动车的行业标准争论了多年，始终无法解决。是轻摩化还是简易化，始终没个定论。标准出来后，对不合格电动车如何管理，也没个说法，这始终像一把高悬的达摩克利斯之剑。

（3）从业人员素质和代理商素质限制了行业的健康发展。一是厂家没有强势和成熟的理念指导代理商来获取长远的发展；二是代理商不能很好地吸收厂家的理念并付诸市场。比如，××专卖店要求4CS售后服务，应该说是比较超前的，但是只能执行到大一些的客户，小客户根本就没这个意识。另外，厂家对各地市场的发展没有加以汇总和整理提升，因此，没能超越代理商的管理水平，也就不能指导强势代理商。

（4）只有单纯的销量考核，而没有市场开发整体把握和考核，市场管理形式化、情面化。量上去了，一切市场问题都被掩盖了；量下来了，才想起要去开发市场，一切就都晚了。不能从市场角度和制度上规范管理经销商和引导经销商，最终是既错失了发展的机遇，又丧失了经销商管理的主动权。经过多年的发展，电动车行业还没有一个厂家能主动地整理和搜集代理商从开店到壮大这样一个过程的宣传、管理、市场推广等系统性的材料，来形成一整套成熟的市场推广模式，说明该行业市场开发意识淡薄。相对来说，可能爱玛做得还比较好，看起来比较专业。对超市卖场等渠道，还缺乏清醒的认识。因为卖场的电动车销售场地受限，有眼光的厂家完全可以把卖场做成一个专卖店，无论对产品宣传、产品形象，还是销量，都会产生非常好的效果。

（5）不断上涨的房租和人力成本，与不断减小的市场形成囚徒困境。

四、营销战略目标

（1）根据营销策划方案，在执行方案期间，将杭州地区市场占有率提高18%。

（2）加大宣传力度，争取1年内在杭州地区形成较高的知名度，在2～3年内形成品牌优势。

（3）树立企业良好的社会形象。

五、市场营销战略

（一）战略思想

（1）努力通过强有力的广告攻势来进一步提高品牌知名度。

（2）突出特有产品优势。

（3）采取差异化产品营销策略。

（4）通过以上几步来提高市场占有率。

（二）目标市场细分与选择（在消费者分析的基础上）

（1）中低端用户，主要是一些普通消费大众、用电动车完全替代步行的用户，使用频率比较高，还包括一些大学生群体、工薪阶层。

（2）高端用户，主要是一些白领，还有一些家里有小轿车、平时将电动车作为短程代步工具的。

（3）特殊用户，一些政府部门机关单位，邮政、快递等需要特殊服务的人群。

（三）市场定位

由于电动车已经成为广大消费者的出行工具，而且是价格相对低廉、环保的交通工具，所以我们主要还是将市场面向中低端消费人群，继续以普通消费者为基础，深化市场，争取在高端市场提高市场占有率，并且在一些特殊行业中能树立起品牌，能够让相关单位选择我们的产品。

六、营销组合策略

（一）产品策略

（1）以旧换新，让消费者用旧的电动车更换新的电动车，适当补足差价。在以旧换新的同时还可以对旧电动车进行升级换代，也可以对旧电动车的一些部件进行以旧换新，增加配制、优化性能。

（2）以租代售，采用先租后买的方式销售电动车。

（3）无条件退货。卖车的时候给消费者承诺，在 7 天内发现任何质量问题免费更换新电动车，用电动车的高质量赢得消费者信任。由于各地的市场环境不同、生产企业和经销商的实际情况不同，因此相关的企业和经销商要根据具体情况灵活选用营销策略，或者在此基础上创新、整合、变幻，使电动车的销售技巧和促销方式千变万化，以适应市场和消费者不断提高的需求。

（4）联合销售。和手机经销商、手机运营公司、车锁企业、食品企业等单位合作，采用购买电动车送手机、送话费、送防盗锁、送食品饮料等联合销售活动。

（二）价格策略

把促销赠送、购车优惠、免费服务、发放金卡等活动有机结合，宣传八连环、九连环、十连环……

（三）渠道策略

电动车开展网上销售主要有 3 种方式：（1）网上团购，指有一定经济基础的消费者，以互联网为纽带，使互不相识的个体消费者联合成一个团队集体消费的新方式；（2）依靠正规的大型网上商城，如当当网、新浪商城、SOHU 商城等，在网上开辟商铺，或者依靠自己企业的网站，提供在线电子支付、货到付款、就近提货的销售方式；（3）利用国际贸易类商务网站开展对外贸易，外销电动车。

（四）促销策略

1. 广告

（1）选择城市的重点居民小区，用密集悬挂横幅的方式在社区宣传，100～200 条横幅可以覆盖一座城市的各个社区。

（2）在《钱江晚报》和《杭州日报》上做整版宣传广告。这是因为报纸的发行量大、覆盖面广，阅读阶层广泛且较稳定，信息传播及时、时效性较强，制作简便灵活，有较高的可信性。

2. 人员推广

××集团的人员推销策略主要针对企事业单位、社区细分市场。推销人员要个人形象良好，能够流利地回答消费者的种种疑问，在消费者心中充分强化电动车品牌的良好形象，具备娴熟的沟通技巧，能随机应变，尽力避免“无言以对”的尴尬，以保持良好的个人品牌形象和公司品牌形象。公司应加强对推销人员的培训，使推销人员具备一定的业务知识和推销技巧。对推销人员实行激励机制，实行累进提成策略，对不同的月销售额实行不同的提成比例，随着月销售额的增加，提成比例增加。

3. 营业推广

（1）对进入店面的所有消费者都赠送纪念品或电动车介绍，激发他们购买电动车的兴趣。

（2）举办抽奖活动。利用专卖店开业、公司庆典、节假日等时机，设计各种趣味性有奖活动，使购买电动车的消费者抽奖，或采用超值极限促销，奖励高档电动车，给予超值回报。

4. 公共关系

和交警部门合作，走进企业、大学、中学、社区、超市和广场，为消费者举办电动车安全知识讲座，宣传企业产品，举办电动车现场演示活动，激发消费者购买欲望。

（五）行动方案

（1）对前几年已购买电动车的用户发放用户（金）卡，建立电动车会员俱乐部，对会员提供各种超值服务，引导他们介绍新的用户，提高他们对电动车品牌的忠诚度。

（2）随叫随到，完善售后服务体系，提供12小时随叫随到服务，形成1～2小时服务圈，让消费者满意。

七、费用预算

（一）广告费用

（1）路边广告牌（路边广告牌和路灯广告牌）

费用：100元/个 × 200个 = 20 000（元）

200元/个 × 400个 = 80 000（元）

合计：100 000元

（2）公交车车体广告（对主要城市交通路线公交投放广告）

费用：5000元/辆 × 10辆 = 50 000（元）

（3）报纸广告（《钱江晚报》整版广告，广告期7天）

费用：15 000元/天 × 7天 = 105 000（元）

广告费用总计：255 000元。

（二）宣传材料费用

（1）宣传单费用：0.15元/张 × 100 000张 = 15 000（元）

（2）横幅费用：50元/条 × 100条 = 5000（元）

（3）海报费用：5元/张 × 1000张 = 5000（元）

宣传材料费用总计：25 000元。

（三）奖金及礼品费用

电动车：2500元/辆 × 10辆 = 25 000（元）

纪念品：5元/个 × 5000个 = 25 000（元）

奖金及礼品费用总计：50 000元。

费用预算总计 330 000 元。

注：节假日及店庆等活动的预算另行计算。

（资料来源：http://wenku.baidu.com/view/64ab058c680203d8ce2f2454.html.）

例文 3

格拉斯大酒店营销及活动策划书

一、市场分析

《全球及中国酒店市场景气调查报告》显示，全球各地酒店业者都表现出相对悲观的态度，整体酒店市场的景气指数仅为–34.2（景气指数范围从–150 至+150），市场将在一段时期内持续呈下行趋势。全球及中国酒店业人士预期××××年将是酒店业艰难的一年。全球性企业旅行服务公司豪格·罗宾逊集团发布的 2008 年酒店行业调查报告则显示，在全球经济不景气的背景下，酒店业呈现多元化发展态势。

××××年，对于酒店行业是机遇与挑战并存的一年，金融危机的影响还将进一步扩大，对于酒店业是个大的挑战；由此引发的行业“洗牌期”却也给无数酒店企业以发展壮大的机会。对于经济型酒店、旅游酒店、产权酒店，××××年的发展将呈现不同的局面。

××××年经济型酒店的竞争一定还是品牌的竞争、服务的竞争、运营能力的竞争、成本控制的竞争，留下的就是好的。

二、企业分析

格拉斯大酒店位于安庆市人民路中心地带，建筑面积为 4000 余平方，是一家全新装修的豪华商务式酒店，主要以客房和自助餐为主，拥有客房 100 余间。本酒店相当于一个集团化公司，其中的娱人码头西餐厅（及休闲 KTV 一体）位于安庆市繁华的集贤路，成功营业了 3 年，目前也在全新再装营业当中，在本行业的知名度、客流量都可以排前三，拥有一定的客户群体。

但该地人均生活水平较低，地区知名度不高，所以很难增加新的客户，这是酒店目前发展遇到的瓶颈。

三、消费者分析

年龄——20 岁以下属于低消费阶层，不属本项目目标消费群，但会参与消费，属附属消费群；20～30 岁属积极消费群；30～40 岁属实力消费群；40～50 岁属负担消费群；50～60 岁属理性消费群；60 岁以上属被动消费群。

职业——学生属弱势消费群，个体经营和小商业者属理性消费群，公务员、私营企业主属经常消费群，外资或新经济企业员工属积极消费群，其他属被动消费群。

人群——个人单独消费占个人消费的 1/3，个人多数是三两相约消费的；以家庭为单位的消费较常见，但多数为散客类型，近范围的以餐饮为多，远范围的以度假为多；团体由于量大、单位消费额大，多以商务为多。

按市场行为个性划分消费群

消费群	特 性	消费态度及需求
太空雁族	周期性光顾，飞来飞去如候鸟，多数是20～40岁的商务人士，他们习惯享受或向往享受，对设施的利用率最高，生活动节奏很快，事业、生活压力较大	希望有舒缓、自然、健康、放纵的旅行生活
恋家犬族	忠实度极高，逢假期或外出必到，多数为30～50岁，他们更注重服务的完善和亲切，喜欢享受但不奢华	往往只是关注某个品牌特色，小资情调较浓，希望找到熟悉的家的感觉
悠然鱼族	随机光顾，无特定目标，年龄覆盖各年龄段，他们比其他族群更挑剔，也更喜欢气氛的渲染，但单位消费额较大	关注优惠，也关注品牌价值，希望得到实惠的、让他们可以炫耀的服务
多头兔族	习惯光顾但不忠诚，往往在几个品牌之间轮流，以20～30岁、50～60岁为多，对促销尤其热衷	喜欢针对旅行的某个目的而光顾，希望硬件的完善能适合他们的需要
固地蚝族	不习惯外出，光顾机会很少，偶然性很大，多为50岁以上，虽然不是主要市场但具有很大影响力，能通过口碑影响关键族群	相对并不挑剔，只求放松、舒适，服务热诚的话会让其留下深刻印象

四、消费定位

为商旅人士提供最佳服务，尽显商务合作契机的最优良氛围环境。为旅游者展示极致享受的豪华场所。

五、营销活动

1. 活动一

活动主题：“锦至云端的享受” 格拉斯大酒店广告语有奖征集

活动时间：××××年8月15日—9月25日

活动目标：建立强化品牌形象，增加广告吸引力，协助目标销售的达成，将活动时间跨度延至9月下旬，保持开业前后都能有较佳的关注度，并为该时期内的各个SP活动提供宣传载体，节省宣传费用。

活动内容：竞赛与抽奖、免费送礼混合式推广活动，参加者不受年龄限制。只要写下一句自认为最能够代表“格拉斯大酒店”品牌定位的语句（5~9字），寄回指定地点即可参加此活动。凭广告到格拉斯大酒店参加“普天同庆，欢贺六零”活动即可获赠纪念品一份及部分消费优惠。吸引目标顾客参加在酒店举办的各种美食品尝、水上活动等。

活动预算：媒体宣传17万元，SP（奖品、奖金、SP项目制作）经费1万元，合计18万元。

2. 活动二

活动主题：“普天同庆，欢贺六零”

活动时间：××××年10月1日

活动目标：提高品牌知名度，让参加庆典的嘉宾增强对品牌的认知度和美誉度，并为接下来的“十一”黄金周旅游旺季活动做铺垫，增强宣传效果。

活动内容：10 月 1 日是大酒店重新开业的日子，同时还是祖国 60 岁的生日，这是一个普天同庆的日子。借此机会，向该市征集 60 名 60 岁且是 10 月 1 日出生的老人，并在酒店内亲自为他们举办生日宴会，还会相应得到一份礼品。其他人也可参加庆祝，并享有一定的优惠。

宣传形式：报纸、电视（广告媒体宣传费用已归入 9 月的媒体计划）。

活动预算：媒介人员软性广告费用 1 万元，纪念品费用 1 万元，礼仪和场地布置、剪彩仪式项目费用 5 万元，合计 7 万元。

3. 活动三

活动主题；新闻发布会

活动时间：8 月 16 日

活动目标：增加合作伙伴，提高酒店的客流量，扩大市场范围，并为“十一”黄金周的到来做准备。

活动内容：8 月 16 日上午，在大酒店会议室召集该市各大旅行社联谊会，展示酒店优势，并表明合作意向。中午在酒店宴请旅行社代表，下午再次向他们重申合作的目的。

六、总预算：25 万元。

（资料来源：http://wenku.baidu.com/view/5ba56b1ca76e58fafab00365.html.）

9.4　广告策划书写作

9.4.1　广告与广告策划书

1.　广告与商品广告

广告，字面含义是广而告之的意思。作为一种特定的宣传形式，它有广义与狭义之分。广义的广告，泛指面向公众传播某些信息的社会宣传形式；狭义的广告则专指商品广告。现代的商品广告，是指广告主以促销为目的，以一定的人群为目标对象，通过传播媒体所进行的具有鼓动性的有关商品及观念等方面信息的传播活动。

2. 商品广告与广告媒体

广告是通过一定的媒体来传播有关信息的。能够传递广告信息的媒体，我们称之为广告媒体。它是商品和劳务信息传播的物质技术载体。广告媒体种类繁多，按其传播途径的不同，可以分为两大类：大众传播媒体和小众传播媒体。

大众传播媒体，是指报纸、杂志、广播、电视等媒体，它们是广告传播最经常应用的传播效力强、传播面广的媒体，通常被称为四大传播媒体。

小众传播媒体是相对于大众传播媒体的，传播范围小、受众群体少的媒体。小众传播媒体主要有交通工具、墙面、商品外包装、标牌、销售点广告（POP 广告）、邮寄品等。

3. 广告策划书

在市场营销学的理论中，促销策略是营销策略的基本内容之一，而促销的最主要方式是广告，因此，人们一般说及的促销策略所指向的即是广告策略。

随着商品经济和科技的迅速发展，广告媒体层出不穷，且各种媒体特点不同又各具优点和缺点。企业利用广告促销，一般不仅是某一媒体的一次性广告活动，而往往是以多个媒体的时间和空间组合来形成强大声势，以实现预期的促销效果。所以，企业应根据产品特点、诉求对象、广告成本、广告效果及可能带来的收益等因素，全盘考虑，综合权衡，选择合适的广告媒体，力求以最低的广告成本投入实现最佳的传播效果和经济效益。这里存在广告策略的选择问题，故企业对某一商品或某类商品如何运用广告促销需要进行事先的谋划，谋划的成果要借助书面语言的方式表述出来，这种反映和表述为之谋划的广告促销策略方案的文案就叫广告策划书。

9.4.2 正文写作的基本结构思路

1. 导言

导言主要介绍广告策划项目的由来，策划活动的实施时间，策划的理论依据与事实根据、指导思想、效益目标等。

2. 市场分析

市场分析主要分析本企业的内部与外部环境条件，从掌握的大量信息资料中理清制定广告策略的思路。它主要包括以下三个方面的内容。

（1）市场背景

它是指与策划的产品有关的市场情况，如国家对该行业的政策、市场变化发展的趋势、人们的消费观念与消费水平的提高幅度等。

（2）产品分析

具体分析产品的优势及不利因素，主要有产品的历史、产品的个性分析（包括原料、产地、品种、性能、用途、市场生命周期、包装、服务等）、产品市场适销情况等。

（3）竞争对手分析

分析竞争对手的产品知名度、市场占有率、产品生命周期、经营历史、质量特性及营销策略等。

3. 营销策略

1）营销活动的区域市场。

2）营销活动的实施时间。

3）营销活动的期望目标。

4）营销活动的方针与策略。

4. 广告策略

广告策略，是企业为实现企业营销目标所拟定的关于广告活动的指导思想与方针。广告策略一般包括以下五个方面的内容。

（1）广告目标

根据企业经营目标，确定通过广告在提高企业及产品的知名度、美誉度、产品市场占有率方面应达到的目标。广告目标可用一定数值或比例来表示。

（2）广告对象

根据销售分析和定位研究，找出最有消费潜力的消费群体，同时分析这类消费群体的年龄、性别、职业、收入、数量等，进而明确广告的内容，确定选择媒体及刊播时机。

（3）广告定位

根据市场定位与产品定位，确定广告宣传的受众对象及重点地区。

（4）广告创意

根据广告主题提出广告表现艺术形式的构思方案，说明广告宣传的意境设想、意境表述、意境风格和创意的独特之处，并确定广告宣传的诉求对象、诉求重点、诉求口号、模特的选择或象征物设计等表现创新性的意念。

（5）广告实施

根据广告实施各个阶段的不同特点，提出分阶段的广告实施策略，包括每个阶段的广告主题、创意、口号、策略等，以加强广告宣传的针对性。

5. 广告媒体策略

对产品和消费者进行定位之后，就需要确定广告媒体的运作策略，主要内容如下。

（1）媒体的选择与组合

媒体的选择与组合包括以哪种媒体为主、哪种媒体为辅、媒体的组合方式等。

（2）媒体的地理分配

媒体的地理分配可分重点地区和非重点地区。

（3）媒体的时间、版面分配

媒体的时间、版面分配是指在广播电台或电视台选择哪种播出时机最好，或在报刊上选择什么日期、版面大小及刊登位置等。

（4）媒体的频率分配

媒体的频率分配主要是指在一年或某一时期中的重点期和保持期中，不同媒体的刊出次数安排。

6. 广告预算

广告预算应按项目进行，每个项目的费用计算都应尽可能准确，这部分最好用图表形式表示。

（1）项目列支

包括市场调研费、广告设计费、广告制作费、广告租金、广告机构办公费与人工工资、促销与公关活动费及其他杂费开支。

（2）项目的费用分配

主要指广告预算列支项目的细分项目分配列支，或不同工作阶段的广告费用分配列支。

7. 效果预测

这部分应以导言中规定的任务和目标为准则，展望广告宣传活动的理想化效果，要实事求是、简明扼要。

9.4.3　写作结构原理分析

内容 1“导言”，是对策划书总体内容的陈述，以为主体内容的展开做铺垫。

内容 2、3 为内容 4“广告策略”的制定提供理论根据。广告策划书写作的意图宗旨是通过陈述所策划广告策略的思路，为企业实施该广告策划方案提供根据。而广告策略作为营销策略的构成部分，是为整体营销战略服务的，是作为营销战略实施的辅助策略的内容。策划书为满足陈述所策划广告策略的思路要求，又要交代为什么策划这样的策略，故广告策略的制定要以营销策略为根据。内容 2、3、4 之间的逻辑关系是：根据市场分析制定营销目标和营销策略，又根据市场分析和营销策略来制定广告策略。

内容 4、5 是对所策划广告策略内容的陈述，为全文的重点。其中的广告媒体策略本是广告策略的构成内容，由于广告媒体的选用及其组合既影响广告成本，又对广告效果的实现有重大意义，所以这里把广告媒体策略作为一个独立内容部分，以显示其重要性。

内容 6 是依据假设条件对广告活动成本做预算，这是活动类策划书的必要内容——开展活动要花钱，对需要花多少钱、是否划算，需要做出回答。

内容 7 是对上述花钱是否划算的效果预测，以佐证该策划方案的可行性。可行方有实用价值，以此说服企业，从而为企业实施该方案提供依据。

例文 4

××田园广告策划书

一、前言

××田园区的出现，体现了××公司长远的战略眼光和做百年企业的雄心壮志。

××田园区的出现，使××公司在有意无意之中闯入了复合型房地产开发这一前端领域，或者说，××公司在有意无意之间为房地产开发未来的成功准备了条件。

××田园区的出现，顺应了当代人、当代社会对绿色生态环境的向往与呼唤，其深厚的发展潜力不可估量。

××田园区在开发模式上，采用了创新策划在先、规划设计在后，让两者相互弥补、相映生辉的做法，也是一种超前性的景区与房地产开发模式的创新，它对××公司的未来事业将产生深远的影响。

二、市场分析

1）市场背景

××田园区位于重庆××区××镇一侧，现占地约 200 亩，前期果园开发已小见成效，大规模的综合性开发即将进行。

果园内的果树现以枇杷为主，同时准备种植一批其他果树，形成一个有多种果树的综合性果园。

在历史上，××镇是有栽种水果的悠久历史的，万亩红橘的壮观至今仍为人津津乐道。如今，××镇政府又提出了建立万亩淡季果园的发展战略构想，为金果园的可持续性发展提供了强有力的支撑。

现在，××镇已有常住人口约 5 万，随着渝西经济走廊的建设和新厂新单位的迁入，××镇未来的人口还会大量增加。××镇的现有休闲娱乐设施，特别是新潮时尚的休闲娱乐设施已经不能满足居民们的需要。

重庆主城区人口已超过 600 万，主城区居民的生活水平、消费能力都在不断地提高，休闲娱乐的郊区化（由近郊逐步走向远郊）是一个不可阻挡的大趋势。

2）产品分析

××田园区位于重庆××区××镇一侧，现占地约200亩，是重庆的一个具有独特地理位置和优越自然环境的、大型生态绿化田园区。

优势：

一棵令人震惊和赞叹的超级白果树！

它立在××田园区的大门口或中心。

它那巨硕无比的下部（直径不小于10米）是钢筋水泥雕塑出来的，但外形酷似真树，足以乱真。

中心以泥土填满，使树根能够直通地下（包括外露一部分）；也可巧妙设计一些弯曲的树洞，供孩子们捉迷藏。

上部则有序地种植一批各种各样的果树，让其慢慢长大，仿佛是巨树的枝，是巨树的天生的组成部分。

还可为其编一个古老的神话传说故事，让许多游客更加深信不疑。

将这棵白果树命名为“仙醉白果树”，由著名书法家题字，由著名文人写一篇赋，立石碑刻于树旁。

这是果园独创的特色景观之一，是它的形象标志之一。

在资金许可的前提下，公园的建筑设计应敢于适度超前（至少要有鲜明的独家特色），不要认为远郊的公园设计就一定比主城区的公园落后，这方面做好了，也是一个独特的卖点，同时也能有效阻止竞争者的跟进。

劣势：

对发展商来说，是挑战，因规划设计的难度加大、建筑容积率的降低、园林景观的增设造成的成本增加，未来物业管理服务的升级，都要求发展商投入更多的人力、物力、财力。

3）竞争对手分析

东方半岛花园是深圳布吉的一个具有独特地理位置和优越自然环境的大型生态绿化园林式社区。东方半岛花园招标后，打出“特大型低密度园林式住宅”的牌子，推出了绿色概念和环保概念。这是符合深圳目前地产发展阶段和消费潮流的。

东方半岛花园的“园林式“是一个环境系统概念，大到小区的外围环境、内部环境、地形、布局、空间、庭院的序列、主题的不同、功能的组合、景观的效果，小到园中的一石一水、一草一木，都要纳入环境系统进行精心设计。

三、广告战略

1）广告目标

造市，制造销售热点。

造势，多种媒体一起上，掀起立体广告攻势。

大范围、全方位、高密度地传播售楼信息，激发购买欲望，扩大“××田园区”的知名度、识别度和美誉度，提升企业形象，1年之内销售量达到80%以上。

2）广告对象

好玩好动的××镇及主城区的幼儿、儿童、少年；对现代娱乐公园情有独钟的××镇及周边地区青年；喜欢在郊外的绿色果园环境中旅游观光、休闲度假的，收入较好的主城区居民；喜欢在大自然的环境中赏花、品茶、垂钓养鸟的××镇中老年人；喜爱周末公园休闲、通俗文化演出、节日游园活动的××镇及周边地区居民；具有怀旧情结、回归自然心愿、喜好一点农活类劳动体验的主城区居民；乐意居住在绿色园林中的、消费水准较高的××镇及主城区居民。

3）广告地区

重庆市及周边地区。

4）广告创意

（1）每天活在水果的世界里

创意：选用孙悟空在花果山水帘洞中的情景。利用 FLASH 动画的方式展现孙悟空在那里的逍遥自在，然后切换到××田园区的画面与此相比，有如回到了孙悟空的时代，最后，××田园区中的你也每天活在水果的世界里。

（2）回到家，就是度假的开始

创意：一个怀孕 7 个月的孕妇对刚下班回家的老公说："老公，我在家里好闷，我要去度假。"老公："行，马上带你去。"上了车，不过多久就到了。他们来到了一个仿佛度假村的果园里，而且这里有新颖独特的楼房。孕妇看到此情此景，脱口而出："老公，我要在这里住一辈子！"老公："没问题。"孕妇："真的可以吗？"老公："当然，因为我早就在这里为你买了一套你一定会满意的房子。"孕妇："哇，你好棒呀！！！我每天都可以度假了！！！！！！！！"老公："回到家，就是度假的开始。"

画外音："你想每天都能度假吗？就到××田园区。"

5）广告实施阶段

第一期：试销阶段（3 个月）。

行为方式：新闻运作、广告。

时间：××××年 2 月 1 日。

新闻运作是利用新闻媒介进行宣传。这种方式近年来被明智的地产商所采用。新闻的力量远远大于广告的影响，而且花钱少、办事多，容易形成口碑，引起广泛注意。

对重庆本地目标市场采用密集轰炸式的广告宣传，各种媒体一起上，采用多种促销手段，造成立体广告攻势，以图一举打开市场。

让受众和消费群体了解物业的基本情况，同时塑造发展商的良好公众形象。在首期宣传中，让 40% 的目标客户知道××田园区，并在心目中留下深刻印象。

以内部认购为先声，以优惠的价格和条件进行首轮销售，销售量达到 10%。吸引目标对象注意，诱导 20% 的目标客户采取购买行动。

及时总结经验和教训，对第二期销售计划进行补充、调整和完善。

第二期：扩销阶段（3 个月）。

行为方式"新闻、广告、营销。

乘第一期广告之余威，保持其热度不要降下来，继续进行立体推广，巩固已有成绩，吸引目标受众更多的注意，变潜在客户为准备购买群体。

一期的承诺已经兑现，要倍加珍惜已有的市场口碑，在园林风的大主题下，鼓励和引导更多的人来买××田园区产品。此时前来看房和参观售楼处的人相应增多，广告要投其所好，不失时机地扩大市场占有率。销售服务一定要跟上去。

继续吸引目标受众，注目率已达 40%左右，并形成一定之口碑。合力促进销售，引导 30%的目标客户采取购买行为，并继续产生边际效应。

第三期：强销阶段（4 个月）。

行为方式：新闻、广告、营销。

充分利用新闻的巨大效应，变广告行为为新闻行为，让记者和报纸的新闻版为售楼服务，对评论、专访报道、特写等新闻手法充分加以利用。

让部分客户进行现身说法，谈××田园区的好处，增加可信性。

在广告方面加大投入量，报纸、电视在强度、广度和深度上做足文章。调动新闻方面一切可以调动的手法和载体，进行深入宣传。合力吸引目标客户，引导 30%的目标顾客购买。

市场口碑已初步建立，老客户会引来新客户。让“××田园区”传为美谈，变成公众的社会话题。

加强管理和服务，让售楼现场服务的软功变成硬功，抓住后效应不放。

第四期：巩固阶段（3 个月）

行为方式：营销、广告。

消化剩余楼盘，基本完成销售计划。对前三期广告行为进行检验，对不足之处加以弥补和改进。

采取细水长流、渗透式的广告行为。注意后效应和市场消费心理惯性，加强物业管理，提供始终良好的服务，树立住户的主人公观念。

完善各项法律手续和文书、文件，规范、科学、严谨地保证客户的各项权益。

四、广告媒体策略

1）主体媒体：报纸

策略：根据整体推广计划，前三期拟以报纸为主要信息载体之一。

第一期多用大中版面（半版或三分之一版）密集发布；第二期采用中小版面，逐渐拉长发布周期；第三、四期采用小版面，长线渗透。

主要报纸：《东方日报》（重庆）、《苹果日报》（重庆）。

2）辅助媒体：电视

制作目的：塑造品牌形象。

市场目的：造势、促销。

播出媒体：重庆电视台（15 秒广告片）；重庆文体娱乐频道（20 秒广告片）；重庆生活资讯频道（15 秒广告片）。

五、广告预算分配

媒体预算比例：TV（电视）45 000，6.4%；N.p.（报纸）500 000，71.4%；印刷 100 000，14.3%；CF（广告影片）55 000，7.9%；总计 700 000，100.0%。

各销售季比例：新上市 50 000 000，10.6%；第一期特卖 100 000 000，21.3%；消化期 20 000 000，4.3%；第二期特卖 300 510 000，63.8%；总计 470 510 000，100.0%。

六、广告效果预测

××房地产公司的田园区选在繁忙都市人都向往的环境清幽、绿意盎然、山清水秀、远离都市尘嚣的优雅山区，以及××公司新颖独特、独具现代与古典相结合的房屋设计，加上

××公司全面的宣传，定能使都市人希望享受世外桃源般的生活而产生热销，给××公司带来大额利润，提高公司知名度，让公司在激烈的房地产市场竞争中站稳脚跟。

（资料来源：http://www.jiaoyu8.net/ainfo/9519.html.）

9.5 公共关系策划书写作

9.5.1 公共关系与公共关系策划书

1. 公共关系

所谓公共关系，简言之，是指社会组织在追求其利益目标实现的过程中所形成的与社会公众的关系。这种关系是可变化的，并且对组织利益目标的实现会产生重要的影响作用。因此，组织总是力图从有利于自身利益目标实现的要求出发，有计划地实施种种行动去构建良好的公共关系。

2. 公共关系活动及其类别

组织为构建良好的与社会公众的关系，借助一定形式和内容、追求特定效应目标、面向社会公众的沟通活动，就是公共关系活动。

公共关系活动，按照其内容特征可分为：一般性公共关系活动，即大量的常规性业务工作乃至临时性工作中的热情服务、礼貌待客性的行为活动等；公共关系专题活动，即有计划、有步骤地运用有关技术、方式和途径去实现既定公共关系目的的专门性活动。

公共关系专题活动按其活动特征又可以划分为危机型、公益型、典礼型、喜庆型、会议型、展示型、新闻传播型、竞赛型活动等。

3. 公共关系策划书

为社会组织谋划构建良好社会公众关系的公共关系活动方案的工作就是公共关系策划。这类策划活动现在一般由专门的咨询机构来完成。咨询机构接受委托完成策划工作后，用以描述所策划的公共关系活动方案及方案的依据思路的书面语言成果形式就是公共关系策划书。

公共关系策划，按其内容特点可分为 CI 形象设计（策划）和公共关系专题活动策划。

本节只介绍公共关系专题活动策划书的写作。

9.5.2 公共关系专题活动策划书正文写作的一般格式及思路

1. 前言

1）策划书项目的由来——是受谁的委托（或领导层的指派）的任务。

2）公共关系主体的基本情况介绍。

3）活动目的与主题。

2. 背景分析

背景分析主要是关于调查研究所进行“三个比较”的“三点结论”的评价描述。即通过公共关系主体的自身条件与市场、竞争对手和公众需求的比较分析所形成的关于与社会公众关系的优势点、问题点与机会点的分析描述，以认清所存在的关系全局的核心问题是什么和由核心问题引发的组织形象危机在哪里。

3. 目标体系

目标体系概要性地说明公共关系活动拟实现的目标设想，主要内容有以下两个。

1）总体目标，包括组织在未来某一较长时期内所追求的形象特性、品牌忠诚度指标等。

2）具体目标，明确通过本次公共关系活动希望实现的具体效益指标。

4. 创意说明

创意说明主要介绍公共关系活动的主题思想、传播媒体及其作品和相关文案，涉及的内容主要有指导思想、活动主题、活动总名称、分项目活动名称、宣传作品（主要陈述电视宣传作品的分镜头脚本、报纸杂志宣传作品的设计图、POP 广告的设计图等。)、标语和饰物（介绍营造现场主题气氛所使用的装饰物等，如吉祥物、彩旗、现场色调、音乐、音响等。）

5. 媒体策略

媒体策略主要介绍宣传活动的媒体组合方案，包括媒体组合方式、地理分配、时间分配、内容分配等，一般用表格形式按媒体名称、租用时间、 宣传内容、规格、注意事项等项目来具体陈述。

6. 活动方案

活动方案重点介绍公共关系活动的整体运作方案，其主要内容有以下两个方面。

1）日程安排，即公共关系整体活动从项目实施开始到完成整个任务的工作进度安排，包括日期、任务内容、负责人及注意事项。

2）分项目方案，是关于各组合项目的名称、实施时间、地点、执行人、运作步骤及程序方案计划，其中的运作步骤和程序方案一般采用“节目单”的表格形式。

7. 活动经费预算方案

活动经费预算方案主要采用经费预算表的形式。

8. 效果展望

效果展望简要描述公共关系活动的理想化效果。

另外，在大型公共关系专题活动策划书中，还往往附有需要补充的相关资料文件，称为附件。这部分内容应根据具体情况而定，重要的附件通常有：调查报告、市场预测报告、活动筹备工作日程推进表；有关人员职责分工表；经费开支预算明细表；活动所需物品一览表；场地使用安排表等。

9.5.3　写作结构原理分析

1. 前言

在篇幅简短的策划书中，背景分析也可以融入前言中来写，称为大前言；而在活动内容规模比较大的策划书中，背景分析的分量比较重，常使用独立结构单位，以突出背景分析，这样分离出来的前言的内容篇幅更短小，故称为小前言。

策划书的写作目的是告之他人怎么做，所以在小前言的写作中，要交代是谁要求为之策划、由谁去执行策划方案、其意图目的是什么。

2. 背景分析

策划书中的策略乃至活动方案是因时因势而提出的，因此要将对这种时势的认识的依据陈述清楚，以为后文的策略和方案的亮相做铺垫。这种依据的陈述就是背景分析。

3. 目标体系

一般来说，组织行为要经过集体决策，理性程度高。组织建设既有长远目标，又有近期目标，长远目标是有着全局战略性意义的目标，以规划目标的形式出现；近期目标是近期各项工作任务要实现的目标，以计划中各项业务考核的量化指标的形式出现。近期目标必须与长远目标相统一，并主导着当前的组织任务及行为活动的意义、方向。策划书是制定未来该怎么做的行为方案。那么，未来为什么要这样做？需要通过长远目标和近期目标的陈述来回答。这是目标体系写作的意义所在。

4. 创意说明

一个完整的公关活动方案，不是某一时刻、某一形式的单一内容的行为，而往往是在时间和空间上的多内容、多形式的组合行动，而且具有创造性的高技术含量，这样才能具有高质量的效果。对此创新性的高技术含量的方案思路的认识，直接关系对后续方案策略和方案内容的理解，以致影响对方案的执行力度和执行中的技术方法的有效控制程度，故要有此创意说明。

5. 媒体策略

公共关系活动谋求的是良好组织形象的构建。而形象构建是意识活动的结果，需要借助媒体的途径展开舆论宣传。在现代科学技术条件下的传播媒体，各自的传播形式、传播途径、传播的效果及成本不一样。以致在实践中，常常要以不同媒体组合的方式才能实现成本和效果优势上的最佳。这就产生了媒体选择及操作上的价值取向和方法问题，也即媒体策略。这里是从提供操作依据的角度去描述媒体选择及租用的具体方案。

6. 活动方案

策划书的内容 3“目标体系”至内容 6“活动方案”属于所策划方案内容的主体部分，分别从行为目标、策划的构思思路、媒体的如何选择到怎么做，做了系统的理论方案的陈述。而这里的“活动方案”是指公关活动的执行方案，即具体怎么做的实施计划，是策划方案的核心内容。有了它，策划方案才能落在实处。

7. 活动经费预算方案和效果展望

这两部分是策划人为公共关系主体评价上述方案是否可行提供评价依据的内容，通过经费预算说明活动成本，又以展望效果与之比较得出效益，以说明该策划方案的可行性。同时，以此收束全文，干净利索。

例文 5

国际汽车展览活动策划书

一、活动背景

汽车国际展览会是经济全球化的产物，它不仅促进了国际汽车企业之间的感情，还能提高各自的知名度以及销售量，并且以展览汽车商品的方式，让消费者更加了解汽车，让汽车企业充分了解竞争对手的产品信息并产生无限商机。

二、活动目的

让消费者更加了解汽车，提高国际汽车企业之间的交流，提高汽车品牌的知名度、销量。

三、活动主题

"展商售车、车迷赏车、市民购车"。

四、活动时间

2016 年 9 月 29 日— 2016 年 10 月 3 日

五、活动地点

湖南国际会展中心，本中心建筑面积为 10 万平方米，可容纳 2 万多人，展厅面积为 5 万平方米。

六、活动内容

1. 60 多个国际品牌汽车企业入驻，包含 300 款车型，其中包括 SUV、超级跑车等，为不同需求的消费者提供选择。

2. 让车模与车同时构建绝色盛宴，让受众感受到视觉上的冲击，调动购买情绪。

3. 执行"1 元车展福贷计划"，让受众支付 1 元即可获得福利。

七、活动对象

新闻媒体、爱好汽车的发烧友、想要购买汽车的消费者。

八、场地布置

在场地上布置 300 个汽车展台，根据每辆汽车的风格进行不同的场地布置，这部分交给企业自己完成，毕竟自己的品牌自己才是最了解的。

九、工作安排

责任人	时间安排	注意事项
采购部	2016 年 9 月 10 日—2016 年 9 月 18 日	租赁场地、租赁汽车展台
宣传部	2016 年 9 月 13 日—2016 年 10 月 3 日	联系入驻品牌企业、联系新闻媒体进行宣传

十、活动宣传

利用在互联网上发布活动新闻以及在线下发送宣传单，进行"微信 1 元抢购门票抽奖"活动，来调动人们参加。

十一、活动预算

（略）

（资料来源：https://wenku.baidu.com/view/355c16ea102de2bd9605886a.html.）

例文 6

用爱心点燃冬天里的一把火
——百乐城美食广场公共关系专题活动策划

一、调研

1. 背景

如今黄石市的餐饮业竞争激烈。百乐城美食广场（以下简称“百乐城”）作为一个中档消费餐饮场所，考虑到黄石市大众居民的收入和消费水平，在价格上定位不高，但在质量和环境上却不打折，既提供舒适幽雅的就餐环境，还保证饭菜的分量和口感。那么，员工还要靠这份工资养家糊口，利润从何而来呢？据经理介绍，美食广场只有在每天超过 50 桌的前提下才能有利润可赚。

2. 契机

如今已经是寒冬季节，时不时还飘洒着的丝丝小雨，给本来就寒冷的天气更增添了一分冷意！但就是在这个季节里有两个温馨的节日：元旦和春节，这是亲人团聚的节日，是喜庆的日子。可是，在社会中却有一群孤独的人——那些敬老院中的孤寡老人和孤儿院中的孤儿，这喜庆的节日恰是他们思念亲人的痛苦之时。对于我们这个具有传统美德的民族，这个人群自古就是社会同情的对象，也是慈善事业者施善举的对象。这样的善举历来是赢得社会赞誉的内容。百乐城美食广场均可以此为契机，通过为地方敬老院和孤儿院的老人和孤儿提供年夜饭的善举大张旗鼓地开展公关活动，提高企业的知名度和美誉度。

3. 核心问题

以此善举增进消费者了解百乐城，提高百乐城的美誉度，增加美食广场的客流量。

4. 初步认定的各方公众和资源

（1）孤寡老人、孤儿、残疾儿童。

（2）市有关领导、部门、企业、社会团体代表。

（3）黄石市市民。

二、策划

1. 活动目的和主题

（1）此次活动的目的

1）弘扬中华民族传统美德，关爱社会孤寡老人、孤儿和残疾儿童，让不幸的老弱者不孤独，让失去亲人的儿童感受到亲人般的温暖。

2）提高百乐城美食广场的美誉度和影响力，扬企业文化，树企业形象。

（2）此次活动的主题

此次活动的主题是：用爱心点燃冬天里的一把火——百乐城美食广场为市孤寡老人和孤儿送温暖大行动。

2. 具体目标

以百乐城美食广场为市敬老院、孤儿院的孤寡老弱者主办年夜饭的主题活动和捐赠活动，加大宣传力度，倡导爱心活动，拉近与消费者的距离，增进与各厂矿企业和社会团体间的沟通，突出企业的独特精神风貌，树立公司讲信誉、重品牌，全心全意为顾客服务的良好企业形象，以提高百乐城美食广场的品牌知名度和美誉度。同时，通过企业年夜饭庆典晚会，使员工获得娱乐身心的机会，达到提高企业内部和谐度的目的。

3. 主要公众

（1）年夜饭活动主请孤寡老人和孤儿，同时邀请市有关领导、部门、企业、社会团体代表。

（2）倡议捐赠活动的实施需要有黄石市民政局出面主持，由市工商税务部门和公证机关对活动全过程实施监督。

（3）捐赠活动面向企业、社会团体、市民。

（4）成立爱心工作小组，专门负责此次活动的具体实施。

4. 活动方案

（1）造势

1）于 2016 年 12 月初由百乐城美食广场在《黄石日报》和市电视台发布年夜饭活动的消息，同时倡议开展全市各界为我市孤寡老人、孤儿和伤残儿童献爱心活动。

2）计划在 2017 年元月 1 日到 2017 年 2 月 10 日倡议开展大型募捐系列活动。在百乐城美食广场门前及主要街口散发倡议书以及百乐城美食广场举办年夜饭活动和捐赠的公告，发布公司和职工捐赠信息。

3）百乐城美食广场带头，除企业全体员工捐款外，发布公告，自活动之日（1 月 1 日）起，将公司每天营业额的 1%作为捐款。

（2）捐赠仪式

1）于 2017 年 2 月 10 日在市电视台演播大厅举行隆重的捐赠仪式。由市民政局主持，请市领导代表参加，邀请市各企业、各社会团体加盟，并通过市电视台现场直播。（高潮）

2）同时，百乐城美食广场举行答谢宴会，邀请参加捐赠仪式的市领导以及各企业、各社会团体、新闻媒体代表参加，由一流厨师展示特色菜肴，以扩大百乐城美食广场的影响。

（3）爱心年夜饭（大结局）

在 2016 年除夕之夜，百乐城美食广场派出专车去黄石市福利院把部分身体条件较好的老人和儿童接到百乐城美食广场，全体领导和员工一起包饺子，跟老人和孩子们一起吃年夜饭，看春节联欢晚会，共度一个美好幸福的夜晚。

三、传播

1. 具体信息设计

（1）倡议书

寒冬腊月，双节将至。

亲爱的朋友们，当我们在温暖的房子里享受暖气、空调的时候，当我们吃着香喷喷暖人心的饭菜的时候，当我们和亲人、朋友谈笑风生的时候，有谁想到了在我们的身边还有一群孤独忧伤的老人，还有一群失去亲人的可怜的孩子？

为了那些孤独的老人和可怜的孩子，我们发出了一份倡议，在您接到这份倡议书的同时，也就接受了一份传递爱心的神圣使命！

请停下您匆匆的脚步，张开您的双臂，给身边的残疾儿童一个温暖的拥抱，让这个简单的拥抱鼓励他们幼小纯洁的心灵在今后的成长过程中树立坚强的自信，勇敢面对人生的挑战。

请停下您匆匆的脚步，抛开您的矜持，伸出您的双手，给身边的孤寡老人和失去双亲的孤儿一句温馨祝福，让这句简单的问候拉近他们和社会的距离，感受来自社会的温暖和真诚的关爱。

相信您不会将这个高尚而简单的使命随手丢弃，我们更期望您将这份爱心倡议书交给下一位热心的关爱使者，让我们在简单真诚的付出中把这爱心传递下去。

博爱是中华民族每个人都有的优良品质，我们的力量微不足道，但是，有我，有您，还有他！我们可以将爱心聚集在一起，点滴的雨露也会汇集成江海。

希望您伸出关爱之手，为他们温暖寒冷的冬天。爱，让我们的生命更具意义，我们不仅要自己行动起来，还要让大家都加入我们的行列。

让我们从自身做起，把关爱行动落到实处；让我们从身边小事做起，用生命中的全部热情和力量，关爱所有需要关爱的人。

为此，百乐城美食广场以我之所长向我市孤寡老人和孤儿献上一份年夜饭，让他们在新春来临之际享受亲人团聚、欢度佳节的快乐。百乐城美食广场及职工还踊跃捐赠，为我市的孤寡老弱和残疾儿童献爱心。同时倡议我市各界和市民参与爱心大行动！我们的口号是：

少抽一盒烟，健康如神仙；少打一次的，锻炼好身体。节约每元钱，奉献您争先。爱心有行动，美德人人颂。

——用您的节约为社会的孤寡老人和孤儿献上一份爱心。

（2）横幅标语

在百乐城美食广场前布置场地，挂横幅标语。

主标语：用爱心点燃冬天里的一把火——为孤寡老人、孤儿和残疾儿童送温暖大行动

副标语：把温暖传递，让真爱永存！

2. 传播许可

1）重点传播的信息：百乐城美食广场在传统佳节时刻想到了那些孤寡老人和孤儿。以传统的庆祝节日方式——年夜饭来满足这些人的需要，表达爱心，并倡议社会以捐赠来关爱这些不幸的人。

2）在倡议捐赠活动中，要突出宣传百乐城美食广场及职工的踊跃捐赠。

3）要组织好 2 月 10 日捐赠仪式的现场直播活动，而且镜头要相对地集中和突出百乐城美食广场的代表和横幅。

以上述内容信息来组织一场相对集中而又有声势的信息传播活动，使广大公众关注百乐城美食广场，再加上答谢宴会上特色菜肴的展示，从而提高百乐城美食广场的知名度和美誉度。

3. 日程表

1）在 2016 年 12 月底前向市政府和民政局提请审批活动方案。

2）估计在 1 周后，申请可得到批准答复。2017 年 1 月初，联系《黄石日报》社和市电视台，开辟“用爱心点燃冬天里的一把火——百乐城美食广场为市孤寡老人和孤儿送温暖大行动”专栏。

3）2017 年 1 月上旬在街头散发百乐城美食广场奉献年夜饭和捐赠活动公告及倡议书。

4）2017 年 1 月初至 2010 年 2 月上旬，为募捐活动日。

5）2017 年 2 月 10 日，在市电视台演播厅举行大型捐赠仪式，并由电视台现场直播。

6）除夕夜的下午 5 点，举行百乐城美食广场年夜饭活动。

四、预算

（1）新闻媒体费用（略）

（2）印刷费（略）

（3）公司捐款（略）

（4）场地布置费（略）

（5）交通费（略）

（6）年夜饭成本（略）

（7）通信费（略）

（8）其他费用（略）

五、评估（略）

附表 1：活动日程表（略）

附表 2：成本预算表（略）

（注：本文选自某高校学生作业，采用时有修改。）

思考与练习

一、填空题

1. “6P”营销组合策略包括________、________、________、_________、________、__________。

2. 营销观念不断进步，使企业的市场行为从___________提升为一种____________、______________的具有很高的____________的一种战略行为。

3. 企业的营销策划分为 ________和________两种。

4. 营销战略策划书的文体特点是：________；________；_________。

5. 公共关系是指社会组织在追求_____________的过程中所形成的_________的关系。

6. 公共关系活动，按照其内容特征可分为________ 、__________两类。

二、名词解释

营销策划　　经营战略规划书　　营销活动策划书

广告策划书　　公共关系策划书

三、简答题

1. 西方营销观念经历了怎样的演进过程？

2. 营销活动策划书较之经营战略规划书具有怎样的特点？

3. 广告策划书写作的“广告策略”与“营销策略”间遵循着什么样的逻辑联系？

4. 公共关系活动策划书的活动方案通常包含哪些内容？

四、写作练习题

1. 试为某公司做一次营销活动策划，并写作策划书。

2. 配合营销活动策划做广告策划，并写作广告策划书。

3. 校庆是学校的重要节日，校庆活动不仅能展示学校的育人成果，加强学生对学校的更深认识了解，而且可提升学校的知名度。请为你的学校的校庆活动撰写一份公共关系策划书。

第 10 章　经济活动分析类文书写作

教学目标与要求：

1. 通过理解什么是经济活动分析、什么是经济活动分析报告，认识经济活动分析的事务特点及经济活动分析报告写作的思维机制特点；
2. 认识成本分析报告和产品质量问题分析报告的适用方法；
3. 重点理解和掌握上述两种经济活动分析报告写作的基本结构思路及其结构原理。

10.1 概述

10.1.1 关于经济活动分析

企业是经济组织，其主要目的是为了赚钱。但企业的赚钱以投入为前提条件，是以投资钱来赚钱的。而投资了钱能否赚钱，由诸多的不确定因素决定。这些不确定因素主要来自市场，即使是国家的宏观调控也是通过市场来发挥作用的。因此，企业的生存与发展需要解决好两个基本问题：一是正确认识市场运行的变化规律；二是依据前者的认识不断调整自我，以保证企业行为有正确的方向。这里，前者通过市场研究来实现，后者需借助经济活动分析的途径来完成。

经济活动分析有宏观与微观之分。宏观经济活动分析，多以行业或地区的经济运行为研究对象，以国家及各级政府的相关方针政策与经济理论为指导，以统计资料与调查研究所获得的信息为依据。微观经济活动分析则是针对企业的分析。

经济活动分析是经济活动实施过程中的一种类似总结的自我回顾评价性活动。但总结广泛适用于各类活动，且侧重于对成绩的肯定，以及基于成绩的经验与体会的概括；而经济活动分析仅限于对经济活动的评价，且重在发现问题和寻求解决问题的途径方法，以调控自身行为遵循既定目标运行。

10.1.2 经济活动分析报告及其种类

企业的这类以调控自身行为为目的的经济活动分析的具体工作由相关业务部门来完成，但企业经营的决策权在高管层，故相关业务部门完成经济活动分析的具体任务后要向高管层汇报。这种企业的相关业务部门向高管层汇报经济活动分析结论意见的书面报告，就是经济活动分析报告。

企业的经济活动分析涵盖的面很宽，如前面已介绍的新产品质量分析，市场的调查研究和预测都可包括在内，另外还有成本分析、财务分析、产品质量监控分析、产品质量问题分析等。本章只介绍其中的成本分析报告和产品质量问题分析报告的写作。。

10.1.3 经济活动分析报告写作的思维机制特点

第一，经济活动分析是对过去已实施的经济活动进行回顾评价的类似总结的认识活动。但经济活动分析重在找问题、查原因，写作主体首先要认识它与总结的这一主要区别。

第二，要认识到经济活动分析的目的也不同于总结，不是为积累经验，而是为寻求解决问题的途径方法。

第三，经济活动分析报告要向领导层报告分析的结论，以为领导层决策提供依据，要回答“为什么是这样的分析结论”，重在将分析的根据和分析思路表述清楚。

10.2　成本分析报告写作

10.2.1　文体适用特点

在企业管理中，成本管理是重要的构成内容。企业的成本管理是通过成本计划→成本控制（计划实施）→成本分析→成本差异处理（实施管理措施）的途径来实现的。其中的成本分析，就是根据成本计划、成本核算和其他有关资料，评价成本计划的完成情况，揭示成本计划执行中的问题，并通过对成本影响因素的分析，寻求解决问题途径的研究活动。用以表述该项研究情况的书面报告就是成本分析报告。

10.2.2　正文写作的基本结构思路

1. 导言

导言是对成本计划执行期间基本情况及问题的综述，以引导报告的分析方向。

2. 主体

（1）关于计划执行的各项成本要素指标变动情况的比较描述

一般以以下表格的形式进行成本费用变动数据的比较。

1）与计划指标比较。

2）与历史同期比较。

上述表格中的数据是经过统计加工的，数据的统计和罗列要能反映成本的变动趋势和问题。

（2）关于问题的归纳描述

即对上述表格中的指标比较数据进行解读，并归纳存在的问题。关于问题描述的类别要根据实际情况来区分，一般可区分为以下几种。

1）原材料成本。

2）制造成本。

3）销售成本。

4）管理成本。

（3）针对问题进行影响因素分析

1）宏观影响因素分析。

2）微观影响因素分析。

3）企业内部资源因素分析（包括技术因素）。

4）管理环节的影响因素分析。

3. 尾部

针对分析的原因提出控制成本的措施。

10.2.3 写作结构原理分析

1. 导言

成本管理要通过成本计划→成本控制（计划实施）→成本分析→成本差异处理（实施管理措施）的途径来实现。其中，成本计划中要制定标准成本或限额成本。而成本分析的首要任务，就是将实际成本与限额成本或标准成本比较，揭示成本差异。其中的实际成本产生于成本计划执行中所发生成本费用的核算。导言中“评价该时期成本计划执行情况”，就是将计划执行中发生的实际成本与限额成本或标准成本做比较以揭示成本差异——说明存在的问题，以此明确报告主体内容的研究方向。

2. 主体

人们分析问题的目的都是为了解决问题，这是人们一般的思维法则。成本分析报告写作的意图宗旨，也是要揭示成本计划执行中的差异，分析原因，以提出差异处理措施。主体部分的写作重在针对导言中揭示的成本差异分析原因。由于对成本差异的揭示依据成本核算，所以原因分析也必须以成本核算为根据。

主体的内容（1）以表格形式列出成本费用变动情况，就是将成本核算的数据资料遵循揭示成本差异的要求有序列示，来为内容（2）“关于问题的归纳描述”提供依据。

在成本分析中，首先是要揭示有什么问题。这主要是通过完成指标与计划指标的比较，从成本指标的变动中去发现线索，有时还加以与历史同期比较的方法。表格的形式虽便于数据的比较，却存在理解上的困难，所以列表后还要对表格中的指标比较数据进行解读，以明确问题，便于后续的原因分析。这是写作内容（2）的原理根据。

找出问题的目的是要解决问题，而要解决问题首先要查明原因，所以继内容（2）明确问题后要写作内容（3）的影响因素分析，即原因分析。

3. 尾部

主体部分完成了原因分析，遵循该报告写作宗旨的要求，接下来就要针对原因提出成本差异的处理措施（控制措施）。

例文 1

×××棉纺厂××××年7月成本分析报告

一、成本数据分析

（一）7月原料价格变动情况表

品　种	原料单价（元／千克）（含税）			本月用量（千克）	影响金额（万元）
	本月实际	上月实际	升降		
棉花	20.8538	21.4877	–0.6339	383443	–24.31
涤纶	22.1569	23.7128	–1.5559	198547	–30.89
维纶	22.2300	23.2050	–0.9750	18416	–1.80

（二）7 月费用增减变动分析表（单位：万元）

费用项目	本月实际	上月实际	升降
包装料	11.92	14.43	–2.51
浆料	13.30	14.20	–0.94
煤炭	14.51	15.18	–0.67
水费	8.34	9.92	–1.58
电费	83.55	68.99	+14.56
天燃气	0.67	2.61	–1.94
工资	144.28	144.28	0
福利费	19.25	19.19	+ 0.06
折旧费	28.70	28.70	0
大修理费	7.60	7.90	–0.30
修理费	3.95	1.60	+2.35
机物料	37.04	38.00	–0.96
劳动保护费	1.50	1.56	–0.06
办公费	0.62	0.92	–0.30
运输费	6.48	5.58	+0.90
差旅费	4.57	6.98	–2.41
保险费	2.23	1.97	+0.26
消防费	0.86	0.57	+0.29
清凉饮料费	13.50		13.50
养路费	0.66		+0.66
业务招待费	1.41	1.16	+0.25
工会经费	2.89	2.88	+0.01
教育经费	2.16	2.16	0
税金	2.62	2.65	–0.03
利息支出	134.95	150.51	–15.56
劳动保险费	78.38	75.43	+2.95
其他支出	7.09	10.84	–3.75
营业外支出	4.04	4.20	–0.16
销售费用	3.95	5.49	–1.90
合　　计	640.65	637.94	+2.71

二、本月成本完成情况及分析

1. 本月的原料因国家进口棉花，供应充足。棉花、涤纶和维纶相继出现价格回落的局面。本月棉花单价回落，使成本降低 24.31 万元，涤纶降低成本 30.89 万元，维纶降低成本 1.80 万元。总计降低成本 57 万元，占原料总成本（1280.48 万元）的 4.45%。

2. 本月费用总的控制较为理想，特别是利息支出和上月比较有了较大的下降，下降率达 10.34%。主要原因是本月销售收入入账较为及时，减少了银行贷款，从而降低了利息支出的费用。

3. 本月的电费支出和上月比较增加较多，上月为 68.99 万元，本月为 83.55 万元，升幅达 21.10%。主要原因有以下两个。

（1）电费提价，本月比上月用电单价上升 0.0025 元，使电费多支出 14.56 万元。

（2）7 月进入炎热的三伏天，车间全部增开了制冷空调设备，多用电 43 万度电，多支出

14.56 万元。

4. 本月修理费升高 2.35 万元。主要原因是在雨季来临时对危漏房进行了小修。

5. 由于夏季来临，本月计提清凉饮料费 13.40 万元，因而使该项成本比上月增加 13.40 万元。

三、建议

1. 继续抓住原料采购单价降低的机会。虽然 7 月原料单价降低了 4.08%，但原料单价和去年相比仍然较高，8 月预计在 7 月的基础上再降低 4%，可使原料成本下降 50 万元。

2. 8 月是炎夏季节，应做好节能工作，特别是节约用电，建议厂能源科对全厂的耗能大户（空调和细纱车间）进行一次节能检查，使 8 月的用电量比 7 月有所降低。

××棉纺厂财务科

××××年 7 月 31 日

（资料来源：企业供稿.）

 例文 2

成本预算编制-数据检核——成本分析报告

1.总成本检核

制造费用总额检核、固定成本对比，单箱变动成本对比

2.制造毛利率分析检核

原物料成本影响、产能、停工损失影响、产品结构影响，经销商价格变动影响

3.销售毛利率分析检核

折让影响、产能、停工损失影响 、通路结构影响

4. 制造毛利率分月对比

5.单箱原物料成本，加工费横向比较

1

成本预算编制-数据检核

1.总成本检核制造费用总额检核、固定成本对比，单箱变动成本对比

成本中心	科目	实际	预算	成长率
沈阳总厂	直接人工-固定费用	11,153,337	11,380,817	2%
	制造费用-固定费用	23,085,004	25,393,505	10%
食品制造	直接人工-固定费用	3,717,779	3,793,606	2%
	制造费用-固定费用	7,695,001	8,464,502	10%
乳饮制瓶课	直接人工-固定费用	4,089,557	4,172,966	2%
	制造费用-固定费用	8,464,502	9,310,952	10%
乳饮无菌制造	直接人工-固定费用	3,680,601	3,755,670	2%
	制造费用-固定费用	7,618,051	8,379,857	10%

生产线别	实际产量	实际变动费用	实际(单箱)	预算产量	预算变动费用	预算(单箱)	差异率
食品生产部	4,293	6,572	**1.53**	5,393	8,660	**1.61**	-4.65%
无菌线	8,380	12,226	**1.46**	10,033	15,398	**1.53**	-4.95%
热线	4,440	5,953	**1.34**	5,372	5,096	**0.95**	41.36%
TP	5,158	6,671	**1.29**	5,222	6,078	**1.16**	11.12%
其他	4,985	6,340	**1.27**	5,752	7,239	**1.26**	1.06%

2

成本预算编制-数据检核

2.原物料影响.

SKU	实际						预算							
	本厂生产数量	耗用原材料	耗用包装物	耗用在制品	生产产值	单箱成本	本厂生产数量	耗用原材料	耗用包装物	耗用在制品	生产产值	单箱成本	单箱成本差异	影响毛利率
来一桶红烧牛肉桶面	192	872	998	1,303	5,985	16.54	201	959	1,098	1,434	6,285	17.33	0.79	3%
来一桶红烧老坛酸菜牛肉桶面	325	2,228	1,692	1,164	10,128	15.66	341	2,450	1,861	1,280	10,634	16.40	0.75	2%
来一桶西红柿打卤桶面	48	217	250	310	1,494	16.22	50	239	275	341	1,569	16.99	0.77	2%
来一桶老坛酸菜鱼桶(12入)	54	328	281	225	1,677	15.50	56	360	309	247	1,761	16.24	0.74	2%
来一桶卤肉面（卤香牛肉）桶(12入)	103	755	541	586	3,226	18.21	109	831	596	645	3,388	19.07	0.87	3%
来一桶酸辣老坛酸菜牛肉桶(12入)	95	648	495	370	2,955	15.98	99	713	545	407	3,103	16.74	0.76	2%
来一桶卤肉面辣香牛肉桶(12入)	47	212	248	344	1,473	17.00	50	233	273	378	1,549	17.81	0.81	3%
食品事业群汇总	5,222	37,735	16,074	17,304	125,181	13.62	5,483	40,377	17,199	18,515	131,440	13.88	0.26	1%

原物料	单位	实际		预算		
		耗用价格	耗用量	耗用单价	单价差异	影响损益
棕榈油	公吨	7,600	87,415	6,972	-628	-54,896
面粉	公吨	3,330	238,723	3,276	-55	-13,041
白砂糖	公吨	6,350	257,641	5,865	-485	-124,939
柳橙汁	公吨	20,371	10,913	18,637	-1,734	-18,924
浓缩梨汁	公吨	12,500	8,383	12,242	-259	-2,168
茶叶	公吨	19,720	5,281	19,403	-318	-1,677
熏腊切片	公吨	10,518	151,909	10,495	-23	-3,541
…						
合计						-219,186

成本预算编制-数据检核

3.产品结构

产品	实际收入	实际成本	实际毛利率	毛利差	实际销售占比	预算销售占比	占比差	影响毛利率
A产品								
B产品								
合计								

A产品=（A产品毛利率**%-合计毛利率**%）×（A产品预算销售占比**%-A产品实际销售占比**%）=**%

B产品=（B产品毛利率**%-合计毛利率**%）×（A产品预算销售占比**%-A产品实际销售占比**%）=**%

开创健康快乐的明天

4

成本预算编制-数据检核

4.产能利用率影响

产量	产能	产值价格	产值	单箱变动成本	固定费用	制造毛利率	固定费用/产值	单箱固定成本
1,300	100%	23.93	31,111	11.50	2,000	46%	6%	1.54
1,170	90%	23.93	28,000	11.50	2,000	45%	7%	1.71
1,040	80%	23.93	24,889	11.50	2,000	44%	8%	1.92
910	70%	23.93	21,778	11.50	2,000	43%	9%	2.20
780	60%	23.93	18,667	11.50	2,000	41%	11%	2.56
650	50%	23.93	15,556	11.50	2,000	39%	13%	3.08
520	40%	23.93	12,444	11.50	2,000	36%	16%	3.85
390	30%	23.93	9,333	11.50	2,000	31%	21%	5.13
260	20%	23.93	6,222	11.50	2,000	20%	32%	7.69
130	10%	23.93	3,111	11.50	2,000	-12%	64%	15.38

开创健康快乐的明天

5

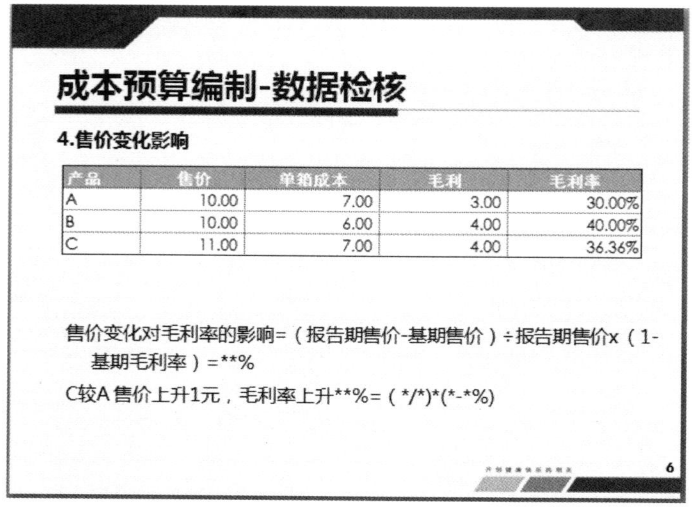

产品	售价	单箱成本	毛利	毛利率
A	10.00	7.00	3.00	30.00%
B	10.00	6.00	4.00	40.00%
C	11.00	7.00	4.00	36.36%

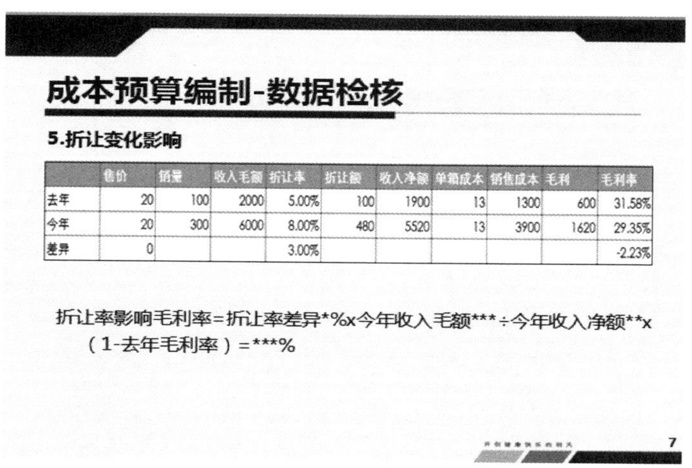

	售价	销量	收入毛额	折让率	折让额	收入净额	单箱成本	销售成本	毛利	毛利率
去年	20	100	2000	5.00%	100	1900	13	1300	600	31.58%
今年	20	300	6000	8.00%	480	5520	13	3900	1620	29.35%
差异	0			3.00%						-2.23%

（资料来源：企业供稿.）

10.3 产品质量问题分析报告写作

10.3.1 文体适用特点

对产品质量控制的重点虽然是产品的生产过程，但质量管理的范围却需要延至产品出厂后的用户使用过程。尤其对于研发的新产品，常常需要经过研发→生产→用户使用→反馈信息→改进的几次反复才能实现产品的成熟。所以，企业对用户使用过程中出现的产品质量问题较为重视，对其中问题严重的，一般是采取派出专门技术人员和管理干部亲赴现场调查处理的方式。产品质量问题分析报告，就是企业派出的调查小组对用户使用过程中已导致严重质量事故或用户反映强烈的产品质量问题完成调查处理工作后写作的专题分析报告。

10.3.2　正文写作的基本结构思路

1. 导言

导言一般要写明用户信息，事故发生的时间、地点，造成的损失，诱发事故的质量问题等。

2. 主体

1）事故发生的经过及相关信息描述。

2）处理过程。

3）处理结果及产生的影响。

4）问题分析及建议。

5）遗留问题。

3. 尾部

报告人及报告时间。

10.3.3　写作结构原理分析

1. 导言

导言的写作顺应了人们认识问题的一般思路——要汇报该任务执行情况，首先要告知任务指向的是什么事件。所以，报告一开头要写事件涉及的当事人，即哪个用户，以及用户使用商品在什么时间、什么地点发生什么事故，损失（若有损失要写清楚）和诱发事故发生的质量问题，以为主体部分报告对该事故的调查处理做铺垫。

2. 主体

主体部分要将任务执行的具体情况，即对该事件是如何处理的，以及其处理结果陈述清楚。

由于导言中只交代了是什么事件，而任务执行中企业方对事故的处理要依据责任的划分，且对产品质量问题的原因分析也需要根据，所以主体部分还需要将事件发生的过程情况做详细描述，即要写作主体内容要点 1)；再汇报任务执行小组依据事件描述中所说明的企业方应承担的责任对事件的处理态度和方法，即内容要点 2)；又由于用户使用中发生的产品质量事故会直接在社会中产生负面影响，危及企业的产品信誉和企业形象，任务执行小组对事件的处理应力求减少负面效应，所以报告中要对处理结果及其事件影响做客观的分析评价，即写作内容 3)，以便领导层在今后的营销策略中给出相应对策；而对产品质量问题事故的处理，最终是要落实到如何提高产品质量上，所以报告中汇报了对事故的处理后，就要基于对事件的调查进行原因分析，并提出改进性的意见，即写作内容 4)。由于此种意见是任务执行小组提出，供领导层和相关技术与质量管理部门参考的，所以称之为建议。最后的遗留问题——内容 5)，是对由于授权的权力限制不宜或者不能在当时做出处理而又需做出处理的其他问题所做的说明。

3. 尾部

报告人署名及报告时间，表示对报告内容负责任。

例文 3

关于 25T 车辆产品质量分析报告

用户名称：　　　　　　　　　　　　报告时间：
故障发生时间：　　　　　　　　　　故障处理时间：
故障性质：惯性故障
故障产品：充电机、单相逆变器、三相逆变器　　故障处理人：
发 件 人：　　　　　　　　　　　　联系电话：

一、事件描述

现将杭州和泰州两地的 25T 车辆产品质量情况摘列如下。

充电机电源板型号 TET313B.11.08.00，故障累计为 11 次，质量等级为较差：

3 月 27 日：杭州车辆段 111135，运行途中报故障码 07，电源板问题。

4 月 21 日：杭州车辆段 350620，运行途中报故障码 00，电源板问题。

5 月 16 日：杭州车辆段 111149，运行途中报故障码 07，电源板问题。

6 月 17 日：杭州车辆段 893370，半小时内报故障码 07，电源板问题。

7 月 12 日：泰州客技站 676117，电源板带不起负载，电源板问题。

8 月 3 日：泰州客技站 206530，电源板带不起负载，电源板问题。

9 月 4 日：杭州车辆段 111139，电源板带不起负载，电源板问题。

充电机电流传感器型号 NT108-S，故障累计为 3 次，质量等级为差：

5 月 2 日：350630，充电机电流传感器坏。

7 月 20 日：676125，充电机电流传感器坏。

8 月 6 日：266533，充电机电流传感器坏。

单相逆变器在暑期频繁地出现故障码 18，是因为模块内部过热，导致 IGBT 驱动板中断驱动电源，半导体元器件不能工作。故障码 18 出现 15 次，质量等级为很差：

7 月 5 日：676109，单逆故障码 18，IGBT 驱动板坏。

7 月 10 日：350638，单逆故障码 18，IGBT 驱动板坏。

7 月 26 日：350637，单逆故障码 18，IGBT 驱动板坏。

8 月 7 日：676130，单逆途中故障，代码 18，IGBT 驱动板坏。

8 月 17 日：676131，单逆故障码 18，IGBT 驱动板坏。

三相逆变器输出电流传感器型号 NT400-S/SP1，宁波分所生产，故障累计为 10 次，质量等级为差：

7 月 22 日：350640，三相逆变故障码 05，输出电流传感器坏。

8 月 4 日：350640，三相逆变故障码 05，输出电流传感器坏。

8 月 7 日：676115，三相逆变故障码 05，输出电流传感器坏。

8 月 14 日：676134，三相逆变故障码 05，输出电流传感器坏。

8 月 23 日：350639，三相逆变故障码 05，输出电流传感器坏。

二、处理过程

充电机电源板故障：更换为 TET329.03.20.00（A）型电源板。

充电机电流传感器故障：更换同类型的充电机电流传感器。

三相逆变器电流传感器：更换同类型的三相逆变器电流传感器。

单逆故障码 18：此类型故障较频繁，如果复位单逆控制开关重启能工作，则只拆除单逆面板以加大散热空间；如果复位不能工作，就更换 IGBT 驱动板，并拆除面板，都能工作正常。对于以上处理方法无效的更换单逆模块。

三、处理结果及产生影响

以上各类故障均已经处理完毕。7～8 月单逆故障码 18 和三相逆变器故障码 05 在泰州比较多，影响了用户对我所产品的质量信任度。

现阶段售后工作主要是及时将质量问题处理完毕，并观察后阶段的产品质量情况，以期获得用户的谅解。

四、问题分析及改进建议

各类型故障都是比较突出的惯性。

充电机 TET313B.11.08.00 型电源板，部分电源板工作过程中小变压器和开关管 V4、V5、V6、D1、D2、V25 温升高，导致电源板过热，引发故障显示代码 07 或 00。另外，因电源板输入 110V 波动引起充电机故障码 00。还有的是电源板性能差根本带不起负载，给 110V 就出现故障。换装的 TET329.03.20.00（A）型电源板工作性能良好。

充电机 NT108-S 型电流传感器和三相逆变器 NT400-S/SP1 型电流传感器，请所部督促宁波分所搞好产品质量，以减少传感故障，保证 25T 产品的工作稳定性。

单相逆变器控制板和 IGBT 驱动板的变压器和开关管在工作时均会产生热量，由于只对模块箱体采用散热器散热，没有用风扇通风散热，加上散热空间小，导致 IGBT 驱动板工作故障，半导体元器件不能正常工作而报故障码 18。在设计缺陷的条件下，目前只能采取更换 IGBT 驱动板后，拆除模块面板加大散热空间这种方法，这有一定的效果，也可解决故障的频繁发生，但是没有根本解决散热问题，单逆内部过热导致故障肯定还会有的。请设计人员考虑解决单逆散热的方法，并考虑对新生产单相逆变器加装散热风扇。

五、遗留问题

逆变器在暑期工作时的散热问题，请设计人员拿出具体的解决方案。

1) TET313B.11.08.00 型电源板，因 110V 波动充电机故障码 00 或 07、带不起负载。

2) 电流传感器质量有隐患，造成故障较多。

3) 单相逆变器故障码 18（控制板 VL2、VL5 亮）的处理方法：更换 IGBT 驱动板。

4) 目前解决单相逆变器散热方法：将单逆的左右面板、前面板拆除，加大内部散热空间。

附：相关产品照片(略)。

（资料来源：企业供稿.）

思考与练习

一、填空题

1. 经济活动分析是关于______中的一种类似总结的自我________性活动。

2. 经济活动分析有____________与________________之分。

3. 产品质量监控分析报告的写作，重在________________的信息真实准确地表述出来。

4. 企业对用户使用过程中出现的较为严重的产品质量问题，一般采取__________的方法。

二、名词解释

经济活动分析　　产品质量监控分析报告

成本分析报告　　产品质量问题分析报告

三、简答题

1. 企业的生存与发展需要解决好哪两个基本问题？
2. 成本分析报告正文包括哪些内容要点？
3. 产品质量监控分析报告包括哪些内容要点？
4. 产品质量问题分析报告包括哪些内容要点？

四、论述分析题

请分析例文1《××棉纺厂××××年7月成本分析报告》正文三大部分内容间逻辑思路的根据。

五、写作练习题

1. 会计和财务管理专业的学生请为认知实习企业写一份月度成本分析报告。
2. 管理与营销专业的学生请为认知实习企业写一份产品质量问题分析报告。

第 11 章　规章制度写作

教学目标与要求：

1. 通过理解什么是行为规范、规章制度，认识规章制度在组织目标实现中的功用特点及规章制度写作的思维机制特点；

2. 认识规章的渊源及规章制度书面表述的一般构成形式特点，掌握条例、企业章程、规则、制度等的适用方法；

3. 重点理解和掌握条例、企业章程、规则、制度等写作的基本结构内容及其结构原理。

11.1 概述

11.1.1 管理、行为规范与规章制度

一个人不存在管理。由多个人形成了群体，且有了成员的职责、权限和相互关系的有序安排就成了组织，组织的存在必然有其目标，为实现组织目标就需要管理。管理的任务在于引导和协调组织成员的行为，将组织成员各自独立的意志和行为统一到组织目标实现所需要的标准中来。这种行为标准就是组织目标对组织成员行为的规范化要求。为了保证组织目标的实现和组织成员行为的规范化，要将组织中的全部活动划分为多种基本的作业，形成多种岗位，并根据各岗位的性质以及组织目标实现对岗位的要求来规定岗位成员的权利和义务，这种规定权利、义务履行的规范化要求的文件就是规章制度。

规章制度是组织对其成员行为规范化要求的规定。作为应用文的一个种类，它是用来约束和控制个体行为，要求有关人员按章办事、共同遵守，以实现团体的活动秩序，保证组织目标实现的具有法规性效力的文书。

规章制度有狭义和广义两种理解。狭义的规章制度指由各个单位（国家的、集体的）自己制定的内部的管理性文件，约束范围只限于本单位内部；广义的规章制度外延要大些，是各种制度、公约、章程、条例、规定、规则、细则、守则、办法、标准、须知等的总称。本章所称规章制度属于后者。

11.1.2 规章制度与国家法律、法规的渊源层次

规章制度的适用范围是和规章制度制定者职权范围相应的，并与国家的法律、法规有着自上而下的严格的层次关系。各级规章制度必须通过相应的立法程序方能生效。根据宪法和有关文件规定，我国规章制度的渊源层次如下。

1. 宪法

宪法是我国的根本法，具有最高的法律效力。全国各族人民、一切国家机关和武装力量、各政党和社会团体、各企业事业组织，都必须以宪法为根本的活动准则，并且负有维护宪法尊严、保证宪法实施的职责。宪法的修改要由全国人民代表大会全体代表三分之二以上的多数通过。

2. 法律

法律规定社会政治、经济以及其他社会生活中最基本的社会关系和行为准则。它由全国人民代表大会及其常务委员会制定颁布，需要由全国人民代表大会全体代表的过半数通过，冠以“中华人民共和国”并名之以“法”，如《中华人民共和国合同法》。

3. 行政法规

行政法规特指国家最高行政机关——国务院制定和批准发布的以行政强制力保证实施的，有关行政管理的规范性文件。它的名称为“条例”“规定”和“办法”。

4. 地方性法规

宪法规定："省、直辖市人民代表大会和它们的常务委员会，在不同宪法、法律、行政法规相抵触的前提下，可以制定地方性法规，报全国人民代表大会常务委员会备案。"地方性法规不少是对国家有关法律和行政法规的补充。有些是国家尚未正式立法，根据国家有关方针政策，结合本地情况而先行制定的（如《上海市青少年保护条例》）。地方性法规只在其所辖范围内有效。它的名称有"条例""规定""办法"等。

5. 政府规章

政府规章包括国务院各部门制定的规章制度和地方人民政府规章。规章是部门和地区范围内普遍适用的具有约束力的行政管理工作的规范性文件。政府规章的名称为"规定""办法""实施细则""规则"等。地方人民政府指省、自治区、直辖市以及省、自治区人民政府所在地的市和经国务院批准的较大的市人民政府。

以上五个层次在宪法、地方各级人民代表大会和地方各级人民政府组织法中都有明确规定，是有立法依据的规章制度。它们的性质、作用是相同的，区别在于制定者的职权大小不同，相应的适用范围也有广狭之分。

6. 基层事务规章

基层事务规章这个名称是暂拟的。国家对这类文书未做规定，而现实生活中又客观存在，并且面广量大，如各种职位的岗位责任、各行各业的办事规程、人财物的管理制度、各种各样的技术标准，等等。省、自治区、直辖市以上的机关不可能管得那么多、那么细。广大基层单位在实际工作中，为了适应工作的需要，产生了数量巨大的基层事务规章。它们都以有关的法律、法规、地方性法规、政府规章或上级机关的指示精神为依据，经过一定的程序（或报上级机关审批，或由本单位最高权力机关通过）而产生，在其职权范围内实施。由于这个层次的规章制度在国家宪法和有关规定中都没有明确规定，所以不像以上五个层次的法规那么规范、严谨。仅以名称为例，除"法"外，"条例""规定""办法""制度"等都有。

7. 道德规范

道德规范也称群众自治性规范，这在宪法中有所涉及。宪法指出："国家通过普及理想教育、道德教育、文化教育、纪律和法制教育，通过在城乡不同范围的群众中制定和执行各种守则、公约，加强社会主义精神文明的建设。"道德规范一般用"守则""公约""道德"等名称，如《军人道德规范》《公安机关人民警察职业道德规范》等。道德规范依靠人们的习惯和信念来维持，对于违约行为的制止主要依赖公众舆论。

11.1.3　规章制度的构成形式

1. 规章制度的形式

规章制度一般采用条目式，其形式依据内容的繁简，分单层次和多层次两种类型。

1）单层次，用汉字数词，或用"第 × 条"标明条序即可。

2）多层次，用于复杂的内容，可在条下设款、项、目；如果内容特别多、篇幅大的，在条上可再设章、节；特别庞大的再加篇。最多为七个层次，通常两三个层次已相当周全和严密，如《中华人民共和国宪法》（1982 年版）共 138 条，也只有章、节、条、款四个层次。

2. 规章制度的一般结构模式

规章制度不论内容繁简、篇幅大小，都应包括总则、分则、附则三个部分。

（1）总则

总则相当于文章开头，主要说明规章制度的目的、依据、基本原则、适用范围、主管部门等情况。

总则内容较多的，一般设专章，并加“总则”小题；总则内容较少的，一般与分则连贯表述，开头的第一二条就是总则；总则只有一条内容的，也有不列入条款而以序言形式表述的；有些特别重要的法规文件，还在开头另设序言，用来说明制定的背景和意义。

（2）分则

分则是规章制度的主体部分，具体地阐述有关事项及必须遵循的行为规则，如必须做什么、可以做什么、禁止做什么等。这部分内容应当与文件的层次和文种名称相适应，应能满足有关事项实践指导的需要。

（3）附则

附则是对文件本身的说明，主要说明法律责任、解释机关、施行时间以及应当废止的有关文件等情况。

附则条目多的，设专章，列“附则”小题；附则条目少的，常与分则连贯标序，最后一二条就是附则；也有既不列“附则”小题，也不标注条目序号，就像一般文章那样最后写一段，其内容显然是附则的。例如，《国务院关于进一步推动横向经济联合若干问题的规定》在“三十条”后有一段：“本规定自发布之日起施行。各省、自治区、直辖市和经济特区可根据本规定制定具体实施办法。”这种写法比较罕见。

11.1.4 规章制度写作的思维机制特点

第一，规章的制定，要从社会管理或团队建设的需要出发，通过对个体意志的约束来实现群体行为的规范。这种个体既可以是个人也可以是某个组织，而且对组织的约束最终也还是具体到人的。所以，写作主体要认识规章的实质意义是对人的行为规范的调整，以此主导规章条款的构思写作。

第二，规章具体条款内容涉及约束个体该怎样做和不该做什么，这些要从管理目标的实现去分析。管理目标的实现需要依靠群体的合力，那些有利于管理目标实现和合力形成的行为就是规章规定该做的，那些有碍管理目标实现和合力形成的行为就是规章应规定不能做的，以此为编写规章具体条款内容的依据。

第三，规章是作用于个体意志的约束力。个体意志所追求的往往是自由的最大化，而规章的有效，需要以群体中大多数个体的认同和自觉遵守为基础。个体是否愿意牺牲自己的自由来约束自己的意志，决定于他对规章具体条款的认同程度，即他对具体条款是否“合理”又“合情”的认可。因此，规章制定中各具体条款对个体意志的约束力度要以大多数个体的接受程度为前提。

第四，一个国家的规章具有严格的层次性。其特点是，上一层次的规章覆盖面大，下一层次的规章常是遵循上一层次规章的承接、补充和对调整对象的具体化。全国的规章应是承接和补充的统一，而不能相冲突。故基层单位在制定规章时，必须了解上级机关同类文件的具体规定，保持与上级和上一层次同类规章的连贯性和衔接。这是正确贯彻党和国家方针政策的具体保证。同时，也要注意与本单位过去制定和实施的同类文件的连贯性和衔接。在这方面，重要的是加强政策观念和组织观念，不能只顾局部不顾整体，不宜以感情去取代政策。

第五，规章制度的调整范围应完备齐全，力求“万无一失”，使事事都有规可依、有章可循，要避免由于规章制定的疏漏而导致实际工作的难以适从。

11.2　条例写作

11.2.1　文体适用特点

条例所涉及的是政治、经济、文化等领域的某方面的工作活动，一般由国家行政机关制定，主要用于调整社会生活某方面的准则，规定比较长期实行的某方面工作活动的原则与要求；或用于规定某个机关的组织、职能以及某些专门人员的业务内容及权限。其他机关、政党、团体不能用条例行文。它是各种规章制度中约束力比较强的一种形式，所调整的关系有一定的重要性和普遍性，执行者带有义务性。

11.2.2　条例的分类

条例，根据其内容特点可细分为规定工作活动规范的条例、规定组织职能规范的条例。

11.2.3　规定工作活动规范的条例写作的基本结构思路及写作结构原理分析

1. 结构思路

（1）总则

1）制定本条例的目的。

2）说明工作活动的目的、活动主体。

（2）分则

1）活动时间、内容。

2）活动的主管部门及组织工作。

3）活动的方式方法。

4）活动应遵循的原则。

5）主体的行为规则。

6）为保证活动目的的实现所强制规定的措施，对违反本规定者的处罚办法或应负的法律责任。

（3）附则

1）解释机关。

2）施行起始时间。

2. 写作结构原理分析

人们的生活属于社会生活，社会的安定有序关系人们的生活质量。由于社会中客观存在着利益主体间的矛盾冲突，因此，国家在社会管理方面就要对社会的各类组织和行为按照社会安定有序的要求统一其规范，并通过强制性的约束力来实施其规范。这是条例这种文体产生的社会条件。条例写作的意图宗旨，就是对相关组织和行为的强制规范化要求提供法规性根据。由这一意图宗旨规定文章写作的结构内容思路。

（1）总则

规定工作活动的条例重在规范社会行为。由于条例有着强制性的约束力，所以条例一开头就应交代为什么对这类行为要做强制性规定，即内容（1）；紧接着说明该类行为活动的目的意义和由哪些主体来履行该行为，即内容（2），这同时规定了不遵循这些目的意义和不是这些主体不能实施该行为，这就产生出约束力。这也是本条例约束的最基本的内容，所以放在总则中来写。

（2）分则

由于是规范工作活动，所以在分则中要将该类工作活动的各个方面具体地规定清楚。工作活动涉及的要素有时间、内容、主管部门及如何组织实施、活动的方式方法、应遵循的原则、主体的行为规则等。分则内容1）~5）正是从上述几方面做出规定的，以约束主体行为，实现对该类行为的规范化。内容6）则是强制性的执行措施。

（3）附则

附则部分是对非主体内容需说明清楚的事项所做的补充说明。

11.2.4 规定组织职能规范的条例正文写作的基本结构思路及写作结构原理分析

1. 基本结构思路

（1）总则

1）制定本条例的目的。

2）本条例所规定机关从事的业务性质与内容的界定。

3）本条例适用范围。

4）本条例所规定设立机关的工作应遵循的基本原则。

5）本条例的实施与管理。

（2）分则

1）机构设立的规定。

① 机构设立的条件。

② 申办设立的手续。

③ 主管部门及管理。

2）工作人员资格的规定。

① 工作人员资格的认定方式。

② 工作人员资格的认定手续。

③ 工作人员资格管理办法。

3）机关职能工作规范。

① 机关职能工作的基本职责。

② 职能工作应遵循的基本程序及各程序的内容。

③ 关于职能工作实施过程中所形成的该机关与服务对象主体间的特定关系，以及该关系对相关工作程序与内容所产生的特定要求的规定。

④ 关于机关工作收费项目及收费手续。

⑤ 关于依法纳税的规定。

⑥ 机关工作人员的行为规范。

4）法律责任。对本条例的设立机构及工作人员违反分则前述条款所应承担法律责任的具体规定。

（3）附则

1）补充说明事项。

2）本条例生效时间的说明。

2. 写作结构原理分析

（1）总则

内容 1）是对该条例写作意图和宗旨的说明。由于人们阅读的一般习惯性思维是首先需要明白写作的意图和宗旨，所以在内容顺序安排上作为内容 1）来写。

每一条例调整的社会生活内容都有着特定的指向性。而社会事务及人们社会活动的内容是相互联系且往往交织融合的。对这些社会事务和内容的区分是人为进行的工作，这种区分的意义是便于社会的分工与管理。为了明确该条例的指向性，就要对该条例所指向的组织机构的业务性质及业务所涉及的事务内容进行规定以与其他组织机构相区分，这是总则中内容 2）之所以要这样写的理论根据。

由于条例有着一般普遍性的规定意义，但又不是涵盖一切的，所以要说明该条例的适用范围，所以就有了内容 3）。

界定了该机构的业务工作，为了规范该机构行为，当然紧接着要规定该机构工作应遵循的基本原则，所以要写内容 4）。

条例制定后的落实需要有执行机关，所以要有内容 5）的规定。

上述都是纲领性的内容，所以要放在总则中来写。

（2）分则

分则对该类组织机构行为做出全方位的规定。

首先规定该类机关如何设立。各类社会组织和机构都需依法设立，纳入国家的统一管理。分则内容 1）从设立条件、申办手续、机构成立后的主管部门及管理等方面做出规定，使该类机构的设立行为进入规范化。

机构的设立要以人为主体，负责机构事务及其业务活动的必须是具备相应资格的人，故分则内容 2）制定了该类机构的用人规范。

有了人，这些人要工作，履行的是该类机构的职能工作而不是任意行为。所以，接下来要为该类机构工作人员应该如何工作制定工作规范，这就是内容 3）。

条例有着强制性约束的特点。之所以要如此，是因为条例的规范主体与主体的行为对象有着利益关系，而且常常是条例的规范主体会发生主动的违规行为。因此，光有规范不行，还必须明确法律责任，以提高条例的强制性约束力，所以要写内容 4）。

以上就实现了对该类机构行为的强制性规范。

（3）附则

同规定工作活动范围的条例的附则分析。

例文 1

广州市房地产中介服务管理条例

第一章　总　　则

第一条　为规范房地产中介服务行为，维护房地产市场秩序，保障房地产中介活动当事人的合法权益，根据《中华人民共和国城市房地产管理法》，结合本市实际情况，制定本条例。

第二条　本条例所称房地产中介服务，是指为房地产转让、抵押和租赁等提供咨询、经纪以及房地产价格评估的经营性服务行为。

第三条　在本市辖区范围内从事房地产中介服务的，应当遵循本条例。

房地产价格评估的中介服务适用《广东省房地产评估条例》。

第四条　房地产中介服务活动应当遵循自愿、公平、诚实信用的原则。

第五条　市房地产行政主管部门负责本市房地产中介服务管理工作和本条例的组织实施。

第六条　房地产中介服务机构和人员可以依法组织行业协会，对房地产中介服务行业的经营服务进行自律监督；行业协会的业务活动接受房地产行政主管部门的指导。

第二章　房地产中介服务机构

第七条　从事房地产中介服务业务，应当设立相应的中介服务机构。

设立房地产中介服务机构应具备以下条件：

（一）有自己的名称和组织机构；

（二）有不少于十五平方米的固定服务场所；

（三）注册资金不少于三十万元，仅从事咨询业务的，注册资金不少于十万元；

（四）有房地产中介服务相应职业资格证书的人员不少于三人，其中从事房地产经纪业务的，还应当持有《中华人民共和国房地产经纪人职业资格证书》的人员。

第八条　房地产中介服务机构及其分支机构，应当自取得营业执照之日起三十日内，持营业执照复印件、企业章程、中介服务人员的职业资格证书和聘用合同等文件向市房地产行政主管部门办理备案手续。

市房地产行政主管部门应当在受理的同时发给备案证明。

第九条　市房地产行政主管部门应当每年对房地产中介服务机构的专业人员条件及经营服务等资质情况进行检查，并向社会公布年度检查结果。

第三章　房地产中介服务人员

第十条　从事房地产中介服务的人员，应当按照国家有关规定参加房地产中介服务职业资格考试，经考试合格，取得房地产中介服务职业资格证书。

第十一条　取得房地产中介服务职业资格证书的人员受聘时，应当按照国家规定，申请办理注册手续，领取注册证。

第十二条　房地产中介服务人员从业资格注册有效期满的，持证者应当按照国家规定，到原注册管理机构办理再次注册手续。在注册有效期内变更职业机构的，应当在应聘时办理变更手续。

第十三条　禁止伪造、变造、买卖、转借职业资格证书的注册证。

第四章　房地产中介服务行为规范

第十四条　房地产中介服务机构向服务对象提供房地产中介服务时，应当书面说明下列事项：

（一）房地产中介服务机构的备案、年度检查的资质情况；

（二）中介服务涉及的房地产的权属、面积、使用年限、用途、抵押、租赁、使用限制等基本情况。

第十五条　房地产中介服务业务，应当由中介服务机构统一接受委托，并与委托人签订中介服务合同。

第十六条　房地产中介服务合同一般包括下列主要内容：

（一）当事人姓名或者名称和住所；

（二）项目名称、内容及要求；

（三）合同履行方式、期限；

（四）中介服务费数额和支付方式、时间；

（五）违约责任和纠纷解决方式；

（六）当事人约定的其他内容。

第十七条　房地产中介服务机构代理销售依法准予销售的预售商品房，应当持预售人出具的委托书或者双方签订的委托合同，到市房地产行政主管部门办理备案手续。

第十八条　房地产中介服务机构未经委托人同意，不得将委托的中介服务业务转托给其他中介服务机构。

第十九条　房地产服务机构不得聘用未取得房地产中介服务职业资格证书及未经注册或者未经变更注册的人员从事中介服务活动。

房地产中介服务机构不得扣押房地产中介人员职业资格证书和注册证。

第二十条　房地产中介服务收费应当按照国家规定明码标价。房地产中介服务机构应当在其经济场所或者收费地点的醒目位置公布其收费项目、服务内容、计费方法、收费标准等事项。

收取房地产中介服务费应当开具发票，依法纳税。

第二十一条　房地产中介服务机构开展业务应当设立业务台账，做好业务记录。业务台账和业务记录应当载明业务活动中的收入、支出，以及法律、法规要求载明的其他内容。

房地产中介服务机构应当每年向市房地产行政主管部门报送业务统计表。

第二十二条　房地产中介服务人员进行中介服务活动，应当遵守下列规定：

（一）出示房地产中介服务人员注册证；

（二）及时告知服务进展情况。

第二十三条　房地产中介服务人员不得同时在两个或者两个以上房地产中介服务机构从业。

房地产中介服务人员不得以个人名义接受委托，收取费用。

第二十四条　房地产中介服务机构以及人员在房地产中介服务活动中不得有下列行为：

（一）索取合同以外的酬金或其他财务；

（二）提供虚假材料或者隐瞒真实情况；

（三）与一方当事人串通损害另一方当事人利益；

（四）以诋毁其他房地产中介服务人员、机构或者支付介绍费等不正当手段争揽业务；

（五）为禁止转让、抵押的房地产提供转让、抵押中介服务；

（六）法律、法规禁止的其他行为。

第五章　法律责任

第二十五条　违反本条例第八条规定的，房地产中介服务机构不备案进行经营的，由市房地产行政主管部门责令限期改正；拒不改正的，处以一千元以上二千元以下罚款。

第二十六条　违反本条例第十条规定，未取得房地产中介服务职业资格证书从事房地产中介服务活动的，由市房地产行政主管部门予以警告，责令停止违法从业，没收违法所得，并处以一万元的罚款。

第二十七条　违反本条例第十一条、第十二条规定，房地产中介服务人员受聘时未向市房地产行政主管部门申请办理注册或者变更注册登记的，责令限期改正，处以二千元的罚款。

第二十八条　违反本条例第十三条规定，伪造、变造、买卖、转借职业资格证书或注册证的，由市房地产行政主管部门处以二千元以上一万元以下的罚款。变造、买卖、转借职业资格证书、注册证的，可吊销房地产中介服务人员职业资格证书，并可提请原注册机构取消注册。

第二十九条　违反本条例第十四条规定，不向服务对象说明情况的，由市房地产行政主管部门责令限期改正，予以警告。

第三十条　违反本条例第十九条第一款规定，聘用未取得职业资格证书的人员从事中介服务活动的，由市房地产行政主管部门责令限期改正，予以警告，并按违法聘用人数每人处以一万元的罚款；对聘用未经注册或者变更注册的人员从事中介服务活动的，按违法聘用人员人数每人处以二千元的罚款。

违反本条例第十九条第二款规定，扣押房地产中介服务人员职业资格证书、注册证的，由市房地产行政主管部门责令限期改正，予以警告，并对中介服务机构每扣押一证处以五百元罚款。

第三十一条　违反本条例第二十三条规定，同时在两个或两个以上房地产中介服务机构从业或者以个人名义接受委托、收费的，由市房地产行政主管部门责令限期改正，予以警告，并可处以一万元以上三万元以下的罚款；情节严重的，吊销房地产中介服务人员职业资格证书，并可提请原注册机构取消注册。

第三十二条　违反本条例第二十四条规定，并索取财物、提供虚假材料或者隐瞒真实情况、串通损害当事人利益、为禁止转让和抵押的房地产提供中介服务等行为造成当事人损失的，可由市房地产行政主管部门对行为机构或者行为人处以二万元以上三万元以下的罚款；情节严重的，对房地产中介机构责令停业整顿，对直接责任人员，吊销房地产中介服务职业资格证书，并可提请原注册机构取消注册。

第三十三条　违反本条例涉及工商、物价、税务管理规定的违法行为，由相关行政主管部门依法处理。

第三十四条　房地产中介服务人员违法从业或者因提供虚假信息等过错给当事人造成经济损失的，由其所在的中介服务机构承担赔偿责任；中介服务机构赔偿后，可以向有故意或这种大过失的中介服务人员追偿。

当事人因自己的过错，给房地产中介服务机构造成经济损失的，应当承担赔偿责任。

第三十五条　市房地产行政主管部门工作人员在房地产中介服务管理中，有下列行为之一的，对直接负责的主管人员和其他直接责任人员依法给予行政处分。

（一）违反本条例第八条规定不按时发放备案证明的；

（二）违反本条例第九条规定不进行年度检查或者不公布年度检查结果的；

（三）明知房地产中介机构及人民违法经营，损害当事人利益，但不依法处罚的；

（四）其他违反法律、法规的行为。

第六章　附　　则

第三十六条　县级市的房地产中介服务管理可以参照本条例执行。

第三十七条　本条例自 2003 年 1 月 1 日起执行。

（资料来源：https://wenku.baidu.com/view/e1f64921192e45361066f5d0.html.）

11.3　企业章程写作

11.3.1　文体适用特点

社会的任何组织都要依法设立。所谓依法设立是指要经过国家相关管理机构依法审查批准后设立。审查依据的核心文件就是组织章程。企业的申请设立也要有企业章程。它是依据发起人协议书和企业法（公司法）而制定，系统表述企业的性质、宗旨、任务、组织原则、经营方式方法等内容，用以规定内部组织及经济业务活动规则的一种业务章程。它是企业法人的组织原则和经营管理的大纲，是企业内部统一意志、统一纪律和统一行动的“宪法”。

11.3.2　有限责任公司章程写作的结构内容要点及写作结构原理分析

1. 结构内容要点

《中华人民共和国公司法》（以下简称《公司法》）规定，有限责任公司章程由股东大会审议通过，并由股东签名盖章确认。其基本内容如下：

1) 公司名称及地址。
2) 公司经营范围。
3) 公司的注册资本。
4) 股东的姓名或名称。
5) 股东的权利和义务。
6) 股东的出资方式和出资额。
7) 股东转让出资的条件。
8) 公司的机构及其产生办法、职权、议事规则。

9) 公司的法定代表人。

10) 公司的解散事由与清算办法。

11) 股东认为需要规定的其他事项。

2. 写作结构原理分析

公司章程的写作虽然是规定公司内部组织及业务活动规则，但其最本质的意义是从社会管理的角度为国家对企业行为的监控提供依据。公司是经济组织，追求的主要是经济利益。但由公司资本来源与资本结构的不同，存在公司利益与投资者利益、公司利益与国家和社会利益、公司利益与职工利益的矛盾内容和矛盾方式的不同。而且，这些利益的协调和统一关系到社会的安定与经济的发展。

这些利益关系的调整需要从公司内部组织及其活动规则的规范入手。因此，国家通过立法规定公司要以章程的形式，明确各类公司应依据公司性质、资本来源与资本结构特点确定采用怎样的组织形式和管理模式，以及公司运行应遵循的活动规则，以规范公司行为。这是《公司法》规定各类公司章程内容条款的思路根据。

内容 1）是根据《公司法》规定对公司名称和地址的确定；内容 2）明确业务的经营范围；内容 3）说明公司注册资本金的额度。内容 1）～3）是纲领性的内容，说明公司具备设立有限责任公司的合法条件，属总则部分。

内容 4）～11）属分则部分。

其中，内容 4）～7）是关于公司资本来源、资本构成方式、由此而产生的股东权利义务内容以及股东转让出资方面的规定。该部分内容遵循的是维护投资人利益的原则。内容 4）和 5）是从公司资产的所有权上对股东及其权利义务的描述与确认；内容 6）既是对股东应尽义务的进一步确认，又是从股东出资方式和出资额上对有限责任公司做性质上的说明；内容 7）是从维护股东整体利益上制定的股东转让出资的规则。这里的有限责任公司应区别于国有独资公司，指其资本来源于民间资本的公司。上述条款即是对此做出的说明，同时为内容 8）和 9）的规定提供依据。

内容 8）和 9）是依据前述资本来源等的说明从公司内部管理上对公司机构设置、职权划分和运行规则所做的规定，以为公司今后的规范行为提供组织保证。

内容 10）是从公司的社会责任承担上制定的有关公司解散的规则。

综上，自公司的设立、运行到解散，从社会管理的角度明确了有限责任公司的规范，以此来保证公司在管理和运行中能平衡各方的利益。

股东在公司章程上的签名、盖章属附则内容，以此说明公司章程的合法有效性。

11.3.3 国有独资公司章程写作的结构内容要点及写作结构原理分析

1. 结构内容要点

该章程由国家授权投资机构或部门，依《公司法》制定，或由董事会制定，报国家授权机构或部门批准。主要内容有：

1) 公司的名称和地址。

2) 公司经营范围。

3) 公司设立方式或经济性质。

4) 公司注册资本、来源、公司债券发行。
5) 董事会的产生、组成、任期和议事规则。
6) 国有资产管理办法。
7) 公司法定代表人。
8) 经理的产生、职权、任免。
9) 公司的财务会计、审计和利润分配。
10) 公司的合并、分立、解散。
11) 其他。

2. 写作结构原理分析

内容 1）~3）属总则部分，根据《公司法》的规定，纲领性地说明公司设立基本条件的合法性，同时从国有企业的所有制性质上做特别说明，为分则部分的公司活动规则的制定提供依据。

内容 4）~10）属分则部分，是根据《公司法》的要求从公司资产的国有性质上对公司管理规则做出的规定。

其中，内容 4）是对公司资本金的额度及资本来源的确认，以及对资金募集方式的规定。国有独资公司虽然在资产所有权性质上属于国有，但在资本的具体来源上存在部门的区分，由此也就产生了不同部门利益和权利的分配问题（这类似有限责任公司中股东间的利益关系）。为了部门间利益的协调统一，并维护公司的整体利益及国有资产的安全，需要有相应的组织形式来议事和管理，于是需要有内容 5）~9）的规定。内容 10）是从应承担的社会责任上规定公司在处理合并、分立和解散事宜中应遵循的规则。

11）其他需说明事项属附则内容。

11.3.4　股份有限公司章程写作的结构内容要点及写作结构原理分析

1. 结构内容要点

股份有限公司章程由公司创立大会审议通过，其主要内容有：

1) 公司名称及地址。
2) 公司经营范围。
3) 公司设立方式。
4) 公司股份总额、每股金额和注册资本。
5) 发起人姓名或名称，认购股份数。
6) 股东的权利和义务。
7) 董事会的组成、职权、任期和议事规则。
8) 公司法定代表人。
9) 监事会的组成、职权、任期和议事规则。
10) 公司利润分配办法。
11) 公司的解散事由和清算办法。
12) 公司的通知和公告办法。
13) 股东大会认为需要规定的其他事项。

2. 写作结构原理分析

内容 1）~3）属总则部分，原理分析同前。其中，内容 3）是根据股份有限公司的特殊性对设立方式的特别规定。

内容 4）~12）属分则部分。

由于股份有限公司的资本采取等额股份的形式，所以分则中的内容 4）首先对这种特殊的资本形式和资本总额予以确认。其意义是说明公司的设立符合《公司法》关于股份有限公司的规定。

又由于公司法对股份有限公司的股东数和法定资本金的额度只有最低限量而没有最高的限制，故股份有限公司较之有限责任公司风险、责任更大，而股东中的小股民占绝大多数，他们认购的股份数较少，对公司的控制能力小，承担责任的能力也小，故《公司法》对发起人及认购股份数做了特别的规定，以明确对公司责任的主要承担者。内容 5）即是对此所做的说明。

内容 6）~10）是从股东的权利和义务出发，对公司组织及议事规则和利润分配办法的规定。

内容 11）和 12）是从公司应承担的社会责任出发，对公司解散、清算以及公司的通知和公告办法的规定。

分则中均是对公司行为方式做具体规范的内容。

13）其他需说明事项属附则部分。

例文 2

深圳市××实业有限公司章程（具体文字说明略）

第一章　总则（共八条，主要阐明公司名称、注册资本、注册地址、公司的法律地位、公司宗旨及经营方针）。

第二章　经营范围和经营方式（共一条）。

第三章　股份（共十条，主要阐明股票形式、认购条件、发行、转让、增加等）。

第四章　股东和股东大会（共十四条，主要阐明股东资格、权利和义务，股东大会制度、职权等）。

第五章　董事会（共十一条，主要阐明董事会的产生、组成、议事 、制度、职权、董事长的职权等）。

第六章　经营管理机构（共六条，阐明管理机构的产生、组成，总经理的职权，财务总监的职责权限等）。

第七章　税收及利润分配（共八条，主要对纳税、税后利润分配的内容及比例、付股息办法进行规定）。

第八章　劳动人事制度（共三条，规定招录、使用、管理员工的方式办法）。

第九章　解散和清算（共四条，主要包括解散的理由、程序、清算、办法）。

第十章　附则

发起人签字（略）

（资料来源：http://quotes.money.163.com/f10/ggmx_000003_1279998.html.）

11.4　规则写作

11.4.1　文体适用特点

规则，本义是指个人及组织在工作或活动的参与中应遵循的统一法则。作为一种特定文体，规则多用于对个体及组织在特定范围及时间内的行为约定。在一些社会性的事务管理中，某项工作或社会活动往往涉及多组织及社会公众，需要有统一的行为规范构建良好的运行秩序，才能保障该项工作或活动参与者的正当权益。例如，体育赛事的运作、图书馆的图书借阅和报刊阅览、考场的秩序要求等，多以规则行文。故规则是国家机关、社会团体和企事业单位为处理公众性的特定事务中制定的一种公共事务规章。

规则所调整的范围比其他规范性文件要窄，仅针对某项工作或活动而制定，条款内容直接指向管理范围内的特定对象，不涉及其他人员，且只在特定范围、甚至一定时间内起作用，具有很强的特指性。其约束效力主要通过道德、舆论产生。

篇幅小的规则仅有较单一的几条内容；篇幅大的规则可分总则、分则、附则去写。

11.4.2　写作的结构内容要点

1. 总则

1）规则制定的根据及目的。

2）规则所规范的事务及性质。

3）规则所遵循的原则。

2. 分则

1）规则所规范的主体对象。

2）主体的行为规范和要求。

3）所规范事务的处理原则及办法。

3. 附则

其他需说明的事项。

11.4.3　写作结构原理分析

1. 总则

总则部分是对规则中纲领性内容的说明。由于规则是关于具体事务管理的规范，属于规章中的低层次，根据我国规章制定要求，低层次规章必须与高层次规章的精神衔接和统一，因此，在总则的写作中首先要对本规则制定所遵循的高层次法规及其他根据做出说明，并表述制定本规则要实现的意图，即内容 1）和 2），是对本规则是关于哪类具体事务的管理规范的规定；内容 3）阐明本规则在适用中所遵循的原则，要注意与事务处理原则和主体的行为准则区分开来。上述内容对分则内容有着规定性和依据性的意义，所以应作为总则来安排写作。

2. 分则

分则是规则中关于具体事务的规范内容，其意图宗旨是要为这类事务活动或事务的办理建立良好的管理秩序。每一事务都涉及对象人，那么，本规则的指向对象是谁呢？如“考场规则”中指向的不光是考生，还有监考者，还有巡视者。内容 1）即是对规则所指向主体的明确。明确了主体，遵循规则写作的意图宗旨就要对主体行为该怎么做和不能怎么做提出规定和要求，即内容 2）。规范主体行为与规则所规范事务两者是有联系又是有区别的。如，考场规则中包含了对考生、监考人、巡视人等主体的行为规范，而考场规则规范的事务是考场秩序，对上述主体行为规范关系考场秩序而不等于考场秩序，在考场秩序管理中又涉及一系列的细节性的事情处理，对这些事情的如何处理构成规则的又一重要内容——及“事务的处理原则及办法”，所以就需要有内容 3）的规定。

3. 附则

其他需说明事项属附则内容。

例文 3

××公司职工退休金支付规则
（××××年×月×日××公司职工代表大会通过）

（注：规则的制定依据）

第一条　本规则根据就业规则的有关规定，按照公司职工退休金的支付条件和支付标准而制定。

（注：退休金的性质）

第二条　退休金具有功劳报偿的性质。根据职工任职期间的职能资格和贡献程度而支付。

（注：退休金的种类）

第三条　退休金有以下三类。

一、普通退休金。

二、准特别退休金。

三、特别退休金。

（注：普通退休金的支付条件）

第四条　普通退休金是工作一年以上的公司职工因下列情况之一而退休，或者被辞退时而得到的退休津贴。

一、因自身原因要求退休并得到了公司的承认（属第八条第三点的情况除外）。

二、符合公司职工就业规则关于辞退职工的有关规定而被辞退。

（注：普通退休金的支付额）

第五条　普通退休金的支付额为从职工进公司起到退休为止的职能指数的合计数乘每一分的标准额（以下称为“标准额”）所得的值。

（注：职能指数）

第六条　职能指数是与公司职工职能资格制度所定的职能资格连在一起的，以一年为单位，按下面的办法确定。

（注：标准额）

第七条　①标准额按指数单价为 1 元计算。②标准额在认为有必要时，可以进行调整。

（注：准特别退休金的支付条件）

第八条　准特别退休金在公司职工符合下列条件之一时发给。

一、根据灾害补偿规定进行停业补偿而被辞退。

二、根据医师的判断，认为其精神或身体上的疾病已经无法胜任工作而被辞退。

三、满 25 岁、30 岁、35 岁、40 岁，且本人希望退休的。

四、女职工因结婚及生育等事由而提出退休。

（资料来源：企业供稿.）

11.5　制度写作

11.5.1　文体适用特点

制度用于组织的内部管理，是国家机关、社会团体和企事业单位制定的，要求组织内部的有关人员遵守，并按一定程序办事的规定性文件。

制度的适用范围极广，凡是要求有关人员共同遵守，并按一定程序办理的事情，无论是党政工作、经济活动方面的，还是事务、学习、生活方面的，都可以使用制度。越是现代化的管理，越需要严密而科学的制度加以保证。

制度的主要特点是它的规定性和程序性。所谓规定性，即制度按照所涉及事务的性质、范围，限定人们可以做什么、不可以做什么，可以怎样做、不可以怎样做，用以规范人们的行为。所谓程序性，即要求人们做某种事情时，必须按照一定的程序、方法进行，不能愿意怎么办就怎么办，即使这件事应该办，但违背了一定程序也不行。

11.5.2　写作的结构内容要点

1. 总则

1）制定制度的目的。

2）制度的规范对象。

2. 分则

1）制度调整的事务内容及其性质。

2）应该怎么做、不能怎么做的特定要求。

3）事务处理的规则、程序、方法。

4）奖惩办法。

3. 附则

附则说明制度制定或发布的单位、时间。该项内容也可在标题下在圆括号内注明。

制度的篇章结构可繁可简。比较复杂的制度，也像条例、规定、办法那样，其正文可以按总则、分则、附则去写，也可以按前言、主体、结语去写。比较简短的制度，其正文可以采用前言加主体的形式，也可以只有实实在在的几条规定性文字。

11.5.3 写作结构原理分析

1. 总则

内容 1）和 2）是关于制度制定的纲领性说明，以为分则的具体内容提供根据。其中，内容 2）是对该制度所指向的特定人群和部门所做的规定。制度所规定的是在某类事务中人们要遵循的规则，同时又需要明确该制度所指向的对象，这样才能产生约束力。

2. 分则

对每项制度所指向的事务都是该制度区别于其他制度的主要区分所在，也是实现制度的效力所必须做出的说明，而且事务内容的界定往往较为复杂，需在分则中详细描述，所以要写作内容 1）。明确了制度指向的事务和应遵守的对象，就需要规定人们和相关部门该怎么做和不能怎么做的具体要求，这样才能便于遵守，从而发挥制度的效力，所以要写作内容 2）。在制度中，有的只需要对主体行为加以规范即可；有的除了对主体行为规范，还要对主体职能性工作事务处理的程序和方法做出规定，这就是内容 3）。内容 4）是为加强制度的约束力而制定的激励方法。

3. 附则

附则是对制度的有效性及其他事项所做的说明。

例文 4

××股份有限公司保密制度

第一条　为保守公司秘密，维护公司利益，制定本制度。

第二条　全体员工都有保守公司秘密的义务。

第三条　在对外交往和合作中，需特别注意不泄漏公司秘密，更不准出卖公司秘密。

第四条　公司秘密是关系公司发展和利益，在一定时间内只限一定范围的员工知悉的事项。

公司秘密包括下列秘密事项：

1. 公司经营发展决策中的秘密事项；
2. 认识决策中的秘密事项；
3. 专有生产技术及新生产技术；
4. 招标项目的标底、合作条件、贸易条件；
5. 重要的合同、客户和贸易渠道；
6. 公司未向公众公开的财务、证券情况、银行账户账号；
7. 其他董事局或总经理确定应当保守的公司秘密事项。

第五条　属于公司秘密的文件、资料，应标明“秘密”字样，由专人负责印制、收发、传递、保管。

第六条　公司秘密应根据需要，限于一定范围的员工接触。

第七条 未经批准，不准复印、摘抄秘密文件、资料。

第八条 对记载有公司秘密事项的工作笔记，持有人必须妥善保管。如有遗失，必须立即报告并采取补救措施。

第九条 接触公司秘密的员工，未经批准不准向他人泄漏。未接触公司秘密的员工，不准打听、刺探公司秘密。

第十条 监察委员会、监察部应定期检查各单位的保密情况。

第十一条 对保守公司秘密或防止泄密有功的，予以表扬、奖励；对违反本规定，故意或过失泄漏公司秘密的，视情节及危害后果予以行政处分或经济处罚，直至予以除名。

第十二条 信息室、档案室、计算机房等机要部门，非工作人员不得随便进入；工作人员也不得随便带人进入。

××××年×月×日

（资料来源：企业供稿.）

思考与练习

一、填空题

1. 管理的任务在于______行为以实现组织目标。
2. 我国规章制度自上而下的七个层次是______________、____________、____________、__________、__________、__________、__________。
3. 规章制度的形式分为_______和______ 两种类型。
4. 规章制度不论篇幅大小，都应包括_______、______、________三个部分。

二、名词解释

规章制度　　条例　　企业章程　　规则　　制度

三、简答题

1. 简述规章制度一般结构内容的写法。
2. 条例正文的写作包含哪些内容要点？
3. 规则正文的写作包含哪些内容要点？
4. 制度正文的写作包含哪些内容要点？
5. 有限责任公司章程、国有独资公司章程与股份有限公司章程各自包括哪些条款？
6. 条例写作要注意哪些问题？

四、写作练习题

1. 请为本校的演讲比赛起草一份比赛规则。
2. 请为本班起草一份学生干部值日制度。

第 12 章　招标书与投标书写作

教学目标与要求：

1. 通过理解什么是招标、什么是投标、招标投标活动的方式及一般程序，认识招标投标活动的事务特点及招标书与投标书写作的思维机制特点；

2. 认识招标书与投标书的适用方法；

3. 重点理解和掌握招标书与投标书写作的结构内容模式思路及其结构原理。

12.1　概述

12.1.1　招标与投标

在激烈的市场竞争中，高额的大宗交易因其一次性的丰厚利润而最为抢手，如建设项目承包、大宗设备的订购等。为了规避不正当竞争，构建良好的市场秩序，在国家相关管理部门的倡导下，市场产生出一种新型的竞争方式——招标。招标方式以其内容、过程和结果的公开、公平、公正的鲜明特点赢得了市场的认可。国家也通过立法确认了这种方式的合法化并规范了其行为。在招标的运行过程中，产生了招标与投标两种相对应的主体行为，它们是以订立招标合同为目的的民事活动。我们一般所说的招标与投标则是对该民事活动中两个不同交易主体行为的称谓。它们属于订立合同预备阶段的内容。

招标，是指招标人明确提出拟购买的商品或拟兴建的工程项目及相应事项和要求，邀请卖方或承包商前来投标直至最终形成伙伴关系的行为。

投标，则是指投标人(卖方或承包商)依据招标方的条件要求在指定时间与地点按照一定程序参与竞标的行为。

招标投标因其具有公开性、公平性和严格的程序性的特点，成为市场经济中一种颇具影响力的竞争方式，通常适用于工程建设项目和大宗商品交易。

1999 年 8 月 30 日，第九届全国人民代表大会常务委员会第十一次会议通过了《中华人民共和国招标投标法》(2017 年 12 月 27 日进行了修正，以下简称《招标投标法》)，标志着我国招标投标活动已步入法制轨道。它不仅规范了招标投标活动，维护了正常的社会经济秩序，保护了招标投标当事人的合法权益，而且能有效保证项目质量，提高经济效益。

12.1.2　招标方式

我国的《招标投标法》中规定的招标方式有以下两种。

1. 公开招标

公开招标指招标人以招标公告的方式邀请不特定的法人或者其他组织投标。这是运用最多的招标方式。

2. 邀请招标

邀请招标即招标人以招标邀请书的方式邀请特定的法人或者其他组织参与投标，也称有限招标。在一些重大建设项目上多采用这种招标方式。

12.1.3　招标与投标活动的一般程序

第一，招标方组织编制招标文件并报请有关部门审批。

第二，招标人刊登招标通告或发出招标邀请书，说明招标要求、投标条件及有关事项。

第三，接待项目现场勘察和咨询。

第四，招标方对愿意参加投标的公司进行资格预审。

第五，发售招标文件。

第六，投标人呈递投标书，密函报价，并交纳投标保证金。

第七，招标人当众开标、评标、确定中标人，并发出中标通知书。

第八，招标人在招标的有效期内与中标人签订合同，双方进入履行合同阶段。

12.1.4 招标书与投标书写作的思维机制特点

第一，招标与投标活动的目的是为寻求交易伙伴，写作主体首先要认识招标书与投标书的写作是为实现这一目的服务的。

第二，招标书与投标书关于上述目的是通过意愿交流和沟通的方式实现的，招标书与投标书的写作要着力思考如何去把握好己方意志和对对方要求的确切表达。

第三，招标书或投标书主体对己方意志的定位既要满足己方的权利和义务要求，又要兼顾对方的利益。

12.2 招标书写作

12.2.1 文体适用特点

完成了招标文件的准备工作后，正式起动招标活动的第一步就是发布招标消息，其方法是将招标活动的相关信息以招标书的形式通过媒体传播出去。招标书就是发布招标信息的文书。在日常使用中，其名称不一，如招标公告、招标启事、招标广告、招标通告等，它是以告示招标主要事项和要求，从而使有意者前来参与竞标的周知性文书。

12.2.2 正文写作的结构内容要点

1. 导言

导言要写清楚招标人、标的、招标方式、招标范围和招标目的。

2. 主体

（1）标的内容与具体要求（质量及工期要求等）

（2）对投标人资质条件的要求

（3）招标的程序内容（投标人如何参与竞标的程序内容）

1）接待咨询的时间、地点。

2）项目现场勘察的时间安排。

3）购买文件的时间、地点。

4）投递申请书的时间、地点。

5）投递标函的时间及具体要求。

6）开标的时间、地点。

7）签订合同的时间及要求。

3. 尾部

尾部主要写明招标人信息，如地址、邮政编码、电话、联系人、网址等。

12.2.3 写作结构原理分析

1. 导言

导言是关于招标人、标的、招标方式、招标范围、招标目的等总纲性内容，所以放在招标书的开头。

2. 主体

招标书写作的意图宗旨是要吸引有资格者来参与竞标，所以首先要为投标人是否参与竞标的行为抉择提供方便。主体内容（1）和（2）为投标人是否参与竞标提供了抉择依据。对于投标者来说，虽然中标后的承包项目可以带来丰厚的利润，但是竞标行为需经历一个复杂的工作过程，且招标方往往条件苛刻，中标难度大。故即使是有资格投标者，也存在行为抉择的问题，抉择的依据当然是招标方关于标的内容及相关要求。这就是写作内容（1）和（2）的思路根据。

内容（3）则是告之招标人参与竞标的程序内容。由于在整个招标与投标活动中，招标方是处于主动者的地位，所有程序都由招标方做出安排，而投标方必须严格遵循招标方的部署，否则就会失去竞标机会。所以，招标书中在支持投标人的行为抉择后，紧接着就要写明招标程序安排的具体事项，以告之投标人如何参与竞标。这里，要将招标人安排的每项内容以及要求投标人履行的时间、地点等都详细写清楚。

3. 尾部

招标书的尾部提供的是关于招标人的相关信息，以为投标人在竞标过程中与招标人的沟通联络提供方便。

例文 1

建设工程招标公告范本

××××单位（招标人）×××工程已批准建设（批文号：　　　），现决定进行公开招标。

1. 工程规模：投资额约为______万元。资金来源：____________。

2. 招标范围：________。

3. 企业及项目负责人资质要求：具有独立法人资格的具有_____承包_____级及以上资质，项目负责人具备______专业_____级及以上资质，且无在建工程。

4. 本工程实行电子评标。

5. 各工程投标申请人于________年___月___日（投标截止时间五个工作日前）16：00前（双休日、节假日除外）交纳投标保证金_____万元整。交纳地点：××市行政服务中心四楼 404 室（电话：0570-38×××63）；交纳方法：保证金必须从××市招投标管理系统中的备案账户汇出，只能采取转账支票（限××市内）、银行汇票两种方式交纳。采取支票形式的，转账支票必须由该投标企业所开；采取银行汇票形式的，必须从该投标企业自用账户汇出。开户行：××市工商银行南区支行；账号：________；开户单位：××市公共资源市场化配置监督管理办公室。

6. 投标申请人于________年___月___日～____月___日（投标截止时间前三个工作日。每天上午9:00～11:30，下午14:30～17:00，双休日、节假日除外）到××市公共资源交易中心四楼413室（荷花西路109号）录入信息，联系电话：0570-38×××63。

7. 投标申请人录入信息时需递交：①交易员CA数字认证证书（USB KEY）（交易员本人携带）；②企业资质、项目负责人配备清单（清单内容必须已入库），并加盖企业公章及法定代表人章（或签字）。

8. 招标文件及工程量清单获取方法：在××市招投标信息网（www.⋯.net）下载（相关费用在开标现场收取）或在录入信息后直接到××市公共资源交易中心409室购买招标文件及工程量清单光盘（不记名），招标文件_____元/份（人民币），售后不退。

9. 本工程遵循衢招管办发[2016]10号文件执行。

关于办理CA证书、信息入库、电子评标具体事宜，各投标人必须在报名前登录市招投标信息网（www.⋯.net）查询。

垂询电话：

单位（招标人）：

公司（代理公司）：

联系人 ：　　　　　　　　电话：

××市公共资源交易中心

年　　月　　日

（资料来源：https://www.docin.com/p-1589820766.html.）

12.3　投标书写作

12.3.1　文体适用特点

竞标方获知招标信息，经过研究招标文件做出参与竞标的决定后，在公开招标的方式中，其投标行为一般分为两个步骤：第一步，投递投标申请书，以接受资格预审；第二步，在获取资格后再投递标函，正式参与竞标。在这种情况下，我们一般所说的投标书就分为两种文件：投标申请书与标函。在邀请招标中，或招标规模小而不需要资格预审的情况下，投标书就是指标函。

本节分别介绍投标申请书与标函的写作。

12.3.2　投标申请书写作

1. 基本概念

投标申请书，是投标单位在招标公告规定的时间内递交的，表达参与竞标意愿的文书。其构成内容包括参与竞标的意愿表示和企业资质资料两部分。其意义是为招标单位审定投标资格提供根据。只有在投标申请获准后，才能拟写标函，参加竞标。

2. 写作的结构内容要点

投标申请书由称谓、正文、署名、申请时间、附件五个部分组成。

（1）称谓

其格式如同信函称谓，顶格写明招标单位名称。

（2）正文

1）陈述参加投标的意愿。

2）承诺事项。

（3）署名

由于投标属于重要经济行为，因此需要双重签署和双重用印：一是法人署名和用印；二是法人代表签名和用印。

（4）申请时间

以邮局的邮戳时间或文件的送达时间为准。

（5）附件

附件是反映投标人资格的详细资料，包括投标单位基本情况以及与招标项目有关的经验、装备、技术力量等方面的资料等。这是投标申请书中最重要的部分。

3. 写作结构原理分析

投标申请书写作的意图宗旨，是通过表达投标的意愿而接受招标方的资格预审，以求获取竞标资格。那么，首先要确认向哪一招标主体投标，这是通过称谓来明确指向的，故要写内容（1）。

紧接着进入内容（2）“正文”，其中内容 1）以明确表达投标意愿的方式，请求招标方审查资格；内容 2）以承诺的方式表明拟投标人的真诚态度。

内容（3）“署名”用于方便招标方对投标人身份的确认。

内容（4）“申请时间”用于说明该申请书符合招标方时间要求的有效性，但招标方一般以投递时间为准，签署时间只作为参考依据。

内容（5）“附件”则是提供接受资格审查的资质证明文件。这里的内容（5）从形式上似乎是置于主体内容外的补充部分，而从写作要实现的意图和宗旨来看，它应是主体内容最重要的构成部分。只是因为它的内容篇幅大，不便置于主体部分来陈述，所以只好以附件的补充内容形式来处理。

12.3.3　标函写作

1. 基本概念

标函，是投标方在取得预审资格后，向招标方报送具体标价及相应承诺事宜的要约性文书。标函一般由招标方作为招标文件事先拟制好，由投标方购买并按要求填写即可。

标函的核心内容是报价。由于竞争的需要，标函会密封邮寄或派专人直接送达招标机构。

2. 写作的结构内容要点

1）投标意愿表示。

2）报价：要具体写明总报价，以及分项目报价。

3）工程项目或设备拟达到的质量标准及质量保证措施。

4）工期或交货日期。

5）需承诺的其他事宜。

3. 写作结构原理分析

内容1）“投标意愿表示”在这里只是作为标函的开头，起引出下文的作用。

内容2）~4）属于标函的主体部分内容。其中，内容2）中的报价，是指投标方所报出的对工程承包的价格或所出卖货物的出售价格，这是关于招投方与投标方权利的焦点内容，也是评标的重点根据。内容3）和4）是投标人从满足招标方权利要求上对项目质量或商品质量和工期（或交货日期）的承诺。以上是投标人遵循自己既定利益目标，以实现中标为目的，向招标人表述的自己参与竞标的准则。

例文2

投标申请书

××市招标管理办公室：

我单位根据现有施工能力，决定参加××厂××××厂房工程投标，保证达到招标文件的有关要求，遵守其各项规定。

特此申请。

附：《投标企业简历》

投标单位：××××建筑工程公司（章）
负责人：×××（签章）
××××年×月×日

（资料来源：https://wenku.baidu.com/view/d65987a4d1f34693daef3ec0.html.）

例文3

工程投标标书

招标方：

我们研究了××××工程的招标文件，愿意按照设计图纸、技术说明书和合同条件的要求承担上述工程的施工任务。现提出正式报价如下：

一、总包标价：×万×千×百×拾×元（大写）

二、综合单价：元／平方米（或立方米、米、千米等）

三、总包标价构成

工程项目	计量单位	工程数量	标价(元)	占总价比重(%)
主厂房	平方米			
宿　舍	平方米			
设备安装	台、套			
室外工程	项			
其　他	项			

四、工期

自××××年××月××日开工，至××××年××月××日竣工，总工期为×个月。

五、工程质量标准及主要施工技术组织措施

1.

2.

……

六、主要材料指标

①钢材××吨（有无规格要求应说明）

②水泥××吨

⑧木材××立方米（原木或锯材应说明）

七、要求建设单位提供的配合条件

1.

2.

……

标书附件 1

(××××工程)主要部分分项标价明细表

工程项目	单 位	数 量	直接费用(元)	
			单 价	合 价
土方工程				
土方工程				
土方工程				
直接费用小计　　　元				
管理费　　%，计　　元				
独立费　　%，计　　元				
包干系数　%，计　　元				
利润、技术装备费、劳保支出　　%，计　　元				
标价合计：　　　元				

标书附件 2

(单位工程名称)主要材料、设备标价明细表

材料设备名称	单价	数量	预算(元)		标价(元)		差价（元）
			单价	合价	单价	合价	
合计							
材料、设备差价合计	计　　　元						
说　明:							

（资料来源：http://ishare.iask.sina.com.cn/f/4990112.html.）

思考与练习

一、填空题

1. 在招标投标方式的运行过程中，产生了 __________ 和 ____________ 两种相对应的主体行为。

2. 招标投标通常适用于_______________和_______________。

3. 我国的《招标投标法》中规定的招标方式是两种：①_________；②______________。

4. 招标书的特点是：_____________、_______________、____________________。

5. 在公开招标方式中，投标行为一般分为两个步骤：________；__________。

二、名词解释

招标　投标　公开招标　邀请招标

招标书　投标申请书　标函

三、简答题

1. 招标投标有哪些程序？

2. 招标书的写作包括哪些主要内容？

3. 标函的写作包括哪些主要内容？

4. 投标申请书的写作包括哪些主要内容？

5. 请试对例文 4 进行写作结构原理分析。

四、写作练习题

阅读以下材料，完成写作练习。

1. ××市永昌建筑工程公司决定对采购 1000 吨（400#）水泥实行公开招标。供货时间为 2018 年××月××日，投标时间为 2018 年×月×日，投标地点在公司大楼二楼会议室。联系人：许小姐，电话××××××。

请根据上述材料，拟写一份企业购买水泥的招标公告。

2. 经上级主管部门同意，××大学将修建一栋教学大楼。由××市城市建设委员会批准，本工程实行公开招标，择优选定承包单位。工程名称：××大学教学楼。施工地点：××市×路×号。建筑面积：××××m^2。设计及要求：见附件。承包方式：实行包工包料。凡有投标意向的国内有法人资格且具有一级或二级施工执照的企业，只要其主管部门和开户银行认可，均可投标。投标时间：2018 年×月×日之前来人或来函索取招标文书，收取成本费 30 元，逾期不予办理。投标文书及投标企业资质文件请密封投寄或派员直送××大学基建处，收件至 2018 年×月×日截止。开标日期定于 2018 年×月×日，地点在×××大学行政办公楼第×会议室，在××市公证处公证下启封开标。招标单位地址：××市××路×号。电报挂号：××××××，电话：××××××，联系人：×××，邮政编码：××××××，负责招标单位：××大学招标办公室（公章）。发出招标公告的时间：2018 年×月×日。

（1）根据上述材料为××大学拟写一则招标公告。

（2）根据这则材料为××建筑公司拟写一份标函。

第 13 章　经济合同写作

教学目标与要求：

1. 通过理解什么是经济关系、什么是经济合同，以及经济合同应具备的主要条款，认识经济合同所处理事务的特点及经济合同写作的思维机制特点；

2. 认识买卖合同、技术开发合同、建设工程合同、仓储合同的各自使用方法；

3. 重点理解和掌握上述合同写作的条款构成内容及其结构原理。

13.1 概述

13.1.1 经济关系与经济合同

市场行为，无论是自然人的还是法人的，都是为了谋取经济利益，并且是通过主体间建立特定的经济关系互为实施。这种经济关系的内容是主体各自应履行的权利义务，所以这种经济关系实际上是市场主体间的权利义务关系。在市场行为的过程中，市场主体间的权利义务关系的确立及其各自权利义务内容的明确分配是以协议的方式确定的，这就是合同。市场主体间的权利义务关系及内容需要随着情况的变化而变化，因此主体间的合同关系也存在设立、变更和终止的变化。所谓合同，按我国《合同法》中的定义，是指平等主体的自然人、法人、其他组织之间设立、变更、终止民事权利义务关系的协议。由于《合同法》主要调整的是社会生活中的经济关系，因此这里的合同指的是经济合同。

社会经济的发展需要和谐的社会经济秩序。构建良好和谐的社会经济秩序要以各市场主体严格履行各自的权利义务为前提条件。可是，由于激烈的市场竞争，以及市场竞争中市场因素的复杂性和市场主体间难以避免的利益冲突，经济合同的履行难尽如人意，甚至存在恶意的违约行为。因此，国家通过立法来保护合同当事人的合法权益，维护社会经济秩序，以促进社会主义经济建设。

合同的本质意义，就是为了使市场主体更好地履行各自的权利义务，并为市场行为中的权利义务纠纷提供评判是非的有效法律依据。

13.1.2 经济合同写作的一般格式

经济合同种类繁多，内容各异，但从整体形式上看，仍有着基本构成模式。

1. 标题

标题即合同的名称，一般由“事由+合同”构成，以写明合同性质，标明是哪类合同，如购销合同、货物运输合同。有的还进一步标明内容，如《粮食订购合同》《交通银行××分行借款合同》，其位置居中。

2. 双方当事人的名称

法人要按营业执照上核准的名称写全称，自然人以户口簿和身份证上的姓名为准。不能写别人不了解的代称、代号，也不能简称“我方”或“你方”，这种称谓容易造成混淆。合同双方当事人名称在标题之下空两格分行并列连写。为叙述方便，习惯上常在双方当事人名称前注明甲方、乙方，如有中介方也需写明。

3. 正文

正文一般包括以下几方面内容。

1）双方签订合同的目的或依据。行文要写得简明扼要、一目了然，主要交代签订合同的目的、依据，是否经过双方协商一致等。

2）双方协商一致的内容，即双方权利义务的具体条款。

4. 尾部

尾部一般包括：合同的正、副本份数及合同的有效期限说明；双方当事人签章；签订合同的日期。如需要双方主管部门证明或公证，要写明意见，并加盖公章。

13.1.3　经济合同应具备的主要条款

根据《中华人民共和国合同法》(以下简称《合同法》) 及有关条例规定，合同应具备以下主要条款。

1. 当事人的名称（或姓名）和住所

2. 标的

标的是当事人双方权利义务共同指向的对象，是经济往来中的具体目标物。各类合同的标的各不相同。例如，购销合同的标的是某种商品，租赁合同的标的是租赁物，借贷合同的标的是货币，建设工程承包合同的标的是工程项目等。

3. 数量与质量

标的数量是合同当事人双方义务的指向内容之一，必须写得具体、明确，不但数字要准确，而且计量单位要精确，如斤或千克、净重或毛重、平方米或亩，都应交代清楚。同时要明确质量要求，交代质量标准，是按国家级标准、部级标准，还是企业标准或双方商定的标准，有的还应提交样品。

4. 价款与酬金

价款与酬金是主要的权利条款，在买卖合同中称之为价款，在劳务合同中称之为报酬，以货币数量来表示。价款中分单价和总金额，表格式合同以阿拉伯数字写单价，以大写汉字写总价，在条款式合同中则用汉字大写。凡国家规定价格的产品，必须按国家价格签订。价款必须标明币种，并注明是否含税。

5. 履行合同的期限、地点和方式

期限是经济合同履行的时间范围，要标明合同的有效期限。地点指双方履行义务的交易地、项目施工地或提货交货地点，必须具体、明确。履行的方式有多种多样，主要有时间方式和行为方式。时间方式指是一次性履行完毕还是分期履行；行为方式是指履行义务的方式，常见的有送货、提货、代运，工程项目的包工包料还是包工不包料，竣工的交付验收方式及付款方式是现金、转账还是汇款等。

6. 违约责任

违约责任是指当事人由于自己的过错不能履行或不能完全履行合同而应承担的经济赔偿及处罚。违约责任要注明违约索赔的期限、金额，其形式主要有支付违约金、赔偿损失、返工修理、返还财产等，目的是约束当事人严格履行合同，维护经济合同的严肃性。

7. 争议解决的方法

《合同法》总则第 128 条规定：“当事人可以通过和解和调解解决合同争议。当事人不愿和解、调解或者和解、调解不成的，可以根据仲裁协议向仲裁机构申请仲裁。当事人没

有订立仲裁协议或者仲裁协议无效的，可以向人民法院起诉。”该条款要求对争议解决方法做出选择说明。

13.1.4 经济合同的种类

我国《合同法》按合同涉及的主要内容和业务特点将有偿合同划分为以下 15 种。

1）买卖合同。

2）供用电、水、气、热力合同。

3）赠与合同。

4）借款合同。

5）租赁合同。

6）融资合同。

7）承揽合同。

8）建设工程合同。

9）运输合同。

10）技术合同。

11）保管合同。

12）仓储合同。

13）委托合同。

14）行纪合同。

15）居间合同。

13.1.5 经济合同写作的思维机制特点

第一，经济合同的写作通过明确各方的权利义务来保证对合同的履行，写作主体首先要认识合同的本质意义是一旦发生纠纷能提供判别是非的有效依据。

第二，不同标的的合同，矛盾纠纷的焦点不一样，发生违约行为后的社会危害性质也不一样，写作主体要认识各种不同标的的合同各自的特点。

第三，写作主体要立足上述内容去构思合同具体条款，对那些容易发生纠纷的地方，通过权利义务内容的具体规定来制约双方行为，一旦有违约，便可明确责任。

13.2 买卖合同写作

13.2.1 文体适用特点

买卖合同是由出卖人转移标的物的所有权给买受人，买受人以支付价款的形式约定双方权利义务关系的合同。买卖是经济生活中最普遍的交换行为，买卖合同也是经济生活中运用最为广泛的合同类型。而且，买卖合同的许多原则也可以适用于其他有偿合同，根据《合同法》第一百七十四条：“法律对其他合同有规定的，依照其规定；没有规定的，参照买卖合同的有关规定。”因此，买卖合同是最基本的合同。

13.2.2　买卖合同的一般条款

1）买卖货物的名称（注明牌号或商标）、品种、型号、规格、等级、花色等。
2）买卖货物的数量和计量单位。
3）标的物的质量标准。
4）买卖货物包装标准和包装物的供应与回收。
5）买卖货物的交货单位、交货方式、运输方式和到货地点。
6）接货单位、提货单位、交货期限。
7）货物验收方法及提出异议的期限。
8）货物价格及总价款。
9）结算方式。
10）违约责任。

13.2.3　写作结构原理分析

订立合同的目的均是为了合同当事人更好地履行合同中的权利义务。而合同的本质意义是为一旦发生纠纷提供在仲裁和调解中判明是非曲直的有效依据，因此合同的写作应重在围绕权利义务内容中容易诱发双方发生矛盾纠纷之处。由于买卖合同以转移标的物所有权为基本特征，故合同写作中应重点将标的物转移过程中的矛盾纠纷焦点约定清楚。买卖合同写作的条款内容即遵循这一思路。

条款 1）～3）是对所转移标的物的确认。其中，条款 1）是从标的物所具有的特征上的确认；条款 2）是从数量上的确认；条款 3）是从质量上的确认。上述确认能避免所转移标的物误差上的无法辨别。

条款 4）是应社会对白色污染物管理的要求所制定的条款。

条款 5）和 6）是关于标的物转移过程的约定。其中，条款 5）是对出卖人交货行为的约定；条款 6）是双方关于物流部门的约定。

条款 7）是关于货物验收环节的约定。

条款 5）～7）均是相对于标的物的转移需要经过物流部门的长途运输而言的。若买方直接提货，则该三项内容均可以从略。

条款 8）中关于价款的约定是买卖合同中的权利条款。双方利益的实现主要体现在该条款中，必须重点约定清楚。

条款 9）是对买方义务的约定。

条款 10）是处罚条款，或称制约条款，是通过加大对违约行为的处罚力度而实现制约当事人履行合同的目的。

 例文 1

购销合同（标准文本）

订立合同双方：

供方：＿＿＿＿＿＿＿＿＿＿

需方：＿＿＿＿＿＿＿＿＿＿

供需双方本着平等互利、协商一致的原则，签订本合同，以资双方信守执行。

第一条 商品名称、种类、规格、单位、数量

品名	种类	规格	单位	数量	备注

第二条 商品质量标准

商品质量标准可选择下列第__项作标准：

1. 附商品样本，作为合同附件。

2. 商品质量，按照______标准执行。（副品不得超过__%）。

3. 商品质量由双方议定。

第三条 商品单价及合同总金额

1. 商品定价，供需双方同意按______定价执行。如因原料、材料、生产条件发生变化，需变动价格时，应经供需双方协商。否则，造成损失由违约方承担经济责任。

2. 单价和合同总金额：______

第四条 包装方式及包装品处理______。

（按照各种商品的不同，规定各种包装方式、包装材料及规格。包装品以随货出售为原则：凡需退还对方的包装品，应按铁路规定，明确回空方法及时间，或另做规定。）

第五条 交货方式

交货时间：____________________。

交货地点：____________________。

运输方式：____________________。

第六条 验收方法

（按照交货地点与时间，根据不同商品种类，规定验收的处理方法。）

第七条 预付货款

（根据不同商品，决定是否预付货款及金额。）

第八条 付款日期及结算方式

第九条 运输及保险

（根据实际情况，需委托对方代办运输手续者，应于合同中明确。为保证货物在运输途中的安全，代办运输单位应根据具体情况代办投保运输险。）

第十条 运输费用负担

第十一条 违约责任

1. 需方延付货款或付款后供方无货，使对方造成损失的，应偿付对方此批贷款总值__%的违约金。

2. 供方如提前或延期交货或交货不足数量，供方应偿付需方此批货款总值__%的违约金。需方如不按交货期限收货或拒收合格商品，亦应偿付供方此批货款总值__%的违约金。任意一方如提出增减货品数量、变动交货时间，应提前通知对方，征得同意，否则应承担经济责任。

3. 供方所发货品有不合规格、质量不合规或霉烂等情况，需方有权拒绝付款（如已付款，应明确退款、退货办法），但必须先行办理收货手续，并代为保管和立即通知供方，因此所

发生的一切费用，由供方承担，如经供方要求代为处理，必须迅速处理，以免造成更大损失，其处理方法由双方协商决定。

4. 约定的违约金，视为违约的损失部分。双方没有约定违约金或者预先赔偿额的计算方法的，损失赔偿额应当相当于违约所造成的损失，包括合同履行后可以获得的利益，但不得超过违反合同一方订立合同时应当预见到的因违反合同可能造成的损失。

第十二条 当事人一方因不可抗力不能履行合同时，应当及时通知对方，并在合理期限内提出有关机构出具的证明，可以全部或部分免除该方当事人的责任。

第十三条 本合同在执行中发生纠纷，签订合同双方不能协商解决时，可向人民法院提出诉讼（或申请由______仲裁机构仲裁解决）。

第十四条 合同执行期间，如因故不能履行或需要修改，必须经双方同意，并互相换文或另订合同，方为有效。

需　　方：______________（盖章）　　供　　方：________________（盖章）

法定代表人：____________（盖章）　　法定代表人：______________（盖章）

开户银行及账号　　开户银行及账号：

______年_____月_____日

（颁布单位：国家工商管理局经济合同司.）

例文2

经销协议

甲方：　　地址：

乙方：　　地址：

甲方授权乙方为该公司珍珠明目滴眼液等系列产品在湖北地区的经销商，为稳定和加强双方的合作关系，扩大产品销售，甲乙双方本着互惠互利的原则达成如下协议条款：

一、产品名称规格及价格如下表：

品名	产地	规格	包装	供货价	零售价
珍珠明目滴眼液		10mL	360盒/件		
复方鲜竹沥液		10×10mL	80盒/件		
复方鲜竹沥液		100mL	50盒/件		
百合固金口服液		10×10mL	80盒/件		
妇乐颗粒		6g×10袋	90盒/件		
六味地黄丸		200粒	120盒/件		

二、质量保证：甲方保证产品的质量和产品的合法性，提供合法的产品文件和企业生产销售资格文件，如在销售过程中发现由甲方造成产品质量问题，由甲方负责。

乙方应具有合法的药品经营许可资格，并在协议签署前向甲方提供药品经营许可证和工商营业执照。

三、乙方从甲方购进上述品种，并按本协议规定方式付款。

四、结算方式：账期90天，在每月20日以前回款。

五、返利：年终12月31日止按照整体回款金额进行返利，本年度销售回款在12月31日前达到和超过 150 万元的，甲方按总回款的__%给予乙方返利。返利兑现的方式为年终从货款中扣除。

六、本合同一式两份，甲乙双方各执一份，本合同自签订之日起生效，未尽事宜双方协商处理，并按照《合同法》有关内容规定执行。

甲方：	乙方：
代表：	代表：
日期：	日期：

（资料来源：企业供稿.）

13.3 技术合同写作

13.3.1 技术合同与技术开发合同

1. 技术合同的适用

技术合同是当事人就技术开发、转让、咨询或者服务订立的明确相互之间权利义务关系的协议。

2. 技术合同的特点

（1）合同标的的特殊性

技术合同以无形的技术成果或利用技术成果提供的服务作为标的。技术成果既可以脱离物质实体而独立存在，如专利等；也可通过其他物质载体表现出来，如有技术含量的设备等；还可以是某种行为，如技术咨询、技术服务等。

（2）技术价值的不确定性：科学技术的价格没有国家统一的定价，只能由合同双方当事人根据实际情况协商确定。

（3）合同履行中人身权利与财产权利的统一性：技术合同涉及技术权益问题。技术权益是指当事人依法对技术成果享有的人身权利和财产权利的总和。因此，合同履行中人身权利与财产权利具有统一性。

（4）技术合同的技术主体的特定性：技术主体不同于其他主体，是利用自己的技术力量从事技术开发、转让、咨询和服务的法人或自然人。

3. 技术合同的分类及技术开发合同

技术合同，是指以无形资产的科学技术及其成果为标的物进行交易活动的一类合同的总称。其种类有技术开发合同、技术转让合同、技术咨询合同和技术服务合同。

关于技术开发合同，《合同法》第三百三十条中定义："是指当事人之间就新技术、新产品、新工艺或者新材料及其系统的研究开发所订立的合同。技术开发合同包括合作开发合同和委托开发合同。"

合作开发合同，是指当事人按照约定合作投资、共同分工协作参与研究开发工作的技术开发合同。

委托开发合同，则是以当事人一方按照约定支付研究开发经费与报酬，并接受研究开发成果；另一方遵照约定按期完成研究开发工作，并交付研究开发成果及其技术资料为其主要特征的技术开发合同。

本节只介绍技术开发合同的写作。

13.3.2　技术开发合同的基本条款

1）项目名称。

2）标的技术的内容、形式和要求。

3）研究开发计划。

4）研究开发经费购置的设备、器材、资料的财产归属。

5）履行的期限、地点和方式。

6）技术情报和资料的保密。

7）风险责任的承担。

8）技术成果的归属和分享。

9）验收的标准和方法。

10）报酬的计算和支付方式。

11）违约金或者损失赔偿额的计算方法。

12）技术协助和技术指导的内容。

13）争议解决办法。

14）名词和术语的解释。

13.3.3　写作结构原理分析

在技术开发合同中，其主体行为特征表现为一方投入的是智力（技术），另一方投入的是资本金。双方利益的实现是通过技术成果的利用价值。由于技术开发的成果具有不确定性，因此主体行为具有风险性。技术开发合同中的这种主体行为特征决定着当事人权利义务纠纷的特点，从而决定着其条款内容的特点。

条款 1）和 2）是对合同标的的确认。技术开发合同中，当事人权利义务指向的对象是技术项目，技术项目只能从名称、内容和形式上明确，由此决定了条款 1）和 2）的内容。

条款 3）的根据有两点：其一，技术开发工作主要是由技术投入方完成，而该类工作无法用量化的任务来约定，只宜通过计划的方式来明确；其二，为维护投资方的利益，其投资要有预算，这种预算要根据研究开发计划确定。

在投资预算中，有相当大的开支用于提供研究工作的基本条件，即提供研究工作中的所需设备、器材、资料等。这些可租赁，也可购置。一般来说，委托开发多以租为主，只有某些专用设备或器材在无处可租的情况下，才会购置；而合作开发，会选择购置。若购置，则存在使用结束后的归属权问题，条款 4）是从购置方式上约定的内容。

对合同的履行，技术方承担的是技术开发任务，投资方主要提供经费。条款 5）即根据双方义务的不同内容特点来约定各自履行的时间、地点和方式。

条款 6）是关于保密的约定。技术开发的意义在于追求开发成果的利用价值。而国家对技术成果所有权的管理，不便以确认研究者来认定，只便于依据谁先申请谁所有的原则。由于技术成果所有权中蕴含丰厚的利润，技术市场的竞争也十分激烈，故需在合同中约定技术开发过程中当事人对技术情报和资料的保密义务。

对新技术的研究开发投资是一种风险投资，某些项目的研究经费多、风险大，难免会发生责任纠纷。在合同写作中，要对此责任的分担方法约定清楚，故要写条款7）。

技术开发合同分为委托开发合同和合作开发合同，其区分主要是依据技术成果的归属方式。一般来说，委托开发合同中的技术成果所有权归投资方，而合作开发合同中的技术成果应根据约定分享。条款8）即是对此约定内容的表述。

新技术成果的认定常前无先例，到底怎样才是成熟的或说成功的，也容易成为纠纷的焦点，故需先约定标准和方法，所以写作条款9）。

条款10）的内容要区分来定。在委托开发合同中，由于技术成果归委托方（投资方）所有，技术方主要是获取报酬，其报酬中应含有技术成果的转让价值；在合作开发合同中，多为分享成果加报酬的方式，这里的报酬主要指劳动报酬（科研补贴）。这是主要的权利条款。

条款11）是处罚条款，以此制约当事人更好地履行合同。

条款12）是相对投资方独占成果所有权的情况，在利用技术成果转化生产的过程中，对技术方提出的给予技术协助和技术指导的义务要求。

条款13）是共性条款。

条款14）则是对新技术中某些新的名称、叫法，或技术中某些环节、程序、做法的新的描述方法的界定。

上述条款是涵盖技术委托开发合同和技术合作开发合同的内容而抽象出的内容要点，在具体应用中要依据委托开发合同或合作开发合同的自身特点，来理清这些条款的思路。

13.3.4 写作注意事项

1. 技术标的的界定

对技术合同中的技术标的要进行严格的科学审查，全面了解该技术的真实性、可靠性、市场价值。

技术合同中的技术标的一般由于其具有先进性，难以明确界定其内容，当事人有时不可能凭自身的知识去了解，这也是许多技术合同产生争议的原因。因此，在订立技术合同时，双方当事人首先应当就合同所涉及的技术范围达成共识，并明确技术的内容、要求和工业化开发程度，必要时以附件形式将技术的详细描述在合同中加以规定。

2. 重视技术改进所属的约定

技术在实践中是不断发展完善的，对于现有技术，双方都有可能在利用中取得进一步发展，因此，后继技术的所有与交换也是大部分技术合同中的必备条款。我国《合同法》规定："当事人可以按照互利的原则，在技术转让合同中约定实施专利、使用技术秘密后续改进的技术成果的分享办法。没有约定或者约定不明确的，双方可协议补充；仍不能确定的，一方后续改进的技术成果，其他各方无权分享。"

例文 3

技术合作开发合同样本（封面）

合同登记编号：

技 术 开 发 合 同

项目名称：____________________

委托方：____________________

甲方（研究开发方）：______________________

乙方：____________________

签订地点：_______省______市（县）

签订日期：________年____月____日

有效期限：____年____月____日至____年____月____日

技术合作开发合同（正文）

依据《中华人民共和国合同法》的规定，合同双方就________________项目的技术开发（该项目属计划※），经协商一致，签订本合同。

一、※标的技术的内容、形式和要求

二、应达到的技术指标和参数

三、※研究开发计划

四、研究开发经费、报酬及其支付或结算方式

（一）研究开发经费是指完成本项研究开发工作所需的成本；报酬是指本项目开发成果的使用费和研究开发人员的科研补贴。

本项目研究开发经费及报酬：__元，其中：甲方提供__元，乙方提供__元。

如开发成本实报实销，双方约定如下：

（二）经费和报酬支付方式及时限（采用以下第__种方式）

①一次总付：____元，时间：__________。

②分期支付：____元，时间：__________。

____元，时间：__________。

③按利润________%提成，期限：__________。

④按销售额______%提成，期限：__________。

⑤其他方式：__________。

五、利用研究开发经费购置的设备、器材、资料的财产权属

六、履行的期限、地点和方式

本合同自___年__月__日至___年__月__日在______（地点）履行。

本合同的履行方式：

七、技术情报和资料的保密

八、技术协作和技术指导的内容

九、风险责任的承担

在履行本合同的过程中，确因在现有水平和条件下难以克服的技术困难，导致研究开发部分或全部失败所造成的损失，风险责任由________承担。（1. 乙方；2. 双方；3. 双方另行商定）

经约定，风险责任甲方承担____%，乙方承担____%。

本项目风险责任确认的方式为：

十、技术成果的归属和分享

（一）专利申请权

（二）非专利技术成果的使用权、转让权

十一、验收的标准和方式

研究开发所完成的技术成果，达到了本合同第二条所列技术指标，按__标准，采用__方式验收，由__方出具技术项目验收证明。

十二、违约金或者损失赔偿额的计算方法

违反本合同，违约方应当遵循《中华人民共和国合同法》的第三百三十四条和第三百三十六条的规定，按下述约定来承担违约责任。

（一）违反本合同第__条约定，__方应当承担违约责任，承担方式和违约金额如下：

（二）违反本合同第__条约定，__方应当承担违约责任，承担方式和违约金额如下：

（三）……

十三、解决合同纠纷的方式：执行本合同发生争议，由当事人双方协商解决。协商不成，双方同意由__________仲裁委员会仲裁（当事人双方不在本合同中约定仲裁机构，事后又没有达成书面仲裁协议的，可向人民法院起诉）。

十四、名词和术语的解释

十五、※其他（含中介方的权利、义务、服务费及其支付方式、定金、财产抵押、担保等上述条款未尽事宜）

本合同书中标有※号的条款按填写说明填写。

委托方（甲方）

名称（或姓名）：

法定代表人:

联系人:

住所（通信地址）：

电话: 电子邮箱:

开户银行:

账号:

研究开发法方（乙方）

名称（或姓名）：

法定代表人

联系人:

住所（通信地址）：

电话: 电子邮箱:

开户银行:

账号:

中介方

……

登记机关审查登记栏

技术合同登记机关（专用章）

经办人: 年 月 日

（颁布单位: 国家工商管理局经济合同司）

例文 4

技术委托开发合同（样本）

订立合同各方：

委托单位______________________，以下简称甲方；

承担单位______________________，以下简称乙方；

保证单位______________________，以下简称丙方。

为了调动科研单位的积极性，确保科研经费的合理使用，明确甲、乙、丙三方的责任，促使科研项目早出成果，出好成果，经甲、乙、丙三方充分协商，特签订本合同，以便共同遵守。

一、科研项目的主要内容

____。

二、科研项目在国内外的现状、水平及发展趋势（或科研项目的重要意义）

____。

三、技术经济指标和经济效益（社会效益）分析

____。

四、科研项目所采用的研究、试验方法和技术路线（包括工艺流程）

____。

五、计划进度（分阶段解决的主要技术问题，达到的目标和完成的时间）

____。

六、科研项目的参加单位及分工

____。

七、需主要材料、物质条件

____

八、经费概算

____。

类别 / 金额 / 年度	总经费	委托单位拨给	承担单位自筹	保证单位拨给	其他资助
年					
年					
年					
年					
合　计					

九、分期用款（甲方拨给部分）计划

用途 金额（万元） 用款时间（按年、季度计算）				
年　　季度				
年　　季度				
年　　季度				
年　　季度				

十、有关单位、专家的评议意见

____。

十一、共同条款

1. 乙方对全年的合同执行情况，必须于届满一年之前________日内，向甲方和丙方提出执行情况的正式报告。科研任务完成后________日内，乙方必须按合同规定的内容向甲方提出执行情况的总报告，并向甲方提交完整的科研技术资料，同时抄报丙方。

2. 甲方审查乙方完成上一年（或上一阶段）科研任务属实后，应按合同规定的时间、数量拨付下一年（或下一阶段）的科研经费，并按比例下达所需三材指标。

3. 有关部门如资助乙方科研经费，其收益分配办法，由资助方与乙方另签合同规定。

4. 科研项目完成并经鉴定后，乙方对甲方所拨经费，采取如下办法偿还：

（1）乙方共偿还甲方拨付科研经费总额的________%，共________元。

（2）偿还日期和分期偿还金额：

______年________月偿还______元；

______年________月偿还______元。

……

5. 合同执行中，甲方非因国家计划改变，中途无故撤销或不履行合同，其所拨经费不得追回，并得承担乙方善后处理所支付的各项费用。甲方如无故拖延拨付科研经费，每拖延一天，必须按所欠应拨经费的________%向乙方偿付违约金，并应承担乙方因此所受的损失。乙方如无故撤销或不履行合同，或不能完成本科研任务，应根据具体情况，部分或全部退还甲方所拨付的科研经费；乙方若不按期完成科研任务或拖延，应偿还给甲方相应的科研经费，每拖延一天，应按甲方拨付科研经费的________%向甲方偿付违约金。乙方如不按合同规定的时间、数量向甲方偿付科研经费或违约金，丙方应连带承担向甲方偿付的责任。

6. 本合同如有未尽事宜，或需修改某项条款，须经甲、乙、丙三方共同协商，做出补充或修改，任何一方均不得擅自修改合同。本合同在执行过程中如发生争议，应由合同各方的上级领导部门协商解决，协商解决不成的，提交合同管理机关仲裁或法院裁决。

7. 合同各方对本科研项目的一切资料负有保密责任，未经有关部门批准，不得引用科研项目的数据、科研成果及其他有关资料。

本合同正本一式三份，甲、乙、丙三方各执一份；合同副本一式____份，分送……各留存一份。乙方就本科研项目与其他资助科研经费单位所签订的合同，须向甲、丙方交送一份副本留存。

委托单位：____________________（公章）

地址：____________________

代表人：____________________（盖章）

联系人：____________________

电话：________________

银行账户：____________________

承担单位：____________________（公章）

……（后面的项目内容同于委托单位）

保证单位：__________________（公章）

……（后面的项目内容同于委托单位）

____________　年______月______日订

（颁布单位：国家工商管理局经济合同司）

13.4　建设工程合同写作

13.4.1　文体适用特点

建设工程项目有着投资额大、建设周期长、工程建设的影响因素复杂的特点，而且工程建设质量事关国计民生。因此，国家对建设工程合同的签订、履行都实行严格的监督和管理，要求承包人必须是经国家有关部门审查、核准，并领取法人营业执照和有关资质证明的专业工程建设企业；大型基础设施、公用事业等关系社会公共利益、公众安全的项目，要经过招标、投标的程序。按《合同法》规定，建设工程合同应当采用书面形式，国家住建部还下发了建设工程合同的示范文本，用以明确承包人与发包人双方的权利义务，这种文本是强制适用的。

建设工程合同的种类包括工程勘察、设计、施工合同。本节只介绍建设工程施工合同的写作。

13.4.2　建设工程施工合同的基本条款

1）建设工程名称、规模、总造价、建设地点。

2）施工准备阶段双方应承担的义务。

3）工程期限的说明。

4）工程质量的有关约定内容。

5）建筑材料、设备供应的验收和差价处理。

6）工程建设价款及付款的方法。

7）施工与设计变更的约定事宜。

8）工程验收方法。

9）违约责任。

10）其他。

13.4.3 写作结构原理分析

建设工程施工合同的主体行为特征表现为一方发包、另一方承包，双方行为指向的标的是工程项目。

条款 1）是对标的的确认。由于该类合同标的是工程项目，故宜从名称、规模、总造价和建设地点上去确认。

建设工程的正常施工需要必备的基本条件，包括地基平整、修通道路、水管和电线铺设，以及其他必要设施等，这些属于施工前的准备工作。其中，有的工作便于发包方来做，或理应由发包方来做，有些应由承包方来做。条款 2）即对此约定清楚，以避免不必要的纠纷。

条款 3）和 4）是对承包方主要义务内容的约定。这类建设工程合同的履行，主要体现为承包方的施工行为。对于发包方来说，体现其权益的就是对承包方关于工期和质量的要求。这是此类合同中最常见的主要纠纷焦点所在处，因此，合同中必须对此约定清楚。

建设工程施工有着时间长，建筑材料消耗量大、价格高，建筑材料市场价格变化快而对施工成本影响大的特点。在合同订立时，一般只能以现时的材料价格对工程项目进行预算定价。由于建筑材料的用量大，其价格对工程成本的影响太大，为了维护双方的利益，故设专项条款 5）约定应对建筑材料市场价格变动的意见。

条款 6）是体现当事人利益的主要的权利条款，必须设专条重点约定清楚。

在过去的该类合同履行中，常出现在施工过程中发现项目设计图纸有误或设计方案无法施工的现象，造成承包方误工而引起纠纷，故后来的合同鉴于过去的教训，设专条约定在此类现象发生时应采取的责任分担方法。这就是条款 7）的由来。

建设工程质量涉及诸多复杂因素，是合同常见纠纷中的又一焦点，故承包方在工程竣工后一般采用工程验收的方式向发包方交接，以划分责任。而验收方法的科学合理关系责任划分的合理性问题，所以设条款 8）来约定该项内容。

条款 9）所依据的原理同前。

例文 5

建筑安装工程承包合同

合同编号：

工程名称：______________

工程编号：______________

发包方：______________

承包方：______________

签订时间：______________

签订地点：______________

根据《中华人民共和国合同法》和《建筑安装工程承包合同条例》及有关规定，为明确双方在施工过程中的权利、义务和经济责任，经双方协商同意签订本合同。

第一条 工程项目

一、工程名称：______________。

二、工程地点：______________。

三、工程项目批准单位______________。

批准文号______________（指此工程立项有权批准机关的文号）。

项目主管单位：______________。

四、承包范围和内容：（详见工程项目一览表）；工程建筑面积__________（平方米）；其他：__________。

五、工程造价：__________（万元），其中土建：__________（万元），安装：__________（万元）。

第二条 施工准备

一、发包方：

1. ______月______日前做好建筑红线以外的“三通”，负责红线外进场道路的维修。

2. ______月______日前，负责接通施工现场总的施工用水源、电源、变压器（包括水表、配电板），应满足施工用水、用电量的需要。做好红线以内场地平整，拆迁障碍物。

3. 本合同签订后______天内提交建筑许可证。

4. 合同签订后_______天内（以收签最后一张图纸为准）提供完整的建筑安装施工图纸______份，施工技术资料（包括地质及水准点坐标控制点）______份。

5. 组织承、发包双方和设计单位及有关部门参加施工图交底会审，并做好三方签署的交底会审纪要，在______天内分送有关单位，______天内提供会审纪要和修改施工图______份。

二、承包方：

1. 负责施工区域的临时道路、临时设施、水电管线的铺设、管理、使用和维修工作；

2. 组织施工管理人员和材料、施工机械进场；

3. 编制施工组织设计或施工方案、施工预算、施工总进度计划，材料设备、成品、半成品等进场计划（包括月计划），用水、用电计划，送发包方。

第三条 工程期限

一、根据国家工期定额和使用需要，商定工程总工期为______天（日历天），自______年______月______日开工至______年______月______日竣工验收（附各单位工程开竣工日期，见附表一）。

二、开工前______天，承包方向发包方发出开工通知书。

三、如遇下列情况，经发包方现场代表签证后，工期相应顺延：

1. 按施工准备规定，不能提供施工场地、水、电源道路未能接通，障碍物未能清除，影响进场施工。

2. 凡发包方负责供应的材料、设备、成品或半成品未能保证施工需要或因交验时发现缺陷需要修、配、代、换而影响进度。

3. 不属包干系数范围内的重大设计变更，提供的工程地质资料不准，致使设计方案改变或由于施工无法进行的原因而影响进度。

4. 在施工中如因停电、停水8小时以上或间歇性停水、停电3天以上（每次连续4小时以上），影响正常施工。

5. 非承包方原因而监理签证不及时而影响下一道工序施工。

6. 未按合同规定拨付预付款、工程进度款或代购材料差价款而影响施工。

7. 人力不可抗拒的因素而延误工期。

第四条　工程质量

一、本工程质量经双方研究要求达到：______。

二、承包方必须严格按照施工图纸、说明文件和国家颁发的建筑工程规范、规程和标准进行施工，并接受发包方派驻代表的监督。

三、承包方在施工过程中必须遵守下列规定：

1. 由承包方提供的主要原材料、设备、构配件、半成品必须按有关规定提供质量合格证，或进行检验合格后方可用于工程。

2. 由发包方提供的主要原材料、设备、构配件、半成品也必须有质量合格证方可用于工程。对材料改变或代用必须经原设计单位同意并发正式书面通知和发包方派驻代表签证后，方可用于工程。

3. 隐蔽工程必须经发包方派驻代表检查、验收签章后，方可进行下一道工序。

4. 承包方应按质量验评标准对工程进行分项、分部和单位工程质量进行评定，并及时将单位工程质量评定结果送发包方和质量监督站。单位工程结构完工时，应会同发包方、质量监督站进行结构中间验收。

5. 承包方在施工中发生质量事故，应及时报告发包方派驻代表和当地建筑工程质量监督站。一般质量事故的处理结果应送发包方和质量监督站备案；重大质量事故的处理方案，应经设计单位、质量监督站、发包方等单位共同研究，并经设计建设单位签证后实施。

6. 工程竣工后，承包方按规定对工程实行保修，保修时间自通过竣工验收之日算起。

第五条　建筑材料、设备的供应、验收和差价处理

一、由发包方供应以下材料、设备的实物或指标（详见附表二）。

二、除发包方供应以外的其他材料、设备由承包方采购。

三、发包方供应、承包方采购的材料、设备，必须附有产品合格证才能用于工程，任何一方认为对方提供的材料需要复验的，应允许复验。经复验符合质量要求的，方可用于工程，其复验费由要求复验方承担；不符合质量要求的，应按有关规定处理，其复验费由提供材料、设备方承担。

四、本工程材料和设备差价的处理办法：______。

第六条　工程价款的支付与结算

工程价款的支付和结算，应根据中国人民建设银行制定的《基本建设工程价款结算办法》执行。

一、本合同签订后______日内，发包方支付不少于合同总价（或当年投资额）的______%备料款，计人民币______万元；临时设施费，按土建工程合同总造价的____%计人民币______万元，安装工程按人工费的______%计人民币______万元；材料设备差价_____万元，分______次支付，每次支付时间、金额：______。

二、发包方收到承包方的工程进度月报后必须在______日内按核实的工程进度支付进度款，工程进度款支付达到合同总价的______%时，按规定比例逐步开始扣回备料款。

三、工程价款支付达到合同总价款的95%时，不再按进度付款，办完交工验收后，待保修期满连本息（财政拨款不计息）一次支付给承包方。

四、如发包方拖欠工程进度款或尾款，应向承包方支付拖欠金额日万分之______的违约金。

五、确因发包方拖欠工程款、代购材料价差款而影响工程进度，造成承包方的停、窝工损失的，应由发包方承担。

六、本合同造价结算方式：______。

七、承包方在单项工程竣工验收后______天内，将竣工结算文件送交发包方和经办银行审查，发包方在接到结算文件______天内审查完毕，如到期未提出书面异议，承包方可请求经办银行审定后拨款。

第七条　施工与设计变更

一、发包方交付的设计图纸、说明和有关技术资料，作为施工的有效依据，开工前由发包方组织设计交底和三方会审形成会审纪要，作为施工的补充依据，承、发包双方均不得擅自修改。

二、施工中如发现设计有错误或严重不合理的地方，承包方及时以书面形式通知发包方。由发包方及时会同设计等有关单位研究确定修改意见或变更设计文件，承包方按修改或变更的设计文件进行施工。若发生增加费用（包括返工损失、停工、窝工、人员和机械设备调迁、材料构配件积压的实际损失）由发包方负责，并调整合同造价。

三、承包方在保证工程质量和不降低设计标准的前提下，提出修改设计、修改工艺的合理化建议，经发包方、设计单位或有关技术部门同意后采取实施，其节约的价值按国家规定分配。

四、发包方如需设计变更，必须由原设计单位发出正式修改通知书和修改图纸，承包方才予实施。重大修改或增加造价时，必须另行协商，在取得投资落实证明，技术资料设计图纸齐全时，承包方才予实施。

第八条　工程验收

一、竣工工程验收，以国家颁布的《关于基本建设项目竣工验收暂行规定》《建筑工程施工质量验收统一标准》《建筑安装工程质量检验评定统一标准》和国务院有关部门制定的竣工验收规定及施工图纸及说明书、施工技术文件为依据。

二、工程施工中地下工程、结构工程必须具有隐蔽验收签证、试压、试水、抗渗等记录。工程竣工质量经当地质量监督部门检验合格后，发包方须及时办理验收签证手续。

三、工程竣工验收后，发包方方可使用。

在规定的保修期内，凡因施工造成的质量事故和质量缺陷应由承包方无偿保修。其保修条件、范围和期限按原城乡建设环境保护部发布的《房屋建筑工程质量保修办法》执行。

第九条　违约责任

承包方的责任：

一、工程质量不符合合同规定的，负责无偿修理或返工。由于修理或返工造成逾期交的，偿付逾期违约金。

二、工程按合同第三条规定的工期交付验收，延误工期偿付逾期违约金。

发包方的责任：

一、未能按照合同的规定履行自己应负的责任，除竣工日期得以顺延外，还应赔偿承包方由此造成的实际损失。

二、工程中途停建、缓建或由于设计变更以及设计错误造成的返工，应采取措施弥补或减少损失。同时，赔偿承包方由此造成的停工、窝工、返工、倒运、人员和机械设备调迁材料和构件积压的实际损失。

三、工程未经验收，发包方提前使用或擅自动用，由此而发生的质量或其他问题，由发包方承担责任。

四、承包方验收通知书送达______日后不进行验收的，按规定偿付逾期违约金。

五、不按合同规定拨付工程款，按：延付金额×延误天数×3‰偿付承包方赔偿金。

第十条　纠纷解决办法

执行本合同发生争议，由当事人双方协商解决。协商不成，双方同意由______仲裁委员会仲裁（当事人双方不在本合同中约定仲裁机构，事后又没有达成书面仲裁协议的，可向人民法院起诉）。

第十一条　附　则

一、本合同一式______份，合同附件______份。甲乙双方各执正本一份，其余副本由发包方报送经办银行、当地工商行政管理机关、建设主管部门备案。按规定必须办理鉴（公）证的合同，送建筑物所在地工商、公证部门办理鉴（公）证。

二、本合同自双方代表签字，加盖双方公章或合同专用章即生效，需办理鉴（公）证的自办毕鉴（公）证之日起生效；工程竣工验收符合要求，结清工程款后终止。

三、本合同签订后，承、发包双方如需要提出修改时，经双方协商一致后，可以签订补充协议，作为本合同的补充合同。

发包方（盖章）：	承包方（盖章）
法定代表人（签章）：	法定代表人（签章）：
委托代理人（签章）：	委托代理人（签章）：
单位地址：	单位地址：
开户银行：	开户银行：
账　　号：	账　　号：
电　　话：	电　　话：
电　　挂：	电　　挂：
邮政编码：	邮政编码：
年　月　日	年　月　日

经办建设银行（盖章）	建筑管理部门（盖章）	鉴（公）证机关（盖章）
		经办人：
年　月　日	年　月　日	年　月　日

附表一：

工程项目一览表

建设单位：

序号	工程名称	设计单位	栋数	结构	层数	面积	资金来源	批准文号	投资总额（万元）	工程总造价（万元）	开工时间	竣工时间

注：维修、屋外、管道、给排水等项目也应按此表逐项填写。

附表二：

由甲方负责供应设备和材料表

材料名称	规格	单位	数量	交料地点	到场日期	备　注

（颁布单位：国家工商管理局经济合同司）

 例文 6

建设工程勘察设计合同

发包方：______________________________

承包方：______________________________

根据《中华人民共和国合同法》和《建设工程勘察设计管理条例》的有关规定，经双方协商一致，签订本合同，以资共同遵守。

第一条　工程名称______________________________；

工程地点______________________________；

工程规模______________________________；

工程投资______________________________。

第二条　委托方根据本合同规定填写建设工程勘察设计委托书（见附件一、附件二）。

第三条　勘察设计费取费的依据和取费标准，按国家规定执行。

勘察设计费的拨付办法，自合同生效后___天内，委托方应向承包方给付定金。合同履行后，定金抵作勘察设计费，不足部分委托方应在___天内一次结清（或约定分若干次结清）。

勘察任务的定金为勘察费的 30%，设计任务的定金为估算设计费的 20%。本工程的勘察费为__元，估算设计费为___元。

委托方不履行合同的，无权要求返还定金；承包方不履行合同的，应双倍返还定金。

第四条　委托方的义务

1. 委托方应在商定的时间内向承包方提供必要的资料并对提供的时间、进度与资料的可靠性负责。

提供资料的内容，技术要求及期限见附表三。

2. 在勘察设计人员进入现场作业或配合施工时，应负责提供以下工作和生活条件：

（1）……

（2）……

（3）……

3. 委托方配合引进项目的设计任务，从询价、对外谈判、国内外技术考察直至建成投产的各阶段，应吸收承担有关设计任务的承包方参加。

4. 按有关规定的勘察设计取费标准如期如数付给承包方勘察设计费。

5. 维护承包方的勘察成果和设计文件，不得擅自修改或转让给第三方重复使用。

第五条　承包方的义务

1. 承包方应在__年__月__日前提交有关勘察成果和设计文件，并承担责任。

提交勘察成果的范围、进度和质量，以及设计的阶段、进度、质量和设计文件份数。详见附表四。

2. 初步设计经上级主管部门审查后，在原定任务书范围内的必要修改，由承包方负责。原定任务书有重大变更而重作或修改设计时，须具有设计审批机关或设计任务书批准机关的意见书，经双方协商，另订合同。

3. 设计单位对所承担设计任务书的建设项目应配合施工，进行设计技术交底，解决施工过程中有关设计的问题，负责设计变更和修改预算，参加试车考核及工程竣工验收。对于大中型工业项目和复杂的民用工程应派现场设计代表，并参加隐蔽工程验收。常驻代表费用由双方协商（另附协议）。

第六条　违约责任

1. 因勘察设计质量低劣引起工程返工，或未按期提交勘察设计文件拖延工期造成损失，由承包方继续完善勘察设计任务，并视造成的损失浪费大小减收或免收勘察设计费。具体规定如下：

（1）……

（2）……

（3）……

2. 因勘察设计错误而造成工程重大质量事故，承包方除免收受损失部分的勘察设计费外，还应付给委托方与直接受损失部分的勘察设计费相等的赔偿金。

3. 承包方不按合同规定的期限提交勘察成果、设计文件，每拖延一天，应向委托方交纳按勘察设计费 5 ‰的违约金。

4. 由于变更计划、提供的资料不准确、未按期提供勘察设计必需的资料或工作条件而造成勘察设计工作的返工、窝工或修改设计，委托方应按承包方实际消耗的工作量增付费用。具体规定如下：

（1）……

（2）……

（3）……

5. 因委托方责任造成勘察设计工作的重大返工或重做设计，应另行增加勘察设计费用。

6. 委托方超过合同规定的日期付费时，应偿付逾期的违约金。违约金每逾期一天，按该工程勘察设计费的 5‰计算。

第七条 争议的解决方式

合同执行过程中如有争议，双方应及时协商解决。协商不成时，双方属于一个部门的，由上级主管部门调解；调解不成，或双方不属于同一部门的，合同双方任何一方均可向经济合同仲裁委员会申请仲裁，也可直接向人民法院起诉。

第八条 经双方协商一致，增加补充下列__项条款（没有增补以“空白”记入）。

第九条 附则

本合同未言明事项，一律按《中华人民共和国合同法》和《建设工程勘察设计管理条例》的规定执行。

本合同附件：《建设工程设计委托书》《工程、地质勘察委托书》《建设文件和勘察设计基础资料交付日期一览表》《勘察设计文件交付日期一览表》等均为本合同的组成部分，具有同等的法律效力。

本合同自双方签字盖章之日起生效，正本 2 份，委托方、承包方各执 1 份；副本__份，分别报送业务主管部门、工商行政管理局和建设银行备案。

委托方（盖章）： 承包方（盖章）： 鉴（公）证意见

地址： 地址： 经办人：

法定代表人（签名）： 法定代表人（签名）： 鉴（公）证机关（章）

委托代理人（签名）： 委托代理人（签名）： 电话：

开户银行： 开户银行：

账号： 账号：

电话： 电话：

邮政编码： 邮政编码：

签约时间： 年 月 日 签约地点________________

有效期限： 年 月 日至 年 月 日

附件一：建设工程设计委托书

委托方委托承包方进行____________________设计工作。

工程设计项目表

工程编号	项目名称	建设性质	投资（万元）	规模	建筑层数	结构	设计内容

说明：空格如不够用，可以另接。

附件二：工程、地质勘察委托书（略）

附件三：建设文件和勘察设计基础资料交付日期一览表（略）

附件四：勘察设计文件交付日期一览表（略）

（颁布单位：国家工商管理局经济合同司.）

13.5　仓储合同写作

13.5.1　关于仓储合同

1. 仓储与仓储合同

仓储本属于保管行为的一种特殊类型。我国在 1985 年曾经颁布《仓储保管合同实施细则》，那时候的仓储与保管未加区分地置于一个合同中。伴随市场经济的发展，尤其是物流业的快速发展，仓储作为独立经营项目的地位日益凸显，故后来的《合同法》中把仓储合同与保管合同分成了两个合同。

2. 仓储合同的适用

仓储合同的适用要与保管合同区分开来。二者的主要不同点是：保管合同的标的是保管行为，保管行为不一定是经营性的，是否有偿，由当事人自由约定；而仓储合同的标的是储存物，其保管人必须具有合法的经营资格，合同内容以保管人依据约定保管寄存人交付的储存物、并收取保管费而构成当事人之间的权利义务关系。

13.5.2　仓储合同的基本条款

1）储存货物的品名、品种、规格、数量、质量、包装。

2）货物验收的内容、标准、方法、时间、资料。

3）货物保管条件和保管要求。

4）货物入库、出库手续、时间、地点、运输方式。

5）货物的损耗标准和损耗处理方法。

6）计费项目、标准和结算方式。

7）货物保险、运输等约定事项。

8）保管期限。

9）违约责任。

13.5.3　写作结构原理分析

在仓储合同履行中，寄存人向保管人交付储存物，只是转移物的管理权，并不转移物的所有权，保管人最终要按约定将原物返还；被保管物的易损坏性各不一样，保管时间不一样，对保管条件的要求不一样，决定着当事人权利义务的内容不一样，易发生纠纷的焦点也就不一样，由此决定着该类合同的条款内容。

条款 1）是对标的物的确认。寄存人向保管人交付的是什么样的储存物要有确认的根据，所以要对标的物从品名、品种、规格等方面具体记载清楚，不能有误。

保管人最终要将原物返还，返还的要求是保质保量，是否保质保量的凭证是在接收寄存人货物时形成的验收单据。条款 2）即是双方商定如何做好验收工作的约定，以为验收单据的形成提供依据。

寄存人对保管人为之储存货物是要支付保管费的，当然对保管人的义务履行会有要求，尤其对所交付的重要保管物会有特殊要求。条款 3）即是寄存人对保管人提出的关于货物保管条件和保管要求的协商约定。

货物的入库与出库是仓储管理的重要环节，合同中关于货物入库、出库手续、时间、地点、运输方式的约定有两个方面的意义：一是明确双方当事人在这一环节中的应尽义务；二是为储存物的交接提供手续凭证，所以要有条款 4）。

在仓储货物中，有些货物有吸湿性或易风干性的特点，会导致货物在储存过程中的自然损耗，但其损耗量又是可控的，故要有 5）对损耗标准和损耗处理方法的约定。对非易损耗物不存在该条款。

保管方的业务收费，一般细分到按项目区分收费标准，这是合同中的重要的权利条款。所以双方要对计费项目、标准和结算方式协商达成一致性的意见写进合同，这就是条款 6）。

有些货物（如易燃易碎物品）在运输和储存中的风险大，物主一般会办理保险。合同中对买有保险的要备注其保险金额、期限以及保险人的名称；另有些货物对运输有特殊要求的，合同中也要有专项约定，所以要写条款 7）。

条款 8）是关于保管方义务履行期限的约定。

条款 9）依据的原理同前。

保管合同的条款主要是从维护保管人的权益出发，因为保管人要保管货物并返还原物，发起纠纷者一般是寄存人，因此保管者责任重大。遵循上述条款写作，方能辨明纠纷责任，维护当事人的正当权益，所以要遵循上述条款来写。

例文 7

仓储保管合同

存货方：　　　　　　　　　　合同编号：

签订地点：

保管方：　　　　　　　　　　签订时间：　　年　　月　　日

根据《中华人民共和国合同法》和《仓储保管合同实施细则》的有关规定，存货方和保管方根据委托储存计划和仓储容量，经双方协商一致，签订本合同。

第一条　储存货物的品名、品种、规格、数量、质量、包装。

1. 货物品名：
2. 品种规格：
3. 数量：
4. 质量：
5. 货物包装：

第二条　货物验收的内容、标准、方法、时间、资料。

第三条　货物保管条件和保管要求。

第四条　货物入库、出库手续、时间、地点、运输方式。

第五条　货物的损耗标准和损耗处理。

第六条　计费项目、标准和结算方式。

第七条　违约责任。

1. 保管方的责任

（1）在货物保管期间，未按合同规定的储存条件和保管要求保管货物，造成货物灭失、短少、变质、污染、损坏的，应承担赔偿责任。

（2）对于危险物品和易腐物品等未按国家和合同规定的要求操作、储存，造成毁损的，应承担赔偿责任。

（3）由于保管方的责任，造成退仓不能入库时，应按合同规定赔偿存货方运费和支付违约金____元。

（4）由保管方负责发运的货物，不能按期发货，应赔偿存货方逾期交货的损失；错发到货地点，除按合同规定无偿运到规定的到货地点外，并赔偿存货方因此而造成的实际损失。

（5）其他约定责任。

2. 存货方的责任

（1）由于存货方的责任造成退仓不能入库时，存货方应偿付相当于相应保管费____%（或____%）的违约金。超议定储存量储存的，存货方除交纳保管费外，还应向保管方偿付违约金____元，或按双方协议办。

（2）易燃、易爆、易渗漏、有毒等危险货物以及易腐、超限等特殊货物，必须在合同中注明，并向保管方提供必要的保管运输技术资料，否则造成的货物毁损、仓库毁损或人身伤亡，由存货方承担赔偿责任直至刑事责任。

（3）货物临近失效期或有异状的，在保管方通知后不及时处理，造成的损失由存货方承担。

（4）未按国家或合同规定的标准和要求对储存货物进行必要的包装，造成货物损坏、变质的，由存货方负责。

（5）存货方已通知出库或合同期已到，由于存货方（含用户）的原因致使货物不能如期出库，存货方除按合同的规定交付保管费外，并应偿付违约金____元。由于出库凭证或调拨凭证上的差错所造成的损失，由存货方负责。

（6）按合同规定由保管方代运的货物，存货方未按合同规定及时提供包装材料或未按规定期限变更货物的运输方式、到站、接货人，应承担延期的责任和增加的有关费用。

（7）其他约定责任。

第八条　保管期限

从____年____月　至____年____月____日止。

第九条　变更和解除合同的期限

由于不可抗力事故，致使直接影响合同的履行或者不能按约定的条件履行时，遇有不可抗力事故的一方，应立即将事故情况用电报通知对方，并应在____天内，提供事故详情及合同不能履行，或者部分不能履行，或者需要延期履行的理由的有效证明文件，此项证明文件应由事故发生地区的____机构出具。按照事故对履行合同影响的程度，由双方协商解决是否解除合同，或者部分免除履行合同的责任，或者延期履行合同。

第十条　解决合同纠纷的方式：执行本合同发生争议，由当事人双方协商解决。协商不成，双方同意由________仲裁委员会仲裁（当事人双方不在本合同中约定仲裁机构，事后又没有达成书面仲裁协议的，可向人民法院起诉）。

第十一条 货物商检、验收、包装、保险、运输等其他约定事项。

第十二条 本合同未尽事宜，一律按《中华人民共和国合同法》和《仓储保管合同实施细则》执行。

存货方（章）：	保管方（章）：
地　　址：	地　　址：
法定代表人：	法定代表人：
委托代理人：	委托代理人：
电　　话：	电　　话：
电　　挂：	电　　挂：
开户银行：	开户银行：
账　　号：	账　　号：
邮政编码：	邮政编码：

有效期限：　　年　　月　　日至　　年　　月　　日

（颁布单位：国家工商管理局经济合同司.）

思考与练习

一、填空题

1. 主体间的合同关系也存在_______、_______和终止的变化。
2. 合同当事人的名称，法人要按________，自然人以________。
3. _______合同的许多原则也可以适用于其他有偿合同。我国《合同法》规定，法律对其他有偿合同没有规定的，参照_______的有关规定。

二、名词解释

经济合同　　买卖合同　　技术合同

技术开发合同　　建设工程合同　　仓储合同

三、简答题

1. 经济合同的主要条款有哪些？
2. 经济合同的本质意义是什么？
3. 我国《合同法》规定的有偿合同种类有哪些？
4. 买卖合同的基本条款有哪些？
5. 技术开发合同的基本条款有哪些？
6. 建设工程施工合同的基本条款有哪些？
7. 仓储合同的基本条款有哪些？

四、写作练习题

请在企业或商业部门收集本章讲到的几种合同的范本，并尝试自己起草写作。

第 14 章　涉外经济类文书写作

教学目标与要求：

1. 通过理解什么是涉外经济、什么是涉外经济文书，以及涉外经济文书写作的法律依据，认识涉外经济类事务特点及涉外经济文书写作的思维机制特点；

2. 认识涉外货物买卖合同和外贸函电各自的适用方法；

3. 重点理解和掌握涉外货物买卖合同和常用外贸函电写作的基本结构思路及其结构原理。

14.1　概述

14.1.1　涉外经济与涉外经济类文书

涉外经济，即本国主体与他国主体的经济活动。一国对外进行贸易和经济合作，主要包括三大方面的内容：货物进出口贸易、国际服务贸易和国际投资。这些跨国的交易和投资活动，相对于国内的政治、经济、法律、文化，乃至地理环境有着较大差异；又天各一方，信息交流和沟通不便，心理和情感上的信任度差，带来交易过程和投资活动事务及事务处理方式方法上的特殊性和复杂性，以致形成涉外经济活动事务中的应用文写作的特有风格特征。这类本国主体与他国主体在经济活动中产生和形成的一系列文件文本，统称为涉外经济文书。这是应用文中的又一个大的种类。

涉外经济文书可大致分为三类：法规类、合同类、函电类。本章仅讨论其中的涉外货物买卖合同和外贸函电的写作。

14.1.2　涉外经济文书写作的法律依据

目前，我国调整涉外经济主体行为所依据的法律法规主要有以下四个方面。

1）《中华人民共和国合同法》。

2）我国国家立法机关和行政机关制定的具有涉外经济内容的法律、法规，以及司法机关发布的具有法律效力的规范性文件，如《中华人民共和国中外合资经营企业法》及其实施细则等。

3）国际商法。

4）中国承认、参加的国际公约、国际惯例以及中国与有关国家缔结的双边条约，如《联合国国际货物销售合同公约》《国际贸易术语解释通则》《关税及贸易总协定》《国际贸易条件解释通则》《跟单信用证统一惯例》《统一提单的若干法律规则的国际公约》《联合国国际贸易法委员会仲裁规则》等。

14.1.3　涉外经济类文书写作的思维机制特点

第一，在涉外经济事务中，各类经济文书的最终目的都是为了维护我方的合法权益。写作主体要从这一立足点去构思表达。

第二，写作主体要熟悉和掌握在国际经济贸易中形成的一系列国际法规和国际惯例，并善于应用这些法规和国际惯例于涉外经济事务的处理中，保护我方的合法权益。

第三，对涉外经济合同的履行，由于各国的政治、经济、文化、法律环境不一样，在贸易合同履行中还涉及物流途径复杂的风险，其不确定因素多、风险大。因此，写作主体首先要认真研究这些风险因素，并在合同条款中明确各方的风险责任。

第四，涉外经济合同与国内合同的本质意义是一样的，因此，在合同写作中仍然要重点厘清合同履行的纠纷焦点来明确双方的权利义务，以形成合同条款的具体内容。

14.2 涉外货物买卖合同书写作

14.2.1 涉外经济合同与涉外货物买卖合同

凡涉外经济活动，都关系中国主体与外国主体的权益，都要用到合同。又因涉及各不同领域，各自的业务内容不一样，其权利义务特点不一样，所以其合同种类较为复杂，如有中外合资经营企业合同、中外合作经营企业合同、中外合作勘探开发自然资源合同、涉外信贷合同、涉外租赁合同、涉外技术转让合同、涉外工程承包合同、涉外成套设备供应合同、涉外加工承揽合同、涉外劳务合同、涉外补偿贸易合同、涉外科技咨询或者设计合同、涉外担保合同、涉外保险合同、涉外仓储保管合同、涉外委托代理合同和涉外货物买卖合同等。

涉外经济合同是指具有涉外因素的经济合同，即中国主体同外国主体之间签订的确立、变更、终止相互间经济权利义务关系的协议。中国主体包括中华人民共和国的企业、其他经济组织或个人；外国主体包括外国的企业、其他经济组织或个人。这是涉外经济合同最基本、最重要的特征。

传统的国际贸易是指其中的货物进出口贸易。涉外货物买卖合同，则是指在中国主体与外国主体的货物进出口贸易中所订立的确立、变更、终止出卖人和买受人权利与义务的协议。

本节只讨论涉外货物买卖合同的写作。

14.2.2 写作的一般结构模式

一份涉外货物买卖合同主要由约首、正文、约尾三部分组成。

1. 约首

名称、编号、缔约双方以及双方订立合同的意愿和执行的保证等项内容。

例如：

卖方

SELLER:DESUN TRADING CO., LTD.

29TH FLOOR KINGSTAR MANSION, 623JINLIN RD.,

SHANGHAI CHINA

（卖方：中国上海金陵路 623 号金星大厦第二十九层世格贸易有限公司）

编号 NO.:　SHDS03027

日期 DATE:　APR.03, 2017

地点 SIGNED IN:　SHANGHAI

买方

BUYER: NEO GENERAL TRADING CO.

#362 JALAN STREET, TORONTO, CANADA

（买方：加拿大多伦多雅兰街 362 号新通用贸易公司）

买卖双方同意以下条款达成交易：

This contract Is made by and agreed between the BUYER and SELLER, in accordance with the terms and conditions stipulated below.（本合同由买方和卖方按照以下规定的条件订立）

2. 正文

正文包括主要交易条件：品名、品质、数量、包装、价格、运输、保险、支付、检验等；一般交易条件：不可抗力、仲裁、违约救济等。

（1）品名条款（Name of Commodity）

一般仅列明商品名称，但有时也会加上具体品种、规格、型号、等级或商标，这些统称为“货描”（Description of Goods）。

（2）品质条款（Quality）

主要包括规格、等级、标准、商标或品牌、说明书及图样、原产地名称、样品等。对某些质量指标不甚稳定的初级产品，可规定一定的“品质机动幅度”，例如，“品质：饲料蚕豆，水分（最高）15%，杂质（最高）2%”。

（3）数量条款（Quantity）

基本内容包括成交数量、计量单位、计量方法等，必要时，还要加上溢短装条款，包括溢短装的幅度、选择权和计价方法。

（4）包装条款（Packing）

基本内容一般包括包装方式、包装材料、包装规格、包装标志和包装费用等。

（5）价格条款（Price）

基本内容一般包括商品单价和总值两部分。其中商品单价包括计价货币、单位价格金额、计价单位和贸易术语四部分。

（6）装运条款（Shipment）

基本内容一般包括运输方式、装运期或交货期、装运地与目的地、是否允许分批装运与转运、装运通知等。

（7）保险条款（Insurance）

当使用 CIF/CIP 术语出口时，合同中要列明保险条款，一般包括由卖方负责投保、保险公司、适用的保险条款、保险险别、保险金额、提供何种保险单据等。

（8）支付条款（Payment）

基本内容一般包括支付工具、支付方式、支付时间与地点等。

（9）商品检验条款（Inspection）

基本内容一般包括检验权、检验时间与地点、检验机构、检验技术标准与检验证书等。

（10）索赔条款（Claim）

基本内容一般包括索赔的证据、索赔期限、索赔金额等。

（11）不可抗力条款（Force Majeure）

基本内容一般包括不可抗力事件的性质和范围、不可抗力事件的通知和证明、不可抗力事件的处理原则和办法等。

（12）仲裁条款（Arbitration）

基本内容一般包括仲裁地点、仲裁机构、仲裁程序规则、仲裁裁决的效力和费用等。

（13）单据条款（Document）

该条款中应注明提交的单据主要有商业发票、海运提单、保险单或保险凭证等。

3. 约尾

约尾一般列明合同的份数、使用的文字及其效力、订约的时间和地点及生效的时间。

合同的订约地点往往涉及合同准据法的问题，因此要慎重对待。我国出口合同的订约地点一般都写在我国，也有的合同将“订约时间和地点”在约首说明。

14.2.3 写作结构原理分析

涉外货物买卖合同的履行较之国内主体的合同，最主要的特殊性在于潜在风险因素复杂。因此，在合同的谈判与订立上，合同主体要运用国际商事活动中形成的法律法规及公约、规则、惯例等防范风险，去明确各方应履行的义务和权利，从而为一旦发生纠纷的裁决提供责任划分的依据。

条款（1）~（3）是确认标的及标的品质及数量。在买卖合同中，买卖行为指向的货物及数量是双方权利的焦点，也是后续条款的根据，需要首先确认而不能有错。

条款（4）中的商品包装，是根据长途运输中对商品保护的需要而提出的。国际货物运输的线路长，常需多次转运，易对货物造成损坏，故需根据货物的易损特点提出相应的包装要求，所以需要有此约定。

条款（5）中的商品价格是主要的权利条款，也是双方利益关注的焦点。由于商品包装需额外的增加成本，要摊入到商品价格中去；另总价款要根据数量计算，所以遵循其逻辑联系将“商品价格与总价款”放在数量与包装的约定后来写。

条款（6）是根据内容间的逻辑联系，在约定了有关标的的内容后，进一步明确运输问题。这里的主要内容是由谁来为运输买单，这是买卖合同关于履行方式及时间、地点指向的具体内容，是主要的义务条款。这里的主要内容是由谁来为运输买单，需重点写清楚。

条款（7）是针对国际货物运输线路长、潜在风险因素复杂，为了规避风险，而关于购买保险的约定。这里的主要内容是由谁负责购买保险。

条款（8）是约定买方义务的条款。从事情办理的内在逻辑顺序来看，卖方通过运输把货物发送给买方，买方也就该付钱了，所以这里要约定付款事宜。

条款（9）也是由于国际贸易潜在风险因素复杂而产生出的一个环节，是为买方保护其合法权益而提供的一种措施，是对买方在接收货物要即时检验的约定。

条款（10）是对条款（9）的补充约定，是双方协商的关于买方在验收中发现了由于卖方责任导致的问题时，向卖方索赔的约定。

条款（11）主要是对运输条款的补充约定。“不可抗力”是指人的力量无法预防和抵御的破坏力量，多指来自自然界的破坏因素。此条款排除了当事人对“不可抗力”责任的承担，提高了合同中责任划分的合理性。

条款（12）是关于争议解决的方法。在涉外买卖合同中，检验与索赔常是引发争议的环节。索赔成功就能和解，索赔不成，就得寻求新的解决方法，故其后需要有仲裁约定。虽然我国《合同法》中规定争议解决的途径有多种，可依次升级，最高级的途径是诉讼，但在国际合同纠纷中多采用仲裁的方式，且惯例是在合同中一旦约定仲裁，不得再提请诉讼。

条款（13）是关于卖方完成交易需提交的单据要求。在国际贸易中，由于买卖双方相距甚远，交易双方不能一手交钱一手交货，因此实际交易的各个环节都需要通过单证来体现。不论组织货源，还是安排运输、购买保险、申报货物、办理收付汇等各种业务，最后都会通过单证反映出来。

例文1

涉外货物买卖合同

装运港/目的港：

LOADING PORT& DESTINATION：FROM SHANGHAI TO MONTREAL

装 运 期 限：

TIME OF SHIPMENT：NOT LATER THAN OCT.31,2005

分批：

PARTIAL SHIPMENT：ALLOWED

转船：

TRANSHIPMENT : ALLOWED

保　　险：

INSURANCE：FOR 110 PCT OF INVOICE VALUE COVERING ALL RISKS

付 款 条 件：

TERMS OF PAYMENT：

50% BY L/C AT SIGHT, 50% BY D/P AT SIGHT

The Buyer shall open through a bank acceptable to the Sellers an Irrevocable Sight Letter of Credit to reach the Sellers __30__ days before the month of shipment, stipulating that 50% of the invoice value against clean draft at sight while the remaining 50 % on Documents against payment at sight on collection basis. The full set of the shipping documents of 100 % invoice value shall accompany the collection item and shall only be released after full payment of the invoice value.

买方应通过为卖方所接受的银行于装运前__30__日开出并送达卖方不可撤销即期信用证，规定 50%发票金额凭即期光票信用证支付，50%用托收即期付款交单。100%发票金额的全套装运单据随附于托收项下，于买方付清全部发票金额后交单。

Certificate of origin GSP China FORM A, issued by the Chamber of Commerce.

普惠制产地证书 FORM A 由中国贸易促进委员会签发。

Quality /Quantity discrepancy：In case of quality discrepancy, claim should be filed by the Buyer within __60__ days after the arrival of the goods at port of destination; while for quantity discrepancy, claim should be filed by the Buyer within __40__ days after the arrival of the goods at port of destination .It is understood that the seller shall not be liable for any discrepancy of the goods shipped due to causes for which the Insurance Company, Shipped Company other transportation organization/or Post Office are liable.

品质/数量异议：如买方提出索赔，凡属品质异议必须于货到目的口岸之__60__日内提出，凡属数量异议必须于货到目的口岸之__40__日内提出，对所装货物所提任何异议属于保险公司、轮船公司等其他有关运输或邮递机构，卖方不负任何责任。

The Seller shall not be held liable for failure of delay in delivery of the entire lot or a portion of the goods under this Sales Confirmation in consequence of any Force Majeure incidents.

本确认书内所述全部或部分商品，如因人力不可抗拒的原因，以致不能履约或延迟交货，卖方概不负责。

The Buyer is requested always to quote THE NUMBER OF THIS SALES CONFIRMATION in the letter of Credit to be opened in favor of the Seller

买方在开给卖方的信用证上请填注本确认书号码。

The buyer is requested to sign and return one copy of the Sales Confirmation immediately after the receipt of same, Objection, if any, should be raised by the Buyer within five days after the receipt of this Sales Confirmation, in the absence of which it is understood that the Buyer has accepted the terms and condition of the sales confirmation.

买方收到本售货确认书后请立即签回一份，如买方对本确认书有异议，应于收到后五日内提出，否则认为买方已同意接受本确认书所规定的各项条款。

买　方：	卖　方：
THE BUYER：	THE SELLERS：
YIYANG TRADING CORPORATION SHANGHAI	IMPORT & EXPORT TRADE CORPORATION
YI YANG	王丽

（资料来源：http://china.findlaw.cn/hetongfa/hetongfanben/maimaihetong/maimaihetong/114717.html.）

14.3　外贸函电写作

14.3.1　文体适用特点

在对外贸易的商务往来中，传递信息、处理商务事宜以及联络和沟通关系都是通过信函和电讯文书而实现的。随着世界经济一体化步伐的加快，国际贸易不断发展，外贸函电已经成为国际商务交往的一种基本工具。合同订立和合同履行的过程乃至对外贸易的各个环节大多不能没有函电。常用的商务函电主要有请约信、邀请信、应邀信、谢绝信、咨询信件、询价报价函、索赔文书等。在一定条件下，这些信函和电讯文书如同合同一样具有法律效力，即具有凭证作用。

因此，这些函电的写作质量不仅关系着当事人双方交流沟通的质量效果，还关系是否能有效发挥其凭证作用。

14.3.2　写作的一般构成模式

在互联网高度发达的今天，电子邮件、MSN 等通信方式被大量使用，而信函、电报等传统方式的使用越来越少，正逐渐被取代。不过，不论方式如何改变，其基本的格式内容还是比较稳定的，在使用电子邮件等方式时参照这些基本格式内容，略做变通即可。

外贸函电一般由信头、信启、称谓、事由、正文、结尾敬语、签名、附言、附件、信封等组成。

1. 信头

指发信人的姓名（单位名称）、地址和日期，一般写在信纸的右上角。一般公函或商业信函的信纸上都印有单位或公司的名称、地址、电话号码等，因此就只需在信头下面的右边写上写信日期就可以了。外国人看信不习惯保留信封，因此设信头方便回信。

地址，英文地址的写法与中文完全不同，地址的名称按从小到大的顺序：第一行写门牌

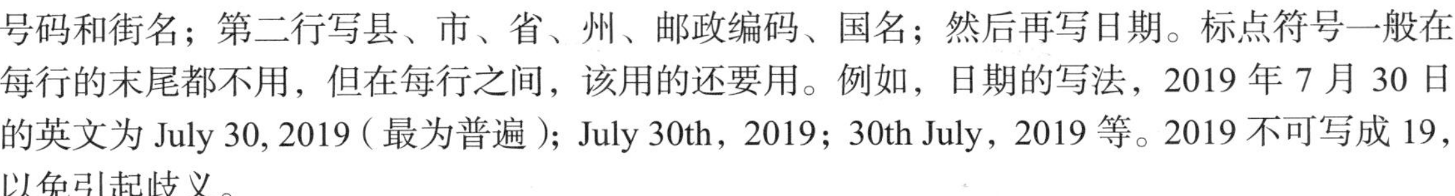
号码和街名；第二行写县、市、省、州、邮政编码、国名；然后再写日期。标点符号一般在每行的末尾都不用，但在每行之间，该用的还要用。例如，日期的写法，2019 年 7 月 30 日的英文为 July 30, 2019（最为普遍）；July 30th，2019；30th July，2019 等。2019 不可写成 19，以免引起歧义。

2. 信启

信启是指位于信头下左上方位置所书写的收信人地址、单位名称、姓名、职衔或职务，与信头的要求一样，但不必再写日期。在一般的社交信中信启常常被省略，但是在公务信函中一般保留。

信头和信启位置，除左右、上下位置固定之外，有时可通过空行或间隔线的方式将信头和信启明显间隔开来。

3. 称谓

称谓是写信人对收信人的称谓用语，位置在信内地址下方一、二行的地方，要求从该行的顶格写起，在称谓后面一般用逗号（英国式），也可以用冒号（美国式）。习惯在称谓时冠以“亲爱的”（Dear，这纯属往来的客气形式）。写给公务上的信函用 Dear Madam,Dear Sir 或 Gentleman（Gentlemen）不用专指某个人。Gentlemen 总是以复数形式出现，前不加 Dear,是 Dear Sir 的复数形式（有时也可用 Dear Sirs）。有具体收信人的信，也可用头衔、职位、职称、学位等再加姓氏（习惯不写名字），如 Dear Dr. Smith。

4. 事由

该内容可有可无。但是在信函内容较多篇幅较长时，常在称谓与正文之间加此内容，以 Re：或 Subject（事由）字样标明。一般在信纸的中间，也可与称谓对齐，还应在底下加横线、加粗等，以引起读信人的注意，使收信人便于在读信之前就可了解信中的主要内容。

5. 正文

正文是信函的核心部分，发函人要告知对方什么或者要求对方办理什么，都应直截了当地说出来，要层次分明、简单易懂，让对方明确来函意图。信函内容要求一事一文，且事情简单的，可以不分段。

6. 结尾敬语

结尾敬语是恭维性的或表示让对方复信的语句，位置在正文下面一到两行的地方，从正文的开头偏右的位置，句末用逗号，比较常用的是 truely yours(yours truely）或者 faithfully yours、sincerely yours。

7. 签名

此项是必需的，在结束语后的一到两行后面信纸的中间偏右的位置开始写。外国人习惯于在署名前还要写上表示对对方敬意的客套语。如果是打印的姓名，则应在客套语与打印姓名（或职务、职衔）之间留出手写签名的位置。

8. 附言

该内容可有可无，一般尽量避免使用。若使用附言，则在签名下方以 P.S.开头，表示下面的内容是补充的，P.S.应和正文齐头。附言应尽量简短。

9. 附件

附件是指对不宜写在正文内而又必须陈述的内容的一种处理形式。附件放在信函后随函寄出。有附件的，正文末尾应注明附件名称，并在信函的左下方用 Encl.或者 Enc.表明后面是附件的内容。

10. 信封

涉外信函信封写法及要写的内容与国内信函有所不同。涉外信函信封要写以下三项内容：

1）书信人姓名、地址，位于信封左上角。

2）收信人姓名、地址，位于信封右下角。

3）邮寄方式或类别，位于邮票下方。

信件如果是打印的，则信封应与内文保持一致，打印为好。

14.3.3 几种常用外贸函电的写作

外贸函电的表达是向对方传达有关的意向和信息，带有一定的经济目的。这就要求要围绕着这些目的来展开，突出重点，无关的内容一概不写。所以，商务函电一般直接切入正题，表达主要的目的，语言上力求简洁明了，以使对方能对信中提及的信息、问题等一目了然，能留下清晰、深刻的印象。

以下介绍几种常用外贸函电的写作要点。

1. 与出口商建立业务关系的函电

在与出口商建立业务关系时，应在做简单的自我介绍后，突出表述出口商的产品与本公司所需要的产品是否相吻合，提出本公司对产品的要求和贸易条件，明示交易内容、条件、信用保证，并希望对方也告知这些条件，同时表示强烈交易愿望。

2. 调查信函

1）直截了当地说明写信的意图。

2）说明要调查的事项和原因。

3）关于保密的承诺。

3. 询盘函电

一般用于去函向对方索取某项商品的目录、样本或样品，或者了解有关交易条件。

基本写法：开头句直切主题，告知对方信息来源，表明做某种商品交易的意愿；主体部分明确陈述要向对方索取的商品信息的类别；结尾句强调意愿，请对方尽快回信反馈所需要的信息。

如果是初次向对方发出询盘，则先要做简单的自我介绍，以让对方了解自己公司的信誉情况。

4. 报盘函电

接到对方的询盘后要及时、有礼貌、有针对性地答复对方的询问，并表达自己方的意愿，这就是报盘。报盘信函中通常包含的内容有主要的交易条件、发盘的有效期及其他约束条件。

基本写法：开头句表达谢意，对对方某月某日的来函谈到对本公司的商品感兴趣表示感谢，也可告知本公司现有某种数量、质量以及价格具有吸引力的商品；主体中写清楚主要的

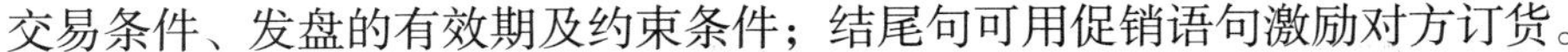

交易条件、发盘的有效期及约束条件；结尾句可用促销语句激励对方订货。

5. 要求降价的还盘函电

买卖双方对某些交易条件讨价还价，去信表明自己的要求或意见，就是还盘。要求降价是对价格条件做的还盘。

其基本写法：开头句，由于还盘信都是回信，所以开头要感谢对方的报盘，接着表达不能接受报价的歉意；主体部分重点写清楚要求降价的理由及依据，例如，报价背离当地市价或可以用较低的价格获得类似质量的商品等；结尾句强调希望继续磋商的意愿。

6. 接受函电

接受是指受盘人接到对方的发盘或还盘后，同意对方提出的条件，愿意与对方达成交易、订立合同的一种表示。也就是说，接受函电内容是交易的一方完全同意对方发来的报盘或还盘的内容所做出的肯定表示。需要注意的是，接受必须由受盘人做出，接受内容必须与发盘相符。

例文2

1. 询盘（买方，即Japan Smith Co.，Ltd.）

尊敬的×××：

我公司对贵公司的东北大豆非常感兴趣，若方便，我公司诚挚地希望贵公司给我们邮寄该类产品的相关目录、样本以及样品的说明书。并请给我方报CIF KOBE最优惠价、折扣以及支付方式。

假如贵方价格具有吸引力并交货期可以接受，则我方立即下订单。

希望这将是我们建立长期合作的关系一个良好的开端。

Japan Smith Co.，Ltd.

2018年10月1日

2. 发盘（卖方，广州××进出口有限公司）

尊敬的Japan Smith Co.，Ltd：

您好！非常荣幸收到贵公司的10月1日的询盘，感谢贵公司对我方出口的东北大豆感兴趣，为给你方提供我方产品样本详细情况，现冒昧地寄上我方产品目录若干份及样品，以便你方做出适当的选择。

根据贵公司的要求，现非常高兴向你报CIF KOBE价如下：

品名：东北大豆

价格：每吨210美元CIF KOBE

品质：大路货

期待早日收到贵方的订单，谢谢。

广州××进出口有限公司

×××（签名）

2018年10月8日

3. 还盘（买方）

尊敬的×××：

您好，很高兴收到贵方附有插图的商品说明书和价格单及样品，非常感谢！

我方赞赏贵公司产品的良好质量，但即便是这等质量的产品，贵方的报价也过高了，如我方接受贵方的价格，售后获利就非常少。这是我们第一次与贵公司订货，如果首次订货能令人满意，大批量的订货将随之而来。

若贵方接受我方的价格条件，我方将立即下订单订购 1000 吨，此外，对于品质、包装以及支付方式等方面，我方要求如下：

包装：塑料编织袋包装，每袋净重 50 千克。

支付方式：不可撤销，即期信用证

装船日期：2018 年 12 月

分批装运：不允许

转船：允许

敬候佳音。

Japan Smith Co.，Ltd.

2018 年 10 月 15 日

4. 接受和回绝（卖方）

尊敬的 Japan　Smith Co.，Ltd：

收到贵方 10 月 15 日的回信，十分高兴。非常感谢贵方对我方的产品的赏识，我们的价格低于国际市场上同类产品，很有竞争性。为了达成协议，也鉴于我们这是第一次合作，着眼于我们今后的长期交易，我方再退一步，给贵方 5%的折扣。如贵公司有诚意与我方合作，希望贵方也能做出一定的退让。

期待早日收到贵公司的订单，谢谢！

广州××进出口有限公司

×××（签名）

2018 年 11 月 18 日

（资料来源：https://wenku.baidu.com/view/e65c7e266fdb6f1aff00bed5b9f3f90f76c64df3.html.）

思考与练习

一、名词解释

涉外经济文书　　涉外货物买卖合同　　外贸函电　　国际惯例

二、填空题

1. 涉外经济合同的外国主体包括__________、__________、__________。

2. 目前国际贸易中影响最大的国际惯例有____________、____________、__________和__________。

3. 涉外货物买卖合同一般由__________、__________和__________三个部分构成，其中，__________是合同的主体。

4. 涉外货物买卖中商品的单价由________、________、________和________四部分组成。

5. 数量条款的基本内容包括________、________和________等。

6. 包装条款的基本内容一般包括包装方式、包装材料、__________、_____________和________等。

三、简答题

1. 涉外经济文书有哪些种类？
2. 写作涉外经济文书的法律依据是什么？
3. 涉外经济文书写作的思维机制特点包括哪些？
4. 写作涉外货物买卖合同应具有哪些基本条款？
5. 外贸函电写作的一般构成模式由哪些要素组成？

四、写作练习题

1. 根据下述资料，以世格国际贸易公司业务员 Minghua Zhao 的名义，给加拿大 NEO 公司写一封与其建立业务关系的信函，要求表达清楚、内容完整。

世格国际贸易公司（DESUN TRADING CO.,LTD.）成立于 1987 年，是一家拥有进出口经营权的外贸公司。公司经营范围广泛，与多家供应商有固定的业务往来，信誉良好。同时公司也极为重视新产品开发，2018 年的新产品 DR 系列瓷器选上等瓷土(First-class Porcelain)烧制，包装精美，质量上乘，非常具有竞争力。2019 年 10 月 12 日公司业务员 Minghua Zhao 从网上看到加拿大 NEO 公司求购瓷器（chinaware)的信息，想与其建立业务关系。NEO 公司的具体资料如下：

MR.ANDY BURNS
NEO GENERALTRADING CO.,LTD
#362 JALAN STREET,TORONTO,CANADA
TEL NO.:(+O1)7708808
FAX.NO.:(+O1)7701111
E-MALL:andy@nco.com

2. 根据下列资料，撰写贸易磋商的往来信函。

澳大利亚奇迹贸易公司在网上了解到广东纺织品进出口有限公司并打算与之进行贸易，经过有关函电往来，双方最终签署了合同。

2018 年 4 月 20 日奇迹贸易公司在网上了解到广东纺织品进出口有限公司是中国服装行业的主要出口商之一。奇迹贸易公司有意订购货号为 GSO 的棉质男式 T-shirt 1000 打，希望广东纺织品进出口有限公司告知产品详细资料，并提供该型号不同颜色的 T-shirt 样品。现请以奇迹贸易公司业务员的身份给广东纺织品进出口有限公司拟写询盘函。

② 4 月 29 日广东纺织品进出口有限公司针对奇迹贸易公司的询盘做出了发盘，要求对方订 1000 打货号为 GSO 的棉质男士 T-shirt ，每打 120 澳元 CIF 悉尼，要求以不可撤销的即期信用证支付，7 月装运，以奇迹贸易公司在 5 月 10 日前回复有效。该款棉质 T-shirt 质量好、款式新，市场需求大，希望奇迹贸易公司立即接受这次发盘。请以该公司业务员的身份给奇迹贸易公司拟写发盘函。

③ 5 月 4 日奇迹贸易公司进行了还盘，认为对方价格太高，如果接受的话在销售中将无利可图，希望每打 110 澳元 CIF 悉尼，其他条款不变。请以奇迹贸易公司业务员的身份拟写还盘函。

④ 5 月 8 日广东纺织品进出口有限公司接到奇迹贸易公司的还盘后，决定接受对方还盘，并寄送销售确认书，希望对方会签并邮寄一份供他们存档。请以广东纺织品进出口有限公司业务员的身份，拟写一份接受函。

第 15 章　审计报告写作

教学目标与要求：

1. 通过了解我国的审计监督制度，以及什么是审计报告和审计报告的种类，认识审计事务的特点及审计报告写作的思维机制特点；

2. 认识简式审计报告与详式审计报告各自的适用方法；

3. 重点理解和掌握简式审计报告与各种详式审计报告写作的结构内容思路及其结构原理。

15.1 概述

15.1.1 关于审计监督制度和审计报告

1. 我国的审计监督制度

《中华人民共和国审计法》(2006 年 2 月 28 日第十届全国人民代表大会常务委员会第二十次会议修正稿，以下简称《审计法》) 总则第二条中规定，我国实行审计监督制度，国务院和县级以上地方人民政府设立审计机关，由审计机关依法进行审计监督；在第二十九条和第三十条又明确了国家审计机关对企事业单位的内部审计及社会审计机构的指导和监督关系。

2. 审计机构

我国的审计机构分为以下三种类型。

(1) 县级以上人民政府设立的审计机关

属于国家政府机关的审计监督职能部门，主要履行的是对本级政府预算执行情况和其他财政收支情况、国有企事业单位的财务收支及其他属于审计机关审计监督对象单位的审计监督。

(2) 企事业单位设立的内部审计部门

主要开展单位内部的审计监督活动，为管理层调控内部组织行为，提高组织的内部规范化管理水平服务。

(3) 社会审计机构（审计事务所）

是具有经营性质的社会审计事务机构，其审计项目计划任务源自委托机关的授权。

3. 审计报告

审计报告写作的原本意义是通过反映被审计单位的财政、财务收支及相关的经济活动情况，为审计机关出具审计意见书和做出审计决定提供依据。审计报告在具体适用中有以下两种情况。

其一，用于审计组完成审计项目计划任务后向审计机关汇报审计情况和审计意见。

审计监督是经济监督，监督执行过程中有两个重要环节的工作是相互制约的：一是调查获取证明材料，这个环节中，首先要由审计机关或其他权力组织提出审计项目计划，并根据审计项目计划确定的审计事项的需要组建审计组，审计组经过授权形成其执行力才能起动审计项目任务；二是审计机关或其他权力组织做出审计决定，要以审计组提交的审计报告为依据，因为审计组完成审计任务后，是以提交审计报告的方式汇报所查实的证明材料及其审计意见的，这也正是审计报告的意义所在。

因此，企事业单位内部的审计部门完成审计任务后，要向其领导机关提交审计报告；社会审计机构在完成委托机关的审计任务后也要向委托机关提交审计报告。

其二，用于审计机关向本级人民政府和上一级审计机关报告审计调查结果。

审计机关在根据审计组提交的审计报告形成审计意见和做出审计决定后，也要以审计报告的形式向本级人民政府和上一级审计机关汇报这一审计结论。

这里也包括两种情况：一是地方各级审计机关对本级预算执行情况和其他财政收支情况进行审计时，向本级人民政府和上一级审计机关报告审计结果，要写作审计报告；二是审计机关对与国家财政收支有关的特定事项，向有关地方、部门、单位进行专项审计调查时，向本级人民政府和上一级审计机关报告审计调查结果，也要写作审计报告。

本章介绍的是审计组完成审计任务后向审计机关或委托机关提交的审计报告。

15.1.2　审计报告的种类

审计组撰写的审计报告，按内容特点可分为财政、财务审计报告，财经法纪审计报告，绩效审计报告三种。

1. 财政审计报告和财务审计报告

财政审计报告还可分为财政预算审计报告和决算审计报告。财政预算审计报告要对政府财政预算收入、预算支出及预算外收支情况给出审计结论；决算审计报告是对政府财政支出进行决算审计后的结论。财务审计报告的内容可以是对企业或事业单位的财务状况、经营成果和财务活动全面审查后的结论，也可以是只对企业的财务报表甚至只对资金平衡表做出评价，证明企业的财务报表或资金平衡表是否真实正确。

2. 财经法纪审计报告

财经法纪审计报告属于专案审计的范畴。它是通过对被审单位财务资料的审查，对其遵守财经法纪状况做出评价，并对违反财经法纪的行为提出处理意见的报告。

3. 绩效审计报告

绩效审计报告是旨在评价法人或法人代表的经营业绩，或以揭示存在问题、原因为目的的审计活动的报告性文书。

审计报告按文体形式特点，又可分为简式审计报告与详式审计报告。本章重点介绍这两种审计报告的写作。

15.1.3　审计报告写作的思维机制特点

第一，写作主体首先要认识审计活动的意义是通过审计来查证被审内容是否合法和如实有效，以履行审计机关的监督职能。

第二，审计报告写作是汇报审计意见及查实的证明材料，要具体反映审计项目计划执行情况，描述所获取的证明材料是如何查实的，说明审计意见的根据。

第三，审计报告是由审计项目计划任务的具体执行者（审计小组）提交的，其目的是向任务授予者提供做出审计结论的依据。审计报告写作要遵循这一意图的实现来形成写作思路，将审计工作的执行情况和审计查实的证明材料有条理地陈述清楚。

15.2　简式审计报告写作

15.2.1　文体适用特点

企业常规性的财务报表主要报送给董事会、企业债权人、税务机关和主管机关，在报送前都要经过企业内部审计部门的审计。其审计重点是通过对财务报表中有关数据进行审查分析，验证报表中的数据是否真实正确地反映企业的财务状况、经营成果和现金流动，并进一步观察企业经营活动的合规性、合法性和有效性。其审计报告的表述只要求对此做出说明即可，不需要有证明材料，故通常采用简洁明了的写法。我们把这类简洁明了的审计报告叫作简式审计报告。

15.2.2 写作的结构内容要点

简式审计报告的主要内容如下。

1）审计时间、审计对象、审计范围。

2）审计程序，通常对采用的审计程序做简要交代。

3）审计标准，在西方国家通常为公认会计准则，在我国则为政府颁发的会计法规与会计制度。

4）审计意见，分为肯定意见、附带条件的意见、否定意见和放弃表示意见等四种。

其一，肯定意见，又称无保留意见。审核结果，认为会计报表的编制遵守会计制度和公认会计准则，运用的会计方法与上年度一致，会计报表各项目与实际情况相符，就可用肯定意见指出会计报表合理地表述了企业的财务状况以及该年度的经营成果。（见例文 1）

其二，附带条件的意见，又称有保留的意见。当审计人员遇到下列情况时，一般可表达附带条件的意见：

① 被审单位的会计报表不符合规定的会计制度和公认会计准则，以致对某些项目产生了重大影响。

② 各期应用的会计准则有重大变化或在会计方法上有重大变化。

③ 存在影响会计报表的重大未决事项。

④ 查实某些项目缺乏充分、有效的审计证据。

⑤ 审查范围受到限制，影响对某些项目的评价。

附带条件的意见，常用措辞是“除受……影响外”“除……外”“会计报表的其余部分，恰当地反映了企业的财务状况及经营成果”。例如，中外合资经营企业在国外的投资无法查证时，或正在进行经济诉讼时，可将上述情况作为附带条件列出。

其三，否定意见，又称反面意见。当会计报表不能正确反映企业的财务状况，或被审单位未执行规定的会计制度，会计记录不符合公认会计准则时，审计人员可在报告中表示否定意见，但要说明否定的理由。

其四，放弃表示意见。当被审单位严重限制审计范围，或对重要事项不提供充分完整的资料时，可放弃表示意见。例如，企业拒绝让审计人员监督存货盘点，可在审计报告中指出：“我们未能对存货监督盘点，无法确认存货的数量和金额，而贵公司的存货在资产中占很大比重，因此对后附的会计报表，不表示意见。”

15.2.3 写作结构原理分析

内容 1）是审计报告的开头。审计组的任务是执行审计项目计划，所以时间性很强；审计是为了监督，是有针对性的行为，必须明确是对谁；财务作为一项重要的基础性工作形成的资料内容量大，而一次审计任务投入的人力和时间是有限的，需要有调查内容范围的选择。故在审计报告的开头要交代审计活动的时间、对谁审计、审计了哪些财务资料，以为后文的写作做铺垫。

内容 2）是对审计程序的交代。我国的审计法对审计活动应遵循的必要程序做了严格规定。这是因为审计工作的目的是为了实施监督，其途径是通过审计获取凭证来评价被审单位的经济活动。审计获取的凭证是否准确关系评价意见是否中肯，为了保证审计获取凭证的准确，就要求审计活动必须遵循严格的程序。从这一意义上，可以说审计活动是否遵循了严格的程序表明了审计意见是否有效。所以，内容 2）是对后续审计意见有效性的重要说明。

内容 3）是为评价被审单位的经济活动说明评价标准，从内在逻辑联系上，与内容 1）、2）一起，都是为内容 4）提供依据的。

内容 4）则是承接审计活动和审计标准对被审单位的财务状况、会计报表、或经济活动的评价意见。

遵循上述写作思路，也就实现了审计报告写作的意图宗旨。

例文 1

审　计　报　告

××字〔××××〕第××号

中外合资经营×××厂董事会和各股东：

我们审查了中外合资经营×××厂××××年 12 月 31 日的资产负债表以及该年度的利润表和财务状况变动表，审查了必要的会计记录，采用了必要的审计程序。

我们认为所附的会计报表，符合我国颁布的《中外合资经营企业会计制度》和《中外合资经营工业企业会计科目和会计报表》的规定，符合国际会计准则，所用会计方法与上年度基本一致。上述财务报表合理地表述了×××厂××××年 12 月 31 日的财务状况以及该年度的经营成果和财务状况的变化。

附件：1. ×××厂××××年 12 月 31 日资产负债表
2. ×××厂××××年度利润表
3. ×××厂××××年度财务状况变动表

××会计师事务所
注册会计师：××
××××年××月××日

（资料来源：企业供稿.）

15.3　详式审计报告写作

15.3.1　文体适用特点

用于对国有企事业单位及其法人代表绩效的审计和关于财经法纪的审计中的审计报告写作，不仅要有结论性的意见，而且要提供翔实的佐证材料，为满足此要求形成了详式审计报告的写法。它是一种在文章形态上相对结构复杂、内容量大的审计报告的写作体式。

详式审计报告，在实际应用中又因上述两种情况的写作的意图宗旨不一样，其写作的结构内容思路也是不一样的。本节重点介绍这两种详式审计报告的写作。

15.3.2 绩效审计报告正文写作的结构内容要点及写作结构原理分析

1. 正文写作的结构内容要点

（1）导言

主要说明审计立项的依据、审计时间、被审计单位的名称、审计的范围、程序、被审计单位的基本情况等。

（2）效益状况综述

将经过审查计算的反映被审单位效益状况的资料数据，按照一定的逻辑联系分项表述清楚。其目的是以审查、计算的信息资料来综合而又简洁地说明被审单位的效益状况。注意，这里重在以资料数据进行客观反映，在主观描述上，只是顺应资料数据分析显示的逻辑思路做效益状况的简要归结。

（3）存在的问题及问题产生的原因

在肯定被审计单位所取得成绩的同时，指出审计中发现的问题，具体分析这些问题影响效益的程度。然后对问题进行分类整理，突出重点，对重要的问题深入分析其产生的原因。

（4）审计意见和建议

根据上述效益状况和问题分析，提出审计意见和建议，包括绩效评价、提高经济效益的途径或解决问题的办法，以及可供选择的方案等。

2. 写作结构原理分析

由于审计组执行审计项目任务是要授权的，内容（1）中的“审计立项的依据”就是说明由谁授权的，后续的审计时间、被审计单位的名称与基本情况、审计的范围、程序等参照简式审计报告的原理分析。

内容（2）～（4）均属主体部分内容。

绩效是指法人代表任职期间行使职权所主持工作的业绩，由于对法人代表业绩评价的依据是其所代表法人的效益，故称绩效。绩效审计重在通过对法人效益的审查、计算，而审计报告的特点是以审查、计算的资料数据说话，所以，内容（2）首先要将反映其效益状况的资料予以归纳综述。按一般的写法，以成绩为主。

绩效的反映常常有着两面性，有成绩也有问题，所以，内容（3）又要将审查、计算得出的反映存在问题的资料进行归纳表述。有问题就要解决问题，为了解决问题，先要查明原因，所以这里还要分析原因。

内容（2）和（3）的写作都是为了给内容（4）的写作提供根据。

审计工作的意义是监督，这里的监督有两个方面：一是对经济活动中的违法违纪行为的监督；二是对加强管理、提高效益水平的督促。绩效审计的意义在后者。故内容（4）要根据内容（2）和（3）对被审单位的效益做出综合评价，同时根据内容（3）中的问题及原因分析对该单位今后的工作从管理上提出改进性的建议。

15.3.3 财经法纪审计报告正文写作的结构内容要点及写作结构原理分析

1. 正文写作的结构内容要点

（1）导言

说明审计任务的依据，审计活动的时间、目的、范围、发现的主要问题。

（2）主体

① 逐次列出问题查实的资料。

② 说明责任人，判断案情的性质。

③ 处理意见。

（3）附件

将有关本案的证据，包括原件、复印件、影印件、照片等，作为报告的附件。

撰写这类审计报告，要坚持原则，分清是非，证据确凿。报告牵涉对人的处理，定性要准确，提出处理意见要慎重。

2. 写作结构原理分析

（1）导言

财经法纪审计也叫问题审计，其审计报告写作的基本思路是指出问题—佐证材料—提出处理意见。故导言中要首先指明审查中发现的问题，以为后文做铺垫。其他内容同效益审计报告的写作原理。

（2）主体

财经法纪审计通过揭露经济活动中的违法违纪行为来实现其监督作用。审计报告的主体部分就是遵循这一意图实现的要求来写作的。

既然是为了揭露问题，当然首先要把经审查计算查实的反映问题的资料数据列示出来，即有内容①的写作。这里的列示是按问题性质归类，将反映各类性质问题的资料数据逐项表述清楚，以为内容②和③的表述提供依据。

审计活动指向的对象是事，而监督作用的实现却要对人。因为事是人为的，只有遏制了人的行为，才能防范违法违纪事件的发生。要对人，就要将前述问题涉及的责任人说明清楚。问题与人对号了，就涉及要处理的问题，没有处罚难以警示他人防患于未然，要处罚就要先判断案情性质。这是内容②写作的根据原理。

问题与人对号了，问题性质也判断清楚了，承接其逻辑思路，就可提出处理意见了，所以要写内容③。这里由于审计组不是权力机关，故只能是提出意见。

（3）附件

附件的意义在于提供确凿的证据，以证明审计结论和审计意见的有效性。

至此，财经法纪审计报告写作的意图宗旨也就实现了。

例文 2

审　计　报　告

大庆×××有限责任公司：

我们接受委托，对贵公司××××年生产、产能建设中永久性占地和临时性占地发生的永征地补偿费、临时占地补偿费、油水淹地补偿费以及与油田生产占地相关的土地补偿费用支出和土地事业性收费支出进行审计。贵公司的责任是向我们提供与此相关的情况资料，并对这些资料负责，我们的责任是对土地征地费用和临时占地费用支出的合理性发表审计意见。我们的审计是根据《中国注册会计师独立审计准则》进行的。在审计过程中进行了包括检查占地认定单，计算补偿金额、测量占地面积，观察耕地种植作物等我们认为必要的审计程序。

一、基本情况

贵公司是石油生产企业，全年因钻井、作业、采油（包括提捞）、油水管线施工以及管线、井口跑水跑油等原因，需进行永久性征地和临时性占地，跑水跑油时需对水污油污的农作物进行补偿。公司在内部管理控制方面，将与此有关的事务交由工农事务办统一负责。工农事务办依照贵公司经营管理制度汇编中的《施工用地管理办法》《施工用地及补偿标准》等相关文件处理有关事务。因此，我们对工农事务办××××年全年的土地占地认证单（占地费用支出凭证）以及工农事务办提供的相关资料进行了详细审计。

贵公司××××年全部生产、产能建设用地 1 181 336 平方米（1772 亩），本年永征地面积 147 750 平方米（221.62 亩）。其中，征用井场面积 72 000 平方米（60 口井），通（井）路面积 65 207 平方米（约 8694 延长米），卸油点 9463 平方米，供电线路线杆占地 1080 平方米（120 根杆）；临时性占地面积 897 700 平方米（1346 亩），其中，管线开沟地面积 61 147 平方米（管线 61 147 延米），短地面积 79 215 平方米；水淹地面积 24 230 平方米（36.34 亩），油污地面积 111 657 平方米（167.48 亩）。

根据工农事务办的认定标准计算，本年应发生土地补偿费金额 7 979 192.23 元（根据同样的原始单据，工农事务办计算数为 7 984 050.00 元，计算误差 4857.77 元。李容××××年 12 月 30 日电话提供）。内容分别如下：永久性征地费用（包括井场和通井路）2 630 306.08 元（附表 1）；临时性用地补偿费用 4 556 682.59 元（附表 2～4），其中，短地补偿费 617 887.00 元（附表 3），管线开沟地补偿费 723 144.16 元（附表 4）；水淹地补偿费 5669.82 元（附表 5）；油污地补偿费 104 113.34 元（附表 6）；政策性补偿费 415 736.60 元（附表 7）；协议补偿 250 000.00 元（附表 7）；行政事业性收费 16 683.80 元（附表 7）。（以上均为未审计前数据。）

二、审计过程中发现管理中存在如下问题

1. 土地补偿费计算方法有误

经检查询问，工农事务办上两年度计算永征地补偿费用时，其中的土地补偿费，没有按照公司有关规定（按土地地类划分）标准补偿。贵公司管理文件汇编中的《施工用地及补偿标准》规定，永久征地土地补偿费按该耕地被征用前 3 年平均年产值 10 倍补偿。被征用的土地年产值确定标准执行绥政土发[2000] 1 号文件。工农事务办在以前年度计算永征地土地补偿费时，按当年地表种植作物即按青苗补偿费标准的 10 倍进行补偿。以文件中规定的肇东标准为例，旱地年产值 0.78 元/平方米，一般菜田年产值 3.40 元/平方米。本年永久征地面积 147 750 平方米，其中菜地面积 115 272 平方米。按以前年度的计算方法，仅征用种菜地的土地补偿费就达 3 919 248.00 元（115 272×3.40 元×10）。依据肇东市土地部门划分的地类（旱地或一般菜田）确定，油田产能建设所征土地均属旱地，应按 0.78/平方米计算土地补偿费。我们计算的土地补偿费金额是 899 121.60 元（115 272×0.78 元×10）。两种计算方法相差 3 020 126.40 元（115 272×（3.4–0.78）元×10）。加上统征服务费差额 120 805.06 元（3 020 126.40 元×4%），共计差额 3 140 931.46 元。对于前述问题，工农事务办采纳了我们的意见，改变了以前年度计算方法，为贵公司节约开支 3 140 931.46 元。

2. 临时性占地面积认定不准确

贵公司因本年油水管线施工和管网改造，临时性占地面积为 897 700 平方米（未审数），费用达 4 556 682.59 元（未审数）。审计中经检查发现，临时占地中管线施工占地面积土 99#、土100#、土106#、土107#占地认定单面积计算有误差。经询问和实际测量，产生误差的主要原因是土地面积测量计算方法不正确。按工农事务办的一贯做法，占地面积测量时由分管的一名土地员和当地乡土地员、村负责人用米绳实地测量。这种方法用于小面积测量时一般没有误差。但是，管线施工占地情况特殊，管线一般为几千米长，全靠土地员徒步测量，当地乡土地员与村负责人往往为了地方利益，在测量时作弊而土地员不能察觉，比如偷拉米绳、本应原地不动却往后行走等。以上原因导致临时占地面积虚增47 765平方米，占全年临时占地面积的5%。

3. 地面种植作物认定不准确

贵公司生产、产能建设永久征地和临时占地本年度均发生在肇东市的所属乡镇。当地农业生产以种植玉米等大田作物为主，在土地部门的地类划分上也均属旱田。本年度永久性征地147 750平方米，其中菜地115 272平方米，占全部面积的78%。临时性占地897 700平方米（未审数），其中，菜地523 053平方米（未审数），占全部面积的58%。据测量计算，本年度管线工程“榆一联至东口，榆二联至树2，榆二联至树127污水管线”工程地区，沿管线长度14 500米穿越农田，管线穿越蔬菜地的长度仅有176米，占总长度的1.2%，经观察其他农田未见反证，由此判断本地区菜地面积占农作物种植面积不足2%。由于油田生产的特殊性以及当地农户抢种经济作物的实际情况，油田生产、产能建设占地中，菜田占大田的比例会有所增加。但是，我们认为，永征地78%和临时占地58%的比例不符合实际情况。经调查询问，其主要原因是占地认定处理不及时，往往是产能建设占地部门先占地，后补批临时用地手续，土地员到现场时，已经不能取得地面种植作物的第一手资料，或已经发生农户抢种经济作物的事实，给土地认证工作带来极大困难，也给企业造成了很大的经济损失。经我们测算，如果本年青苗补偿费按照10%菜田（田间抽样计算，榆树林油田产能建设地区种植蔬菜的面积不足2%）计算，××××年全年土地补偿费可以控制在600万元以内（附计算单，见附表8）。

4. 补偿标准适用不正确

根据公司有关规定，因永征地造成的30米以内确实无法耕种的短地按耕地的10倍补偿。土10#占地面积58×24平方米（2.09亩），经调查不符合按短地补偿规定，应按照临时占地补偿。

5. 占地认证单项目填写不完备、编号不连续、处理现场记录不及时

××事务办本年加大管理力度，严格四方签认制度，对认证单实行编号管理。基础工作较以前年度有很大提高。但是我们在审计中也发现有些单据填写不完备、编号不连续。如土9#—土14#占地认证单没有生产部门经办人和施工单位经办人签字。由于油田生产的特殊性，会有四方不能同步认证的情况，但是应当尽快补签。此外，××××年修建东382井区油水系统工程占地至去年底才协议补偿，处理现场不及时，仅此一项就增加本年土地补偿费250 000.00元。

6. 土地补偿费计算不及时

审计中发现××事务办只有在年终时才一次汇总计算全年的土地补偿费，平时只是估算补偿金额，这样不利于平时发现占地认证方面的问题，也不利于有关领导做出相关的决策。

三、具体审计情况

审计情况对比表：（面积单位：平方米，金额单位：元）

占地项目	补偿面积	补偿金额	审定面积	审定金额
永久征地	147 750	2 630 306.08	147 750	2 630 306.08
临时占地	897 700	4 556 682.59	848 543	3 857 973.76
其中：开沟地	61 147	723 144.16	61 147	722 606.54
短 地	79 215	617 887.00	77 823	607 019.40
水淹地	24 230	5 669.82	24 230	5 669.82
油污地	111 656	104 113.34	111 656	104 113.34
政策性补偿		415 736.60		366 714.30
协议补偿		250 000.00		250 000.00
行政收费		16 683.80		14 775.00
合 计	1 181 336	7 979 192.23	1 132 179	7 229 552.30

我们审定永征地面积 147 750 平方米（221.62 亩），其中征用井场面积 72 000 平方米（60 口井）、通（井）路面积 65 207 平方米（约 8694 延米）、卸油点 9463 平方米，供电线路线杆占地 1080 平方米（120 根杆）；临时性占地面积 848 543 平方米（1273 亩），其中，管线开沟地面积 61 147 平方米（管线 61 147 延长米）、短地面积 77 823 平方米；水淹地面积 24 230 平方米（36.34 亩）；油污地面积 111 657 平方米（167.48 亩）。

针对审计过程中发现的问题我们进行了审计差异调整，调整额为 754 497.70 元（经工农事务办确认，见附表 9）。调整后本年土地补偿费用金额 7 229 552.30 元。其中，永久性征地费用（包括井场和通井路）2 630 306.08 元（不包括测绘费）；临时性用地补偿费用 3 857 973.76 元（其中，短地补偿费 607 019.40 元，管线开沟地补偿费 722 606.54 元）；水淹地补偿费 5669.82 元；油污地补偿费 104 113.34 元；政策性补偿费 366 714.30 元；协议补偿 250 000.00 元；行政事业性收费 14 775.00 元。

在审计过程中，我们得到了工农事务办的积极配合，工农事务办按照要求调整了永久性征地的土地补偿费的计算标准，仅此一项，就为公司节约土地费用开支 3 140 931.46 元，加上工农事务办确认的审计调减数 754 497.70 元，本年度共减少土地费用开支 3 895 429.16 元。

工农事务办本年度加强了有关土地占地认定单签认方面的内部管理，强化了四方签认制度，减少了占地补偿的任意性，补偿费用较上年度大幅度减少，减少幅度为 14.16%，很好地完成了年初公司下达的费用指标。

针对审计中发现的问题我们提出如下建议：

1. 组织工农事务办业务人员认真学习与土地补偿费用相关的法律法规文件以及公司内部的相关规章制度，在工作中严格执行有关法规和规章制度。审计中我们注意到贵公司《施工用地及补偿标准》中规定，临时用地补偿统征服务费的标准是（[青苗费−复垦费]×4%）。根据黑土资发[2001]36 号文件精神，临时占地不属于土地包干全包工作范围，按照半包工作方式，结合大庆油田有限责任公司的实际工作做法，我们认为统征服务费的标准应当修正为（[青苗费+复垦费]×2%）。

2. 针对临时性占地面积认定不准确的情况，我们认为，在以后年度进行测量管线施工长度、计算补偿面积时，应参照施工单位测量的施工管线长度进行修正。必要时结合成本效益原则，可以聘请专业测量人员使用专用测量仪器进行测量，防止由于舞弊造成的土地补偿费用损失。

3. 地面种植作物认定不准确，主要与前述的突击施工与农户抢种有关。要解决这个问题，还需要工农事务办加强占地认证方面的管理，主动开展工作，努力争取各方面的积极配合，并提请有关领导重视这方面的工作，加大工作力度，促进各方面协作。通过调查我们了解到工农事务办已经配备了照相和摄像器材，建议以后年度要求做到补偿金额万元以上的认证单均有照片或录像资料，极特殊情况应当有主管领导签字。

4. 土地永征地和临时占地等情况应当建立相应的稽核制度。

不论永久征地还是临时占地，或者水淹、油污地，土地补偿费用的发生在各个生产、产能部门都有相关的生产记录，我们在审计过程中验证了这一点。例如，临时占地中的压裂占地和研究设计室提供的××××年新井压裂进度及施工顺序表核对相符，但是经询问，工农事务办对于本年度发生的各种补偿费用没有与相关产能单位进行核对。我们认为应当设立一个有效的独立于工农事务办和生产单位的稽核岗位（比如交由内部审计部门），要求各生产、产能建设单位按月上报与占地认证有关的情况汇总表，与工农事务办月末上报的占地情况分类汇总表核对并出具汇报材料，如果发现异常情况，及时上报处理。

5. 工农事务办应当按月计算土地补偿费金额，编制占地情况分类汇总表，以此作为预付肇东市土地补偿费的依据和用于及时与生产、产能建设部门相核对。

6. 加强内部审计工作。土地补偿费发生具有特殊性，即先发生占地事实，签占地认证单，年底编制付款计算单并与肇东市土地部门核对，最后跨年付款。针对这种情况，应当要求内部审计部门加强事前和事中审计。如果付款后进行审计，即使审计出问题，也难以挽回企业的经济损失。

这份审计报告中提出的审计建议是我们基于为贵公司服务的目的，根据审计过程中发现的内部控制问题而提出的。我们对贵公司××××年度土地补偿费用进行审计，所实施的审计范围是有限的，不可能全面了解所有的相关内部控制内容，审计建议中提到的问题，仅是我们注意到的，不应被视为对内部控制发表的鉴定佐证意见，所提建议不具有强制性和公正性。

本审计报告仅提供给贵公司，在贵公司内部使用。因使用不当造成的后果，与签字的注册会计师及所在的会计师事务所无关。

附件：（一）土地费用开支明细表（附表 1～7）
（二）土地费用审计差异汇总表（附表 8）
（三）占地认证单计算表（附表 9）

大庆 ××联合会计师事务所　主任会计师:　×××
主审注册会计师: ×××
助理人员：×××　×××
×××　×××
签发日期 ××××年 1 月 6 日

（资料来源：http://wenku.baidu.com/view/13c4bcc02cc58bd63186bdb6.html.）

思考与练习

一、填空题

1. 我国的审计机构分为三种类型：（1）__________；（2）__________；（3）__________。
2. 审计报告按内容性质分，可分为___________、___________和___________三种。
3. 审计意见分为___________、___________、___________、___________四种。

二、名词解释

审计报告　　财经法纪审计报告　　绩效审计报告　　财政、财务审计报告

三、简答题

1. 写作简式审计报告遇到什么情况时，可表示附带条件的意见？
2. 请简述绩效审计报告正文写作的结构内容要点。
3. 财经法纪审计报告的正文要写作哪些内容？

四、分析题

请分析“例文 1”写作的结构原理。

五、写作练习题

请根据你获取的材料，为某公司写一份年度效益审计报告。

第 16 章　经济纠纷诉讼文书写作

教学目标与要求：

1. 通过理解什么是经济纠纷、什么是经济纠纷诉讼文书，认识经济纠纷事务的特点及经济纠纷诉讼文书写作的思维机制特点；
2. 认识起诉状、上诉状、申诉状及答辩状各自的适用方法；
3. 重点理解和掌握起诉状、上诉状、申诉状及答辩状写作的基本结构思路及其结构原理。

16.1 概述

16.1.1 市场经济活动中的经济纠纷

在市场经济活动中，当事人各方基于各自不同的利益立场有时会导致合作中的经济纠纷，如合同纠纷、债权纠纷、专利权纠纷等。这些纠纷对于企业的经营活动和社会经济秩序会产生一定的负面影响，因此应受到双方当事人的重视，事前应尽力防止，事后要妥善解决。

16.1.2 经济纠纷的解决途径

经济纠纷的解决途径，一般分为四种：一是和解；二是调解；三是仲裁；四是向人民法院提起诉讼。在这四种解决途径中，最具权威性的就是诉讼。

《合同法》第 128 条规定："当事人可以通过和解或者调解解决合同争议""当事人不愿和解、调解或者和解、调解不成的，可以根据仲裁协议向仲裁机构申请仲裁""当事人没有订立仲裁协议或者仲裁无效的，可以向法院起诉"。

16.1.3 经济纠纷诉讼文书

诉讼俗称"打官司"。"诉讼"一词，其中的"诉"有告发、控告的意思；"讼"意指彼此间各执己见的争辩。那么，争辩的是非曲直由谁来做公正又具权威性的裁断呢？在今天的中国，能做出最具权威性裁断的是代表国家意志的人民法院。所以，诉讼就是国家专责机关在诉讼当事人的参与下，依据法定的权限和程序，审理具体案件的活动。这里的国家专责机关就是人民法院；当事人的参与行为就是"打官司"。

经济纠纷诉讼文书，则是经济纠纷当事人在"打官司"中为了维护自己的合法权益，根据法定的诉讼程序，向人民法院提出诉讼请求、陈述依据或答辩的书状。

本章着重介绍几种常用经济纠纷诉讼文书的写作。

16.1.4 经济纠纷诉讼文书写作的思维机制特点

第一，写作主体首先要认识人民法院所保护的只能是合法权益，其依据是国家的法律法规。

第二，诉讼文书的写作要紧扣相关法律法规来陈述事实、阐明理由，佐证自己请求保护的权益的合法性。

第三，诉讼文书中陈述的事实及证据必须真实有效，阐述的理由不能牵强，若是当事人该承担的责任不能推诿。因为人民法院终归是要将事实和法律责任审理清楚的，该承担的责任想逃避是不现实的。

16.2　经济纠纷起诉状写作

16.2.1　文体适用特点

经济纠纷案件的当事人一方，在自己的合法权益受到损害或与另一方当事人发生有关权利和义务的冲突而未能协商解决时，要请求人民法院依法审理裁决，就要写作经济纠纷起诉状，俗称状子。起诉状是人民法院受理立案、起动一审程序的依据。

起诉状的具状人称为原告，被指控的当事人称为被告。

16.2.2　写作的基本结构思路

起诉状一般由首部、诉讼请求、事实和理由、尾部等几部分组成。

1. 首部

首部包括标题和当事人基本情况两部分。

1）标题，写明起诉状的名称即可，如“经济纠纷起诉状”。

2）当事人基本情况，分原告与被告分别陈述清楚。

原告是自然人的，要写明姓名、性别、年龄、民族、籍贯、职业、工作单位、住址和联系方式等项；原告是法人的，要写明单位或机关、团体的全称和所在地、法定代表人的姓名和职务及联系方式。请委托代理人代理诉讼的，还要写明委托代理人的姓名、所在单位、职务和联系方式。

被告信息的陈述，与原告的写法一样。

2. 主体

主体主要有以下两项内容。

1）诉讼请求，即提起诉讼要实现的目的，也即要求人民法院予以保护的合法权益的具体内容。

2）事实和理由，这是起诉状的重点内容。事实中，要具体地写清楚双方争议的问题、起因、经过、结果，特别是争议的焦点；理由，即诉讼请求的根据，分法律依据和情理（道德伦理）依据。是法律依据的，要说明法律规范内容的出处。

事实和理由，可以融合起来写，也可以分别写。

3. 尾部

尾部有以下三项内容。

1）起诉状提交的人民法院名称，如“此致××人民法院”。

2）具状人姓名、印章、具状时间。

3）附项，按顺序依次列出本状副本××份、物证××件、书证××件，必要时还要注明证人的姓名、住址等。

16.2.3　写作结构原理分析

《中华人民共和国民事诉讼法》第一百二十一条规定：“起诉状应当记明下列事项：(一)

原告的姓名、性别、年龄、民族、职业、工作单位、住所、联系方式，法人或者其他组织的名称、住所和法定代表人或者主要负责人的姓名、职务、联系方式；(二)被告的姓名、性别、工作单位、住所等信息，法人或者其他组织的名称、住所等信息；(三)诉讼请求和所根据的事实与理由；(四)证据和证据来源，证人姓名和住所。”这是法庭审理案件时必须掌握的，缺一不可。否则，或导致法庭无法立案，不予受理；或影响法庭的判断，妨碍法庭的效率。

这其中，请求、事实和理由是起诉状的主体内容，是全文表述的重点。

内容 1）“诉讼请求”，所陈述的是原告要求人民法院保护其权益的具体内容，是原告打官司的目的所在，也是起诉状的全文主旨，后面的内容都紧紧围绕“诉讼请求”来展开。我国的人民法院执行的是“不告不理”的原则，法院起动审理程序的依据是有人告状，而审理的依据是请求中提出所要予以保护的权益，即明确“告状人要的是什么”。因此，诉讼请求的写作，对人民法院的案件审理有着指明方向的意义。

提出诉讼请求之后，就要向人民法院说明“你凭什么要求被告来满足你这样的权益”，所以，要写作内容 2）。事实，是对被告如何造成原告的人身伤害或财产损失的事件起因、过程及程度进行的陈述，为人民法院辩明是非、公正裁断提供事实依据。但人民法院的判案最终将依据法律和道德伦理，故陈述了事实，还要讲道理，要依法依理对被告的行为作违法侵权和违背道德伦理的逻辑分析，使事实本身固有的是非界线上升到法律或伦理的高度明确，以阐明被告依法依理应承担的责任，佐证请求的合理性和合法性。

例文 1

经济纠纷起诉状

原告人：×××

地址：

被告人：×××、 ×××（夫妻）

地址：

案由：追索借款，赔偿损失

诉讼请求：

1. 责令被告偿还原告借款 73.5 万元。
2. 责令被告赔偿拖欠原告借款的利息损失。
3. 责令被告赔偿原告提起诉讼而产生的一切损失，包括诉讼费、律师费等。

诉讼事实和理由：

被告因生意资金短缺，自 2014 年年初至今向原告共借款 73.5 万元。同时协定如原告有需要，随时可以向被告提出还款要求，被告必须无条件归还欠款，并且根据协议内容支付一定额度的利息。现在被告因一起刑事案件而畏罪自杀，无人偿还欠款。故原告向法院提出申请由被告妻子承担偿还欠款的义务或由其所拥有的资产中拿出等额资产来偿还欠款。

根据《中华人民共和国民法通则》第 106 条第一款和第 134 条第一款第七项的规定，被告应当承担民事责任，原告有权要求被告偿付货款，并赔偿由于被告拖欠还款而给原告带来的一切经济损失。

此致

滨海县人民法院

起诉人：×××
2015 年 6 月 23 日

附：1.本状副本 1 份。
2.被告收到钱款后签字的欠条 15 份。
3.其他书证 2 份。

（选自《法律文书写作》（第 3 版），陈卫东主编，中国人民大学出版社，2015 年 9 月出版。）

16.3 上诉状与申诉状写作

16.3.1 文体适用特点

上诉状是诉讼的当事人不服一审法院的判决或裁定，在规定的上诉期限内，向原审法院的上一级法院提出请求起动二审程序的状子。

申诉状是指案件的当事人，或代理人或其他公民，对已生效执行的判决仍然不服，向人民法院请求重审的状子。

两者的主要区别如下。

第一，上诉状针对一审未生效的裁定，并有 15 日的有效期限；申诉状则针对已生效执行的裁定，没有时间期限的限制。

第二，上级法院收到上诉状，必须受理起动二审程序；而对于申诉状，只有在能够提供确凿证据说明原审判决有误时，法院才会受理。

16.3.2 写作的基本结构思路

上诉状和申诉状的写作结构思路基本相同。这里只介绍上诉状的写作。根据最高人民法院制定的《民事诉讼文书样式》的规定，上诉状应写明以下内容。

1. 首部

（1）标题

居中写明诉状名称即可。

（2）当事人和其他诉讼参加人的基本信息。

上诉状中的当事人包括上诉人与被上诉人。这里要注意对上诉人、被上诉人分别注明其在一审中的身份，如“上诉人（一审被告）”“被上诉人（一审原告）”等。其他基本情况的写法同起诉状。

2. 正文

正文包括案由、上诉请求、上诉理由。

（1）案由

即上诉的由来。一般用下列程式语句：“上诉人因……一案，不服××人民法院××××

年×月×日××字第××号的裁定，现提出上诉。”

（2）上诉请求

主要写明请求二审人民法院撤销或变更原审裁定，或请求重新审理。

（3）上诉理由

这是上诉状的重点内容部分，主要针对一审程序从以下三个方面入手。

一是关于对事实的认定，如果原审判决在事实的认定上有错误，包括某种行为事实根本不存在，或有重大出入，或缺乏证据等，那就要用确凿的证据说明事实真相，全部或部分地否定原审认定的事实。

二是关于案件定性、判决中的适用法律，如果原审判决在认定事实方面没出入，而是在认定案件性质、责任认定以及适用法律上做出的判定有误，那就要运用法律武器，包括从法律理论上的论证和引用具体的法律条款辨析，指明原审判定在适用法律方面的错误。

三是关于诉讼程序问题，如果原审法院在审理案情和最后裁决中，存在违反程序的问题，包括是否应当回避、是否应指定辩护人、审判方式是否公开、审判组织是否合法等，那就从程序违法上指出错误。

上诉理由阐明后，用祈使语“为此，特向你院上诉，请求依法撤销原判决（或裁定），予以改判（或重新审理）”表达请求，正文即结束。

3. 尾部

上诉状尾部的呈文对象的写法与起诉状不完全一样。这是因为上诉状呈交二审法院的方式有两种，故表述方式不一样。若直接呈交上一级人民法院，就写“此致××人民法院”即可；若通过原审法院转交上一级人民法院，就要写明“×××人民法院(原审法院)转送××人民法院（二审法院）”。

其他各项的写法与起诉状的写法相同。

16.3.3　写作结构原理分析

上诉状写作的正文主体结构由案由、请求与理由三部分构成。

1. 案由

案由是上诉状所必须交代清楚的。我国人民法院的审判制度是二审终审。这是为维护人民法院对案件审理的公正和准确，从审理程序机制上予以保证的制度。该制度中的二审程序是以上诉状为根据针对一审而起动的审理活动。所以上诉状中必须首先说明是对哪一法院的哪一案件的一审判决不服，以便上级法院有针对性地起动二审程序。

2. 请求

上诉状的请求写作不同于起诉状。起诉状中的请求指向被告应承担的责任；而上诉状中的请求则是针对一审判决的不服而要求上级人民法院改变一审的裁断。上诉状中必须明确此请求，以为上级人民法院起动二审程序提供依据。

3. 理由

向上级法院提出了请求，紧接着就要陈述理由——凭什么要上级法院满足你这样的请求。这里的写作，在逻辑思维的依据原理上与起诉状没有区别，但陈述内容的指向主体不一样，起诉状指向的是被告，上诉状指向的是一审法院，这是因为请求的内容指向发生变化了。上诉状的请求是要求上级法院改变一审法院的判定，那么当然要围绕一审法院的审理活动来辨析是非。

例文2

民事上诉状

上诉人：（一审原告）×××，女，19××年×月×日出生，×族，现住……。

上诉人：（一审原告）×××，男，19××年×月×日出生，×族，现住……。

上诉人：（一审原告）×××，女，19××年×月×日出生，×族，现住……。

被上诉人1：（一审被告）1：×××，男，19××年×月×日出生，×族，现住……，身份证号码：……，联系电话：138……。

被上诉人2：（一审被告）×××有限公司，法定代表人：×××，地址：……，联系电话：13……。

被上诉人3：（一审被告）中国×××有限责任公司×××分公司，负责人：×××，联系电话：077……。

因交通事故人身损害赔偿纠纷一案，上诉人不服××市×××人民法院〔××××〕×民初字第×××号民事判决，现依法提出上诉。

诉讼请求：

1. 撤销一审判决，改判三名被告共同赔偿×××的死亡赔偿金人民币××万元整，丧葬费人民币××××元整，共计人民币××万元整，先由中国×××有限责任公司在其第三者责任保险范围内赔偿原告，不足的部分由被告×××共同赔偿。

2. 判令被告赔偿原告精神抚慰金人民币××××元整。

3. 判令被告赔偿原告各项费用共计人民币××××元整。

4. 判令被告承担本案一审和二审的全部诉讼费用。

事实和理由：

一、一审法院对交通事故认定书没有经过质证和审查就作为定案的依据，违反有关法律规定。

一审法院认为“×××市公安局交通管理大队经过现场勘查、调查取证，依据《中华人民共和国道路交通安全法》（以下简称《道路交通安全法》）的相关规定做出的×××号《道路交通事故认定书》具有事实和法律依据，本院予以采信……”。自2004年5月1日《道路交通安全法》施行之后，《道路交通事故认定书》就被界定为一种证据，从法律性质上来看，只能是认定交通事故事实和责任的一种证据材料。这种证据材料只有经过法庭质证和法院的依法审查才能作为认定案件事实的依据，不是进行民事责任划分和损害赔偿的当然依据。人民法院应当根据当事人的抗辩，依法对《道路交通事故认定书》予以审查，并根据当事人在交通事故中的过错程度认定各自的损害赔偿责任。

二、一审判决书没有对事故责任划分做正确判断，而是盲目采信了××市公安局交通管理大队（以下简称交警大队）的错误的《道路交通事故认定书》，从而导致了错误的判决。

1. 《道路交通事故认定书》只对驾驶员×××违反交通法规的行为进行了认定，但未对被告×××是否违反交通法规的行为进行认定，就做出被上诉人×××不负此次事故责任的认定，显然是认定事实错误。交警大队在处理此次事故时，对×××是否存在违反交通法规的行为竟然……进而科学的分析出×××对发生交通事故所应承担的责任。反而在缺乏充分证据的情况下，仅凭“×××饮酒驾驶车辆上道行驶……”主观性较强地认定×××负事故全部责任。此《道路交通事故认定书》显然缺乏客观性、科学性，对被上诉人、死者×××而言缺乏公平、公正性。

三、本案事实不清楚

1. 关于限速问题没有查清。《道路交通事故认定书》没有注明该路段的最高限速，而《中华人民共和国道路交通安全法实施条例》第四十五条规定：“在没有限速标志、标线的道路上，机动车不得超过下列最高行驶速度：(一)没有道路中心线的道路，城市道路为每小时 30 公里，公路为每小时 40 公里。”

2. 肇事车的事发车速问题没有查清。《道路交通事故认定书》认定的事实是：……没有查清双方的行车速度，而按现有科学技术条件，是完全可以通过车辆刹车痕迹、车辆受损的程度和车辆被撞出去的距离等情况推测出近似于真实车速的。

3. 从道路交通事故现场图并不能看出×××驾驶车辆占道行驶，交警是根据当时事故发生后的现场情况、车辆的摆放位置及与地面的撞击点来分析×××占道行驶是显失公平的。

4. 肇事车并没有经过有正规资质的检测机构进行安全技术鉴定，无法确定被告的肇事车辆是符合安全行驶条件。《道路交通事故认定书》在事故形成原因分析及责任认定中认定：“×××饮酒后驾驶车辆上道路行驶……×××行为违反了《中华人民共和国道路交通安全法实施条例》第四十八条第一款（在没有中心隔离设施或者没有中心线的道路上，机动车遇相对方向来车时应当遵守下列规定：(一)减速靠右行驶，并与其他车辆、行人保持必要的安全距离）之规定，是造成事故的直接原因。”事实上，×××并没有事故认定书中所认定的会车时占道，没有减速靠右行驶并与其他车辆、行人保持必要的安全距离，相反……都戴了安全帽；从事故现场的照片并不能看出×××会车时占道，而且从摩托车碰撞的程度来看当时摩托车的车速并不快，认定×××负全责是不公平的。被告×××驾驶的……没有鉴定资质的汽车修理厂……鉴定的结果也是错误的，因此被告应对此次事故承担相应的责任。《道路交通安全法》第 76 条明确规定：“机动车发生交通事故造成人身伤亡、财产损失的，由保险公司在机动车第三者责任强制保险责任限额范围内予以赔偿。”《机动车第三者强制保险条例》第 21 条规定：“被保险机动车发生道路交通事故造成本车人员、被保险人以外的受害人人身伤亡、财产损失的，由保险公司依法在机动车交通事故责任强制保险责任限额范围内予以赔偿。”本案肇事车辆……从保证原告合法利益出发，应当由中国×××保险股份有限责任公司××分公司在其责任限额范围内先行赔付。

根据《2010 年×××道路交通事故损害赔偿项目计算标准》计算得出×××的……总额为×××元××个月=×××元）；根据《最高人民法院关于确定民事侵权精神损害赔偿责任若干问题的解释》第一条第一款、第八条的规定，要求被告赔偿原告精神抚慰金人民币×××元整。

事故发生后被告拒绝对原告进行赔偿，不管是经济方面还是精神上都给原告造成了巨大的损害，为此，依据《民事诉讼法》第 108 条之规定，特向贵院提起上诉，请依法公正判决。

此致

×××人民法院。

具状人：×××

××××年7月8日

（资料来源：律师事务所供稿.）

16.4 答辩状写作

16.4.1 文体适用特点

为了维护人民法院对案件审理的公正性，诉讼法确立了当事人在案件审理过程中的诉辩机制，规定人民法院在接受原告的起诉状立案起动一审程序时，或接受上诉人的上诉状起动二审程序时，要同时通知被告或被上诉人辩白案情。因为此辩白行为的诉状是回答人民法院对案情的质疑，故称答辩状。

16.4.2 写作的基本结构思路

1. 首部

（1）标题，写明答辩状名称即可。

（2）答辩人基本情况，其写法同起诉状中原告的基本情况。

2. 正文

（1）答辩案由

即答辩的由来，主要是写明为何答辩。一般用“现对×××为××一案上告我一事，答辩如下”，或“×××诉××一案，做出答辩如下”等语句表述。

（2）答辩的理由

理由，是答辩状中最重要的内容，要针对原告或上诉人的诉讼请求及其所依据的事实与理由进行反驳与辩解。这种反驳最重要的是从实体上反驳，即以国家的法律法规为依据，用事实、证据说话，反驳原告或上诉人关于实体权利的请求。

（3）答辩意见

答辩状中没有请求一项，但答辩人在理由申述完后可提出维护自己正当权利的主张，称为答辩意见。

3. 尾部

答辩状尾部的写法同起诉状。

16.4.3 写作结构原理分析

1. 案由

由于答辩人处于被指控方，其回答的陈词包含为自己辩解的意味，所以答辩人在答辩状的写作中，当然首先要写明是对人民法院的哪项质疑的回答，这就是答辩状的案由。

2. 理由

由于答辩状是针对起诉状或上诉状中的请求和事实与理由回答人民法院质疑的，且在一般情况下会产生对起诉状或上诉状中的请求的否定或部分否定，所以就要写作理由——答辩人陈述的事实和法律依据。这样，不仅能使当事人各方处于平等地位来维护自己的合法权益，而且能让人民法院在案件审理中兼听各方当事人的陈词，为案情审理提供更加充分的根据，以保证司法的公正。

3. 答辩意见

答辩状的写作不存在请求部分，因为人民法院对案件的受理和审理主要是以起诉状和上诉状为依据。但在诉讼活动中，当事人的地位是平等的。既然原告和上诉人均在他们的诉状中有规定的位置表述要求人民法院予以保护的合法权益是什么，那么答辩人在诉讼活动中也会产生保护自己合法权益的要求，也要有向人民法院表述这种要求的机会。故答辩状中要有答辩意见的写作，放在否定（或部分否定）原告和上诉人的请求、阐明理由之后来提出，这样既满足了答辩人的权利要求，又符合写作思路的逻辑严谨性。

例文 3

答 辩 状

答辩人（被告）：×××，男，汉族，1962 年 4 月 8 日出生，身份证号码：……，住址：××市六巷 12 号。

答辩人就××银行××支行诉本人借款纠纷一案的相关内容，答辩如下。

一、原告××银行××支行尚未履行其所谓的信用卡专项分期付款合同。

2015 年 4 月 2 日，原被告签订了信用卡专项分期付款合同，原告虽然提供了一份 “零售贷款借款借据”的证据，但这份证据只能证明原告打算贷款给被告，并不能证明被告已经收到该笔款项。如果原告真的贷款给被告，那原告的汇款凭证何在?

二、原告所提供的大部分证据相互矛盾、存在造假，不是被告真实的意思表示。

被告因需贷款，原告利用被告在贷款专业知识方面的欠缺，在对相关的程序略加解释后，便告知原告先在空白合同上签字，后一切交由原告办理。被告为顺利拿到贷款，无奈只好答应原告的无理要求。甚至到目前为止，被告仍未拿到相关合同的原件。而原告诉被告提供的大部分证据相互矛盾、存在造假，不是被告真实的意思表示。

1. 编号为 2015 年 KQC 字 080 号 2015 年 4 月 2 日签订的《××银行股份有限公司信用卡专向分期付款合同》（以下简称《信用卡合同》）：第二条约定“专向分期付款额度用途为甲方支付其购买凯迪拉克 SRX 商品的款项”。事实上，被告的凯迪拉克轿车早在本合同签订之前就已经购买，根本就不存在贷款买凯迪拉克轿车之说。

2. 编号为 2015 年昭明字 58 号的《保证金质押担保确认函》：该确认函确认的是江苏昭明投资担保有限公司（以下简称昭明公司）编号为 2014 年 QC 字 110 号《个人手自用车消费贷款合同》的担保，而不是为《信用卡合同》提供担保。还有该确认函的落款时间是 2014 年 12 月 23 日，说明昭明公司的担保合同早于或同于这个时间。试问，哪有担保合同早于主合同成立的?

3. 编号为昭明投资担保字第 58 号的《个人汽车消费贷款担保意向书》：该意向书也证

实了昭明公司担保成立早于《信用卡合同》。

以上事实足以证明原告诉被告而提供的大部分证据相互矛盾、存在造假，不是被告真实的意思表示。

三、即便原告履行了信用卡合同，也未完全履行完毕，原告违约在先。

据被告从××××汽车有限公司（以下简称××公司）相关负责人得到的信息，××公司只收到了××银行 27 万元的汇款，与信用卡合同以及原告在民事诉状中所述“原告按约将 34 万元借款划入被告指定的账户”明显不符。被告未将足额贷款汇入被告指定账户，违反了其所谓的《信用卡合同》的约定，被告拥有先履行抗辩权，有权不再履行后续的义务。

综上，原告的本次诉讼是原告自编自导的一场闹剧，请人民法院依法驳回原告的诉讼请求。

此致

××市人民法院。

答辩人：×××

2017 年 5 月 10 日

（资料来源：律师事务所供稿.）

思考与练习

一、名词解释

经济纠纷　诉讼文书　经济纠纷起诉状　经济纠纷上诉状　经济纠纷答辩状

二、填空题

1. 经济纠纷的解决途径有四种：________、________、________、________。
2. 我国上诉的有效期限是________________天。
3. 案由是指__________________________________。
4. 请求要写明______________________________。
5.答辩状中最重要的部分是_____________，要针对原告或上诉人的___________及其____________进行反驳与辩解。

三、简答题

1. 上诉状的案由与理由应该怎样写？
2. 诉状写作的思维机制特点包括哪些内容？
3. 经济纠纷起诉状的写作包括哪些结构内容要点？
4. 请分析例文 2 的写作结构原理。
5. 答辩状与上诉状的写作有何不同？为什么？
6. 归纳说明上诉状与起诉状的区别。

四、辨别下面几段文字各属于何种诉状，分别属于哪部分结构的内容，为什么？

1. “因不偿还所欠货款一案，不服××市中级人民法院经字[XXXX]36 号裁决。”
2. “请求依法裁决原合同有效；立即支付所欠货款××万元”。
3. “变更产品品种，质量和包装规格，给乙方造成经济损失时，甲方应偿付乙方损失，中途退货，应向乙方偿付退货部分货款总额50%的违约金。”

4.“综上所述，违反合同者是起诉方，我方无任何过错，所以因违反合同造成的一切经济损失，应由起诉方负责。请法院责令起诉方参照《中华人民共和国合同法》第××条规定，赔偿我方经济损失××万元，并承担诉讼活动的一切费用共计367.57元。”

五、写作练习题

1. 根据下列案情写作一份上诉状。

××县××乡××村村民何××与郭××的承包地相邻。其间有一条1米多宽的小道分隔。何××种的是蔬菜，郭××则自2000年起在其承包土地上改种杨树苗。不出两年，杨树苗长成6米多高。看到郭××杨树苗已影响到自己蔬菜的采光，何××便找郭××协商，请求其移走靠小路一侧的一批树苗。而郭××却说：“我的树种在自家地里关你什么事！”双方不欢而散。结果当年何××的大白菜就出现了不卷心的现象，初步估算损失达5000余元。何××找村干部调解，未果。不得不起诉至法院，请求判决郭××移走杨树苗，并赔偿5000元经济损失。一审法院审理后认为，原被告均有权自主使用其承包土地。任何一方均不能干涉另一方的用地行为，故判决驳回原告诉讼请求。何××不服欲提起上诉。请试写一份上诉状，不明确的内容以“××”表示（法律提示：不动产的相邻各方为了正常的生产和生活，应互相给他方以必要的便利，为此，一方有权利用他方的不动产或请求他方排除妨害）。

2.根据下面的案情介绍，以原告人的身份写一份经济纠纷起诉状，以两被告人的身份写一份经济纠纷答辩状。

原告人：××市505户村民

被告人：××市供种站

被告人：××省水稻研究所原种场

××××年×月×日，供种站将从原种场购买的湘花一号早稻种子10080千克，分别销售给505户村民播种。用种户按照原种场随种子提供的技术资料，对种植在1344亩责任田里的早稻实施田间管理，结果出现了抽穗不齐和早熟现象。经××市农业局高级农艺师核实：用种户的早稻亩产量只能达到240千克，比原种场的技术资料中提供的最低亩产量数据少209千克，减产损失达18万余元。经调查，原种场提供给供种站的10080千克湘花一号稻种，是区域小面积试种品系，未经省农作物品种审定委员会审定。供种站称，稻谷出现抽穗、成熟不齐的现象后，供种站曾7次电告原种场派人来处理，但原种场均以种种借口未到现场处理。原种场称，505户村民使用的湘花一号稻种，是原种场培育的新品种，因为今年气候反常，505户村民未能采取相应的栽培措施，以致水稻减产。《种子管理条例农作物种子实施细则》第33条规定：“未经审定或未审定通过的品种不得经营、生产推广、报奖和广告”；第40条规定：“生产商品种子实行《种子生产许可证》制度。”

3. 请指出下面这份答辩状存在的问题或不足。

答辩状

××市××区人民法院

××公司告我厂违约实在是冤枉。事实是双方签订了一份合同，约定由我厂为××公司加工装配一批电子元器件，但××公司未能按规定的时间提供原材料。我厂为了不使机器停机，只能改生产其他单位的加工订货，因此才使得我们的交货超过了规定时间。所以责任主要在对方，希望人民法院能查明事实，做出公正的判决。

答辩人：××电子元器件厂厂长：雷××

××××年×月×日

第 17 章　学术论文写作

教学目标与要求：

1. 通过了解什么是学术研究、什么是学术论文、学术论文的特征及学术研究的一般程序与方法，认识学术研究事务的特点及学术论文写作的思维机制特点；

2. 重点理解和掌握学术论文写作的一般格式特点及正文写作的基本结构思路要领。

17.1　概述

17.1.1　学术研究与学术论文

1．关于学术研究

人类的生存实践是在探索中前进，并不断有所发现、有所创造。其中的研究者对其发现和创造进行加工整理、著书立说，便形成了科学理论。科学理论知识积累多了便要分门别类，形成一个又一个学科。为了便于多学科的划分，理论研究者们又对各学科的研究领域进行了严格的界定，对各学科理论进行系统整理形成各自的理论体系，并形成适用于本领域研究对象特点的专门研究方法。以致后来者在承接前人的研究中，对某学科领域问题的研究，不能不以掌握该学科的理论和方法为前提。运用专门的理论与方法对某科学领域前沿问题的研究，就叫学术研究。

2．学术论文

人们完成学术研究后，要借助文章的形式来表述自己的研究成果，这其中与专著相区别的、篇幅相对短小的文章就是学术论文。

学术论文，又称科学论文、研究论文。它是各科学领域的专业工作者在运用该学科的理论与方法，完成对该领域的某些现象和问题的研究后，描述其研究成果，揭示所研究对象事物的本质特征及发展规律的理论性文章。

学术论文的意义是作为开展学术交流的工具，对于提高人们的认识水平和实践能力，推进理论研究和科学文化的发展，促进人类文明，具有十分重要的作用。

3．学术论文的种类

学术论文的种类按不同的标准有不同的划分方法。

从篇幅和字数上分，4 万字以下为单篇学术论文；5 万字以上为学术专著。

以研究领域和对象分，可分为：社会科学论文，指以社会现象为研究对象的学术论文，哲学、经济学、军事学、法学、文艺学、史学、语言学等都属社会科学领域；自然科学论文，指研究自然界的物质形态、结构、性质和运动规律的学术论文，数学、物理学、化学、气象学、海洋学、地质学等基础学科，以及材料科学、能源科学、医学科学等应用技术学科都属自然科学领域。

以社会功用分，可分为报告论文、杂志论文和学位论文。

报告论文，指在学术会议、科技交流会议上现场宣读的论文，它是一种口头形式的论述性报告，有时还没有形成完整的论文形态。

杂志论文，指发表在内部或公开出版的报刊上的论文，其写作目的是公布科研成果，交流科研信息。

学位论文，是学位申请者为申请学位而撰写的论文。学位论文分学士、硕士、博士三级。学士学位论文是高等学校本科生为申请学士学位而撰写的论文，要求对所研究的课题有一定心得；硕士学位论文是攻读硕士学位研究生为申请硕士学位撰写的论文，要求对所研究的课题有新的见解；博士学位论文是申请人为申请博士学位撰写的论文，要求在科学理论或专门技术上有创造性的研究成果。

17.1.2 学术论文的特征

学术是指专门的、系统的学问。学术论文不同于一般议论文。一般议论文是对社会的一般现象与问题，提出自己的见解与主张并加以论述的文章。学术论文则是运用科学的专门理论与方法，对科学各相应领域中的现象、问题，进行研究、探讨的文章。两者相比较，学术论文具备以下几个特征。

1. 科学性

学术论文的科学性是由科学研究的性质决定的。科学研究的任务，在于揭示客观事物的本质和规律，探求客观真理，以指导人们改造世界的实践。如果没有严格的科学性，就无法完成自身的任务。

遵循科学性的要求，学术论文要以科学的理论与方法为依据来描述科学研究活动。伴随人类对客观世界认识的深化和知识的积累，科学体系的划分愈来愈细，不同的科学体系又有不同的理论与方法。从事某科学领域的研究，不仅要遵循某些共性的规律，而且要依据该学科的理论与方法来分析问题、透视现象、揭示事物的本质与规律。这种专门学科的理论与方法是从专门学科的独有特性中凝练而形成的，具有鲜明的学科个性特点。不同学科的学术论文在描述各自的研究成果中，以明确的学科研究领域与方向突出该学科的专门理论与方法，就形成了学术论文不同于其他理论性文章的科学性特征。

2. 创见性

学术论文，要求作者就某一领域的某一问题的研究提出独到的、新颖的、前人所未曾有的见解或新的发现，不能人云亦云。如果科学研究工作者没有创新，只有继承，那么，人类的文明和历史就不会有所前进。《自然科学史》一书的作者梅森说："科学总要发展，并有新的发现，……科学方法主要是发现新现象，制定新理论的一种手段，……旧的科学理论就必然会不断地被新理论推翻。"美国的科学史权威萨尔顿说："科学总是革命的和非正统的，这是它的本性；只有科学在睡大觉才不如此。"创见性是科学研究的生命，它能提出新思想、新理论，开辟出新科学道路，以此不断推进科学研究的深入。但是，创见不是轻易可以做到的。要能在学术领域里说出一句前人没有说过的，而又十分正确的话，是不容易的。即或做到了，有时也可能不被人接受，甚至遭到反对。但是，只要观点正确，讲得有道理，即使暂时遭到反对也没有关系，经过实践检验，终究会得到证实与承认。

3. 理论性

所谓理论性，是指学术论文不仅要有创造性的见解或结论，而且要阐述出为什么是这样的结论，或这个见解（观点）为什么是正确的。

学术论文要求要有一定的理论深度。这是因为学术论文描述的是科学研究的成果，这项成果是前人未曾有的，因此在表述其研究成果时，要能反映出研究者是如何运用科学的理论与方法，依据翔实的材料、严谨的逻辑思路，从而获得新的发现或概括出科学的结论。学术论文的表述要能证明出研究者见解与结论的正确性和科学性。这种证明与阐述愈严谨、缜密、全面、系统，就愈有理论深度，文章的理论色彩就愈浓。

17.1.3　学术研究的一般程序与方法

1. 选择课题

选择课题就是选择研究课题，确定研究的方向。

选题的方法如下。

（1）选择客观上有科学价值的课题

所谓客观上有科学价值的课题，就是关系社会发展和国家现代化建设的需要有待回答的问题。这是一条总的原则，它包括的范围十分广泛。

1）亟待解决的问题，比如有关国计民生的重大问题、某学科发展中的关键问题等。

2）科学上需要填补的空白。科学领域可供研究的范围非常广泛，还有许多现象或问题需要探讨却还没有人涉足，这就是所谓的空白。

3）应该纠正的传统观点。它是指对原某些研究成果或对某个问题的原有定论，有不正确之处，需要纠正的研究。

4）需要补充的前说。前人的某些研究成果尚属阶段性成果或有不完善之处，需要做发展性研究。

5）某些基础理论研究，似乎同现实实践没有直接关系，但从长远的观点来看，它关系到整个国家的科学文化发展，甚至可以成为新的发明创造的理论向导，这样的课题也是值得研究的。

（2）选择有利于展开研究的课题

1）要适合本人的研究兴趣，有兴趣才有利于研究者专心执着的追求，从而促进研究成果的实现。

2）应从自己的实际能力出发，选择能发挥专业特长的相关问题展开研究工作，这样比较容易获得成功。

3）大小和难易度要适中。选题的最佳方案，是确立一个望而可及的目标，虽有一定的难度，但经过努力仍有成功的希望。

2. 占有材料

确立了研究方向，展开研究工作要有根据。这种根据就是有关研究对象的信息资料，获取研究对象信息资料的工作就是占有材料。占有材料的途径可以是来自他人的研究成果，即通过检索文献；也可以是科学实验，或实物研究、实地考察。

3. 整理研究资料

在完成资料的搜集工作后，研究者就要集中精力对所有的资料进行汇集整理、分析研究。

1）汇集整理，是将获取的资料进行集中、筛选和分类，精选出研究所需的真实有效的资料。

2）分析研究，是对筛选整理后的资料进行由此及彼、由表及里的分析，将表面的、感性的资料通过条理化和系统化，厘清这些材料间的内在联系，透视事物的本质，形成完整的、反映事物本质及规律的理性认识，以求有新的发现或新的见解。

4. 确立论题

确立论题，是从论文写作的角度而言的。完成新的发现或新的见解，即已完成研究工作，下一个程序是向社会报告研究成果。这种报告的方式之一是发表学术论文。而写作学术论文首先要确立论题，即明确论文表述的核心内容是什么，也即论文的主题。

确立论题，一般从两个方面去把握：①新发现及新见解对推动社会生活和科学文化事业的进步具有的积极意义和现实实用性；②对将来科学的研究发展的重要基础性价值。

在学术论文写作的具体过程中，材料的取舍、结构的安排、论证方法的运用，都要从表达论题的需要出发。

5. 编拟提纲

在学术论文写作的前期工作中，确立论题后就要根据论题来拟写提纲。拟写提纲是作者将头脑中的各种想法条理化、系统化、定型化的过程；是在正式起草论文之前，以提纲的形式把论文的结构思路反映出来，以提高行文效率的重要手段。

提纲中的内容纲要绝非各级论点与各条材料的简单罗列，而是通过设置一个能包容全部观点及主要材料的逻辑框架，使观点与材料在这个框架中都能得到最为恰当的处置，它是一篇论文的结构关系图。内容纲要一般从大的部分写起，即先写出大的部分或大的层次的论点，然后是本部分或本层次内的中项目，最后是中项目中的各个小项目。而在依照内容纲要起草论文时，则要从小的项目着笔，从一个部分的小项目到另一个部分的小项目，渐次完成全文。

提纲的拟定，标志着起草论文前的准备工作的结束，下一步就进入论文的起草阶段了。

17.2 学术论文的写作

17.2.1 写作的思维机制特点

学术论文的写作不同于一般议论性文章，更不同于其他文章，它有着自身的思维机制特点。

第一，学术研究，从选题到学术论文的写作，有一个价值取向问题。首先在选题上要把握关系国计民生的，或事关社会与经济的发展、事关科学技术进步的研究方向，这样的选题才是有意义的；在确定选题之后展开研究工作的过程中，仍然有一个价值取向问题，即成果的创新性，这样的成果才是有价值的。

第二，学术论文的写作是为了报告上述研究成果。首先在论题上要明确地突出上述价值取向，继而在写作中要从这一意图的实现出发，去布局论文结构、选择和运用材料、进行准确的语言表达，以表述清楚是如何研究出这一成果的。

第三，论文内容的表述，要遵循“论文要推论证明所研究成果为什么是正确和科学的”这一要求。

17.2.2 写作的一般格式及内容

学术论文在结构上包括题名、署名、摘要、关键词、正文、参考文献等内容。

1. 题名

题名又称题目或标题，它以最简明的语句反映论文中最重要的内容，是一篇论文给出的涉及论文理论范畴与价值取向的第一个重要信息。

学术论文的标题，一般有以下两种形式。

1）单行标题，在构成上一般以揭示论文选题的研究范畴为主，如“中国经济加速发展研究”“论上市公司的监控问题”等。有时可酌情使用起句词与句尾词，如浅谈、试论、初探等。

2）双行标题，是正副标题的写法，正标题揭示论点、课题，副标题说明、补充正标题，二者互为表里、互相说明，如“跨国公司对我国自主创新能力的影响—— 一个实证检验”。

2. 署名

题名下方应署上作者姓名和单位。署名的作用有三，一是为了表明文责自负，二是表明著作权，三是便于读者与作者的联系及文献检索。

3. 摘要

摘要，也称提要、概要，是论文的重要组成部分，位于作者署名之下、关键词之上。

论文的摘要，在内容上包括研究的问题、目的、方法、结论和意义等，要能确切概括出文章主体内容中所具有的主要信息，不要写成提纲或评论形式，字数一般控制在 300 字以内。

4. 关键词

关键词是为方便文献索引工作，特别是适应计算机自动检索的需要而设置的。写作时要把论文中代表中心内容特征的最富典型意义的单词或词组挑选出来，以便存入信息检索系统的存储器，供检索之用。关键词一般选取 3 ~ 5 个，置于摘要的下方。

5. 正文

正文详尽地表述研究及其成果的具体内容。

6. 参考文献

将论文中引用或参考过的有关文献依次列出，便于读者了解资料来源，以及进行查找。参考文献是学术论文科学性的重要体现，也是作者学术品德的反应。参考文献必须是作者直接阅读的重要文献，其格式是：专著应标明作者、题名、出版地、出版者、出版年及起止页码；期刊应标明作者、题名、刊名、年、卷（期）及起止页码。

17.2.3　正文写作的基本结构思路

1. 绪论

绪论也叫“引言”或“导论”，是学术论文的开头部分，用以说明论文要研究的课题、目的和观点等。

学术论文的绪论，一般写明四个方面的内容：一是表述选题的背景及缘由；二是说明课题的性质、涉及的理论范畴及其重要性；三是前人的研究成果及其评价；四是研究的目的或要解决的问题。这四个方面的内容根据具体需要进行取舍，有时突出某方面作为重点，也可增述新的内容。

绪论的写作，一要做到开门见山，快速入题；二要引人入胜，抓住读者；三要简洁明快，要言不烦。

2. 本论

本论是学术论文的主体，是展开论题，分析论证，表述研究成果的部分。在本论中，对作者的学术研究成果，特别是作者提出的新的独到的见解，应做详细的阐述。在具体写作时，论文作者应根据论文的性质，或着重于正面立论，或着重于研究方法、研究过程及重大发现的描述，或对某学术问题上的种种见解加以综述和评论。

本论部分可有以下三种写法。

第一种，若研究成果是一种创造性的理论见解或新论点，则要突出论，要以推论证明的表述方式回答你的见解和论点为什么是创造性的或区别于前人而独到的，并且是科学和正确的。本论中要遵循推论证明的逻辑思路来安排结构层次。

第二种，若你的成果是一种新的研究发现，则一般是以如何发现的研究线索为依据来安排结构层次。这类学术论文的写作，重在以确凿有效的论据来证明这一成果是你所发现的，故论文中要突出地以研究过程、运用的研究方法以及研究中反映出的有效资料来证明你的这一科学发现。

第三种，若你是要反映当前学术界的热门选题研究的纷纭见解，以厘清头绪、推动研究的深入，则可采用综述的方式，可以将纷纭见解的观点分类，或以内容分类，以类与类间的逻辑联系为依据来安排结构层次，将各类中的代表性见解或创新观点表述清楚，并加以必要的评析。

3. 结论

结论是围绕本论所做的结语，是承接本论对论题展开研究结果所做的科学概括，是全文的归结和收束。结论必须是绪论中提出的、本论中论证的自然得出的结果，是课题研究过程的本质性的深化。所以，结论必须与绪论相照应，与本论相联系，做到首尾相贯、浑然一体，使论文在逻辑上严谨完美。

17.2.4 学术论文的修改

修改是论文写作的最后一道工序，是提高论文质量的重要途径，在写作过程中必不可少。论文修改要从以下几个方面入手。

1. 明确论点

已完成的学术论文初稿，论点完全站不住脚的少见，但可能存在问题，因此要审检中心论点和各部分分论点的提炼与概括，使之正确和鲜明。

2. 完善材料

为做到观点与材料相统一，要根据真实、典型和充分的原则，增添必要的材料，或删除多余的材料，或调换某些材料的位置。

3. 调整结构

关于论文结构，要一看思路是否顺畅，二看层次是否清楚，三看结构是否完整，四看段落划分是否规范，务求全篇的统一完美。

4. 锤炼语言

语言修改，则要重在准确性、可读性上下功夫，使语言准确、鲜明、简洁和生动。同时，还要注意标点符号的正确使用。

在论文修改的过程中，如有必要，还可再度对选题进行分析研究，进一步深化认识，最终达到提高论文质量的目的。

例文

跨国公司对我国自主创新能力的影响——一个实证检验[1]

王 达 政

摘要：跨国公司的大规模进入对我国的自主创新能力究竟产生了何种方向和何种程度的影响？这一直是理论界和实际部门十分关心的重大问题。本文采取实证研究的方法，对我国 1986—2006 年共计 21 年的数据进行实证检验，结果发现，跨国公司进入与我国自主创新能力之间不仅具有显著的相关性，而且具有直接的因果关系，但这种关系不是正面的，而是负面的，即跨国公司进入对我国自主创新能力的提高具有显著的阻碍作用。这意味着，要提高我国的自主创新能力不能依赖跨国公司。在开放的经济环境下，中国企业只有依靠自己的力量，建立自己的研发能力，走自主创新之路，才能获得核心技术。

关键词：跨国公司；FDI；自主创新

一、引言

跨国公司是全球技术创新的主要载体。跨国公司的对外直接投资（FDI，Foreign Direct Investment）活动不仅会带来资本的转移，而且会带来技术的转移。虽然跨国公司通常会采取内部化的技术转移方式（技术主要在跨国公司母子公司体系内部转移），但是跨国公司的对外直接投资活动还是会带来技术溢出（Technology Spillover）。这种技术溢出会促进东道国技术和生产力水平的提高。与此同时，跨国公司进入所引发的竞争效应、示范—模仿效应、产业关联以及人力资本的流动也会促进本土企业的技术创新和竞争力的提高。改革开放以来，我国一直将吸引跨国公司投资作为推进我国技术进步的重要手段。2006 年，中国实际利用外资（不含银行、保险、证券投资行业）高达 630.21 亿美元，连续 14 年实际利用外商直接投资金额位居发展中国家和地区首位。但是，跨国公司的大量进入，是否真正地促进了我国技术创新能力的提高呢？目前理论界和实际部门对这一问题一直未能形成一致的看法，甚至存在着激烈的争论。本文试图从实证的角度，对跨国公司进入对我国自主创新能力的影响进行验证，并进一步讨论形成这一结果的原因。

二、文献回顾

Caves 是最早关注跨国公司对外直接投资对当地技术影响的学者之一。1974 年，Caves 对跨国公司在加拿大和澳大利亚的直接投资的技术效应进行了实证检验。他选用两个国家在

1 本文是国家自然科学基金项目“我国企业创造性资产寻求型对外直接投资研究”（项目批准号：70372026）和武汉大学 985 工程项目“我国企业国际化的理论与实践研究”的部分研究成果。

1966 年制造业的行业横截面数据进行分析，结果发现，在加拿大制造业中，当地企业的利润率与行业内的外资份额正相关，在澳大利亚制造业中，劳动生产率与行业内的外资份额正相关。Caves 由此得出结论，在加拿大和澳大利亚的制造业中存在着 FDI 的技术溢出效应。他把跨国公司的技术扩散效应划分为三种类型：①对于原来具有强大壁垒的产业，由于跨国公司的进入，使垄断行为受到遏止，资源配置得到改善。②由于跨国公司的进入所带来的竞争压力或示范效应，刺激当地厂商更加有效地使用资源，推动了当地技术效率的提高。③由于竞争和反复模仿等原因，跨国公司进入加快了技术转移和扩散的速度。

Kokko（1994）认为，跨国公司对外直接投资可以通过以下四种渠道对东道国产生技术溢出效应：一是竞争。来自跨国公司的强大竞争压力会推动本土企业提高技术效率。二是示范—模仿。跨国公司的示范效应会刺激本土企业以各种方法获取该产品的生产工艺和技术。三是产业关联。跨国公司通过与上下游当地企业之间的联系，帮助当地企业改进技术。四是人力资本流动，跨国公司通过先进的产业定位扩大了对当地人力资本的需求，通过对当地雇员的培训扩大了人力资源的供给。当地雇员离开外资企业时，便会发生技术外溢。

Kokko（1996）对跨国公司进入乌拉圭的技术效应进行了进一步的研究，他的研究结论同样支持了竞争是导致技术溢出效应发生的主要原因的观点。Kokko 认为，跨国公司与当地企业的生产力水平是由双方相互作用决定的，跨国公司能对当地企业的生产力水平产生正面影响，同样，当地企业的技术活动也会对跨国公司产生影响。BlomstrÖm 和 SjÖholum（1999）对跨国公司在印度尼西亚直接投资的技术效应进行了研究，结果发现，在竞争激烈的行业里，跨国公司对当地企业的技术溢出效应更为明显。

当然，也有许多研究不支持跨国公司的直接投资对当地企业具有正的溢出效应。Aitken 和 Harrison（1999）选用委内瑞拉制造业 1976—1989 年间的企业面板数据进行分析，结果发现跨国公司在该国的直接投资普遍存在负的技术溢出效应。Djankov 和 Hoekman（2000）分析了捷克制造业 1993—1996 年间的企业面板数据，发现如果外资份额是由独资企业和合资企业两部分组成，当地企业的生产力水平呈现负的溢出效应；而如果外资份额是清一色的独资企业，则溢出效应在统计上不明显。

对于跨国公司直接投资对中国技术创新能力的影响，许多学者做过相应的研究。Liu 和 Wang（2003）对跨国公司直接投资对中国全要素生产率的影响进行了实证研究，结果发现，FDI 是促进中国企业技术进步的有效途径。Cheng 和 Lin（2004）使用省际数据，研究了 FDI 对中国国内专利申请数的影响，结果发现，FDI 对我国的专利申请数有显著的正的影响。徐涛（2003）选取 1990—2000 年共 11 年的统计数据，验证 FDI 对中国技术进步的影响，结果表明，FDI 有很强的技术外溢效应，对中国的技术进步有明显的促进作用。江小涓（2004）通过调查发现，跨国公司在华投资企业大量引进其母公司的先进技术，通过产业关联、人才流动和示范效应，对中国的技术创新产生了明显的推动作用。谢建国（2007）运用两阶段古诺竞争模型研究了东道国引资政策对跨国公司技术转移的影响，结果显示，跨国公司对东道国的技术转移取决于东道国市场竞争程度、本地企业的模仿能力与跨国公司的技术转移成本。许连和等（2007）利用我国 1999—2003 年 35 个工业行业的面板数据和 2002 年的投入产出表检验了我国 FDI 的水平链接溢出效应和后向链接溢出效应，结果表明，FDI 主要通过示范效应和竞争效应对我国工业行业产生积极的水平链接溢出效应，而人员流动效应所反映的水平链接溢出效应并不明显；FDI 企业通过向上游产业的当地企业购买中间产品和服务产生了积极的后向链接溢出效应，但只在当期发生；行业中来自 FDI 企业的竞争压力过高或过低均不利于水平链接溢出和后向链接溢出。李平等人（2007）分析了国内外不同的研发资本、人力资本和知识产权保护对中国自主创新的影响，并运用 1985—2004 年的数据进行实证检验，结果表明，中国自主创新能力的提升主要依赖国内自主研发的投入，但国外研发对中国自主创新能力的贡献度也不容忽视；人力资本和知识产权保护降低了国内研发投入和 FDI 溢出的国外研发对自主创新的贡献度，却提升了进口和国外专利申请溢出的国外研发对自主创新的贡献度。亓朋等人（2008）利用中国制造业 14291 家企业 1998—2001 年的面板数据分析了外商直接投资企业对内资企业的溢出效应，结果表明，在行业内，外资企业的外溢效应表现并不明显；在行业间，外资企业通过人员培训或人员流动对内资企业产生了显著的技术外溢；在地区间，外资企业通过示范效应和竞争效应对内资企业产生了明显的外溢效应。蒋殿春和张宇（2008）对我国市场化改革过程中的 FDI 技术溢出机制进行了分析，并利用省市面板数据进行了实证检验，结果发现，FDI 对内资企业全要素生产率的影响并不显著甚至是负面的；国内制度的改进有助于 FDI 技术溢出的发挥，相对完善的国内制度环境已成为促进 FDI 发挥积极作用的前提条件。陈继勇和盛杨怿（2008）运用中国 29 个省（直辖市、自治区）1992—2006 年的面板数据对区域 R&D 投入、外商在华直接投资的知识溢出对技术进步的影响进行检验，结果发现，地区自身科技投入是推动地区技术进步的最主要因素；外商在华直接投资的知识溢出效应并不明显；FDI 渠道传递的外国 R&D 资本对技术进步的促进作用与当地的经济、科技发展水平有着密切关系。

三、描述性统计与因果关系检验

由于国内外文献在分析跨国公司的直接投资对东道国自主创新能力的影响时并未得出一致的结论，因此，我们首先需要对跨国公司在中国的直接投资对我国自主创新能力的影响进行描述性的统计分析，并进一步考察相互之间是否存在因果关系，在此基础上，再对影响我国自主创新能力的关键因素进行回归分析，验证跨国公司的直接投资对我国的自主创新能力产生了何种方向和何种程度的影响。

1. 趋势分析

前面的有关研究在选择什么指标衡量东道国自主创新能力方面存在较大的分歧。我们认为，衡量一个国家的自主创新能力的最重要指标不应该是一个国家新产品的销售额，因为通过购买国外的新技术也可以生产新产品；衡量一个国家的自主创新能力的最重要指标也不应该是一个国家笼统的专利申请量或授权量，因为专利申请量或授权量不仅包括发明专利申请量或授权量，还包括实用新型专利申请量或授权量和外观设计专利申请量或授权量，而后者在测量一个国家的自主创新能力方面并不准确。我们觉得，衡量一个国家的自主创新能力的最重要指标应该是一个国家的发明专利授权量。

《中华人民共和国专利法》颁布于 1985 年，中国的专利申请始于 1985 年。由于从申请到授权有一个受理、审查和公示阶段，中国的发明专利授权实际上是从 1986 年才开始的。因此，本文选取的我国国内发明专利授权量的起始时间是 1986 年，终点时间是 2006 年，共计有 21 年的数据。数据来自中国科技统计网公布的各省、自治区和直辖市的国内发明专利授权量。我们运用 SPSS 13.0 软件对我国国内发明专利授权量进行趋势分析，如图 1 所示。

图 1　我国国内发明专利授权量变化趋势（略）

从图 1 中可以看出，我国国内发明专利授权量在过去的 21 年间实现了巨幅增长。这与

20 世纪 80 年代中期以来跨国公司进入中国市场的态势是极为相似的。那么，这种发明专利授权量的增长与跨国公司的进入是否存在相关关系呢？下面，运用 SPSS 13.0 作散点图对跨国公司 FDI 与国内发明专利授权量进行相关分析。这里的 FDI 数据是指我国历年实际利用外商直接投资的存量金额，单位为亿美元。数据来自 1986—2006 年共 21 年的国家统计局发布的《国民经济和社会发展统计公报》（以下简称《统计公报》）。其中，1986 年实际利用外商直接投资金额根据 1987 年的统计公报推出，因为 1986 年的《统计公报》只有实际利用外资数据，没有实际利用外商直接投资金额的数据，但 1987 年的《统计公报》表示，1987 年实际利用外商直接投资与 1986 年持平。2006 年的《统计公报》改变了统计口径，第一次将金融利用外资的数据纳入外商直接投资之中，但本文为了保持统计口径的一致，剔除了金融方面的数据。结果如图 2 所示。

图 2　国内发明专利授权量与实际利用外商直接投资存量的散点图（略）

从图 2 中可以看出，在 1986—2006 年的 21 年间，我国发明专利授权量与实际利用外商直接投资金额之间确实存在着变化趋势的高度一致性，这说明两者之间存在明显的相关关系。但是，这种相关关系是否是一种因果关系，或者说，究竟是我国发明专利授权量的增长引起了实际利用外商直接投资金额的增长，还是实际利用外商直接投资金额的增长引起了我国发明专利授权量的增长？抑或两者之间根本就不存在因果关系？这需要进一步的因果关系检验。

2. Granger 因果检验

为了对我国发明专利授权量与实际利用外商直接投资金额之间的关系做出准确判断，我们对上述两组数据进行 Granger 因果检验。

现提出两个假设：

假设 1：外商直接投资 FDI 不是引起我国发明专利授权量 zlsql 变化的原因。

假设 2：我国发明专利授权量 zlsql 不是引起利用外商直接投资 FDI 变化的原因。

根据 J. Grange 1969 年提出的因果关系检验法，使用 EVIEWS 5.0 软件对我国实际利用外国直接投资与发明专利授权量之间的因果关系进行 Granger 检验。检验结果见表 1。

表 1　FDI 与 zlsql 的 Granger 检验结果

假　　设	*F* 检验值	显著性水平
FDI 不是引起 zlsql 变化的原因	34.52743	0.04571
zlsql 不是引起 FDI 变化的原因	3.83236	0.57405

表 1 的结果显示，对于假设 1，外商直接投资 FDI 不是引起我国发明专利授权量 zlsql 变化的原因，显著性为 0.04571，因此，在 5%的显著性水平上可以拒绝原假设，即在 5%的显著性水平上可以认为利用外商直接投资 FDI 是引起发明专利授权量 zlsql 变化的原因。对于假设 2，我国发明专利授权量 zlsql 不是引起外商直接投资 FDI 变化的原因，显著性为 0.57405，没有通过检验，即发明专利授权量 zlsql 不是引起外商直接投资 FDI 变化的原因。

四、理论模型及其检验

既然 Granger 因果检验证实，跨国公司对我国的直接投资与我国发明专利授权量的变化之间存在显著的因果关系，那么，这种因果关系的影响程度和影响方向如何呢？下面运用柯布—道格拉斯生产函数对这一问题展开进一步的分析。

1. 理论模型

柯布—道格拉斯生产函数的一般形式可以表示为

$$Y = A L^{\alpha} K^{\beta} S^{\gamma} \tag{1}$$

我们运用这一函数对我国自主创新的投入与产出关系进行分析，即用 Y 代表我国自主创新的产出水平，用 K 代表自主创新的资金投入，用 L 代自主创新的人员投入，将 S 换成外商直接投资 FDI。为了分析的方便，我们将(1)式变换成对数的形式：

$$\ln Y = C_0 + C_1 \ln K + C_2 \ln L + C_3 \ln \mathrm{FDI} + e \tag{2}$$

其中，$\ln Y$，$\ln K$，$\ln L$，lnFDI 分别为自主创新产出、自主创新资金投入、自主创新人员投入和实际利用外商直接投资的自然对数形式；C_i（$i=0$，1，2，3）为相应的系数；e 为误差项。

2. 变量的选择

徐涛（2003）虽然较早地使用了专利作为衡量我国技术创新能力的指标，而且将自主创新能力和技术进步这两个容易相互混淆的概念区别开来，但是，他使用的是 FDI 增长率和专利增长率，这在测量上仍然存在明显的缺陷。应该看到，跨国公司的直接投资对中国专利产出的影响指标应该选取 FDI 存量，而不是 FDI 增长率，并且，他没有对专利类型进行明确的划分。事实上，衡量一个国家的自主创新能力的专利指标应该是一个国家的发明专利授权量。因此，对于因变量 Y，我们选择发明专利授权量作为测量变量，记作 zlsql。对于自变量 FDI，我们选择实际利用外商直接投资金额存量作为测量指标，记作 fdicl；对于自主创新资金投入和自主创新人员投入这两个自变量，我们选择 R&D 经费和人员作为测量变量，分别记作 rdk 和 rdl。

因此，在对变量进行选择之后，自主创新产出的计量经济模型可表示为：

$$\ln(\mathrm{zlsql}) = C_0 + C_1 \ln(\mathrm{rdk}) + C_2 \ln(\mathrm{rdl}) + C_3 \ln(\mathrm{fdicl}) + e \tag{3}$$

3. 数据选择

发明专利授权量和实际利用外商直接投资金额存量的数据来源和数据情况前面已经做了说明。研究与开发资金投入和人员投入的数据来自中国科技统计数据库。由于多数变量有随时间而变化的趋势，因此很可能存在自相关的问题，这也是本文采用对数模型的原因之一。

4. 分析方法与结果

基于上述数据，运用 SPSS 13.0 软件，采用后向剔除法对模型进行多元线性回归分析，结果如表 2 所示。

表 2 跨国公司进入与我国自主创新能力回归分析结果（略）

从表 2 可以看出，两次回归模型调整后的 R^2 值分别为 0.945 和 0.950，说明两模型拟合优度良好。模型 2 是剔除了模型 1 中最不显著的 rdl 变量之后所得的回归结果。从模型 2 中可以看出，剔除了 rdl 变量之后，其余的两个变量对方程的解释程度更好，因此，选择模型 2 作为最终模型。

因此，跨国公司 FDI 与我国的发明专利授权量之间的对数模型可以表示为：

$$\ln(\mathrm{zlsql}) = 1.196 + 1.996 \ln(\mathrm{rdk}) - 0.789 \ln(\mathrm{fdicl}) \tag{4}$$

也可以用生产函数的一般模型来表示跨国公司 FDI 与我国的发明专利授权量之间的关系：

$$Y = 3.306862981 K^{1.996} S^{-0.789} \tag{5}$$

其中，K 表示研究与开发的投入；S 表示外商直接投资的存量。

在模型 2 中，rdk 在 0.01 水平上显著，未标准化的回归因数为 1.996，标准化后的回归因数为 1.711，说明研究与开发投入对我国自主创新能力有显著正的影响。Fdicl 也在 0.01 水平上显著，说明跨国公司进入对我国自主创新能力具有显著的影响，但是，未标准化的回归因数为–0.789，标准化后的回归因数为–0.829，说明这种影响是负面的而不是正面的。

五、稳健性检验

上面的分析结果表明，虽然跨国公司对华直接投资与我国的专利发明授权量之间存在着显著的相关关系，并且是因果关系，但是，跨国公司的进入对我国自主创新能力的影响是消极的而不是积极的，这在很大程度上否定了前述一些作者的研究结论。那么，这一分析结果的稳健性如何呢？为了检验模型的稳健性，我们分别运用强迫引入法（Enter）、前进法（Forward）、后退法（Backward）、逐步向前法（Forward stepwise）、逐步向后法（Backward stepwise）对上述结果进行了检验。同时，我们还用各年份实际利用外商直接投资金额代替各年份实际利用外商直接投资存量作为衡量跨国公司的进入程度的测量指标，采取相同的方法进行回归分析。多种分析结果均表明，跨国公司的进入对我国自主创新能力的影响都是显著负面的，只是因数大小略有不同而已。这说明，上述模型具有良好的稳健性。

六、结论与建议

通过对我国 1986—2006 年 21 年数据的实证检验，我们发现，跨国公司的直接投资对我国自主创新能力的提高具有显著的负面的影响，也就是说，在过去的 21 年间，跨国公司的进入在一定程度上阻碍了我国自主创新能力的提高。

这一结论多少有些出人意料，因为它与许多其他学者的研究结论明显不同。之所以出现这种截然相反的结论，主要的原因在于不同的研究者在选择测量自主创新的指标上存在较大差异。例如，徐涛（2003）是选择 FDI 增长率对专利增长率的影响来测量 FDI 对中国技术创新的影响的，结果发现 FDI 对中国技术创新能力有明显的促进作用。需要注意的是，专利增长率这一指标没有对发明专利与实用新型专利和外观设计专利进行必要的区分，因为只有发明专利才能比较客观地测量自主创新能力。还有一些研究者用新产品销售收入来测量我国的自主创新能力，但是，新产品不完全是自主创新的结果，它可能来自引进的技术，或来自模仿或学习。

我们的实证结论看似有些极端，但它可能与跨国公司的真实意图和我国企业的实际情况更为接近。因为跨国公司对我国的直接投资更多的是为了抢占市场机会，虽然在市场竞争的过程中，他们也会将先进的技术应用于中国市场，但通常会采取内部化的方式，牢牢地将核心技术控制在母子公司的范围之内，严防被外人染指。与此同时，跨国公司还倾向于采取并购或合资的方式进入我国的一些重要产业部门。在跨国公司并购或合资的企业中，中方企业的技术创新活动往往会逐渐萎缩或消失，很多的企业逐渐变成了跨国公司推出新产品的生产基地或跨国公司全球价值链中的一个加工车间，这在很大程度上削弱了我国企业的整体技术创新能力。

从实证研究的结论中我们应该认识到，跨国公司在进入中国市场的过程中确实会带来许多先进的技术，但是，他们绝不会轻易地将自己的核心技术教给中国的竞争对手，相反地，他们会采取各种措施限制和防止中国企业获取这些技术。因此，从根本上说，“以市场换技术”的政策在现实中往往是难以奏效的，它更多的是一厢情愿的设想。中国企业要获得核心技术不能依赖跨国公司，只能依靠自己的力量，建立自己的研发能力，走自主创新之路。当然，自主创新不是自我封闭，也应包括向竞争对手，尤其是跨国公司学习。中国企业还应该有更加宽阔的视野，积极地走向世界，在更加广阔的范围内获取资源、信息和人才，实现在全球范围的自主创新。

参考文献（略）

思考与练习

一、填空题

1. 学术论文，又称_________、_________。
2. 学术论文是开展___________的工具。
3. 学术是指_________的、_________的学问。
4. 科学研究的任务，在于揭示_________，探求_________，以指导_________。
5. 学术论文具备的特征是_________、_________、_________。

二、名词解释

学术论文　　学位论文　　社会科学论文　　自然科学论文

三、简答题

1.学术论文在推动社会进步上有何重要作用?

2.在学术论文的写作中，如何体现学术论文的科学性和理论性?

3.学术研究的一般程序包含哪些基本内容?

4.学术论文一般格式及内容有哪些?

四、写作练习题

请从某课程的学习心得中概括出论点，写作一篇论文，要求篇幅不少于 3000 字。

附录　各相关专业的教学内容及课时安排的参考意见计划表

各章节课时	计 划 课 时		
	经济管理类专业（3/周，共48）	理工类专业（3/周，共48）	中文及文秘专业（5/周，共80）
第1章　导　论	4	4	6
1.1 应用文的产生、发展及未来发展趋势			1
1.2 应用文的构成要素			3
1.3 应用文写作原理			2
第2章　公关礼仪文书写作	×	×	**4**
2.1 概述			0.4
2.2 邀请函写作			0.6
2.3 欢迎词与答谢词写作			1
2.4 开幕词与闭幕词写作			1
2.5 倡议书写作			1
第3章　行政公文写作	**4**	**4**	**6**
3.1　概述			1
3.2　通知写作			1
3.3　报告写作			1
3.4　请示写作			1
3.5　通报写作			1
3.6　纪要写作			1
第4章　计划书写作	**4**	**4**	**4**
4.1　概述			0.4
4.2　经营计划书写作			1.6
4.3　生产计划书写作			1
4.4　工作计划书写作			1
第5章　总结报告写作	**4**	**4**	**6**
5.1　概述			0.5
5.2　工作总结报告写作			1.5
5.3　汇报性总结报告写作			2
5.4　经验性总结报告写作			2
第6章　市场研究类文书写作	**4**	**4**	**4**
6.1　概述			0.4
6.2　市场调查报告写作			1.6
6.3　市场预测报告写作			2

续表

各章节课时	计划课时		
	经济管理类专业（3/周，共48）	理工类专业（3/周，共48）	中文及文秘专业（5/周，共80）
第7章　投资决策类文书写作	**4**	**4**	**6**
7.1　概述			1
7.2　可行性研究报告写作			3
7.3　商业计划书写作			2
第8章　新产品开发类文书写作	×	**4**	×
8.1　概述			
8.2　新产品开发项目建议书写作			
8.3　新产品试验大纲写作			
8.4　新产品质量分析报告写作			
8.5　商品说明书写作			
第9章　经营战略与营销策划类文书写作	**4**	**2**	**6**
9.1　概述			0.4
9.2　企业经营战略规划书写作			1.6
9.3　营销策划书写作		×	2
9.4　广告策划书写作		×	1
9.5　公共关系策划书写作		×	1
第10章　经济活动分析类文书写作	**2**	**2**	**4**
10.1　概述			0.3
10.2　成本分析报告写作	会计和财务管理专业选修	×	0.7
10.3　产品质量问题分析报告写作	管理和营销专业选修		1
第11章　规章制度写作	**4**	**4**	**6**
11.1　概述			0.5
11.2　条例写作			1.5
11.3　企业章程写作			2
11.4　规则写作			1
11.5　制度写作			1
第12章　招标书与投标书写作	**2**	×	**4**
12.1　概述			0.5
12.2　招标书写作			1.5
12.3　投标书写作			2
第13章　经济合同写作	**4**	**4**	**8**
13.1　概述			0.5

续表

各章节课时	计划课时		
	经济管理类专业（3/周，共48）	理工类专业（3/周，共48）	中文及文秘专业（5/周，共80）
13.2 买卖合同写作		×	1.5
13.3 技术合同写作	×		2
13.4 建设工程合同写作	×		2
13.5 仓储合同写作		×	2
第 14 章 涉外经济类文书写作	**外贸专业选修，4**	×	×
14.1 概述			
14.2 涉外货物买卖合同写作			
14.3 外贸函电写作			
第 15 章 审计报告写作	**财会专业选修，4**	×	**4**
15.1 概述			0.5
15.2 简式审计报告写作			1.5
15.3 详式审计报告写作			2
第 16 章 经济纠纷诉讼文书写作	**4**	**4**	**4**
16.1 概述			0.5
16.2 起诉状写作			1.5
16.3 上诉状与申诉状写作			1
16.4 答辩状写作			1
第 17 章 学术论文写作	**2**	**2**	**4**
17.1 概述			0.4
17.2 学术论文的写作			1.6
总复习（课时）	2	2	4
总计（课时）	48	48	80

参 考 资 料

[1] 李向珍. 实用法律文书写作[M]. 北京：中国人民大学出版社，2017.

[2] 潘庆云. 法律文书范例评析[M]. 北京：复旦大学出版社出版，2016.

[3] 中华人民共和国公司法，2016.11.

[4] 冯利英，额尔敦陶克涛，巩红禹. 市场调查——理论、分析方法与实践案例[M]. 北京：经济管理出版社，2016.

[5] 周三多. 管理学原理与方法. 6 版. 上海：复旦大学出版社，2014.

[6] 伍晓莉，钟华. 新编大学语文[M]. 广州：广东高等教育出版社，2014.

[7] 尚徐光. 广告原理与实务[M]. 北京：2 版. 电子工业出版社，2012.

[8] 中共中央、国务院办公厅. 党政机关公文处理工作条例. 中办发[2012]14 号文.

[9] 张燕. 论总结与工作报告的关系[J]. 北京：《应用写作》，2012(2).

[10] 何玲玲，周春霞. 应用文写作[M]. 北京：中国铁道出版社，2012.

[11] 尤建新. 企业管理概论[M]. 北京：高等教育出版社，2010.

[12] 庞欢. 经济法[M]. 北京：中国水利水电出版社，2011.

[13] 郭国庆. 市场营销学通论[M]. 北京：中国人民大学出版社，2011.

[14] 王方. 市场营销策划[M]. 北京：中国人民大学出版社，2011.

[15] 张群. 生产与运作管理[M]. 北京：机械工业出版社，2008.

[16] 贺武. 财务管理[M]. 北京：机械工业出版社，2009.

[17] 翦伯赞. 中国史纲要[M]. 北京：北京大学出版社，2006.

[18] 罗豪才. 行政法学[M]. 北京：北京大学出版社，2005.

[19] 文博. 新编成功企业营销与广告经典案例[M]. 北京：光明日报出版社，2003.

[20] 彭代武. 市场调查 · 商情预测 · 经营决策[M]. 北京：经济管理出版社，2002.

[21] 马英麟. 工业企业经济活动分析[M]. 北京：中国人民大学出版社，1993.